DIGITAL GOVERNMENT CYBERSECURITY

数字政府
网络安全合规性指引
COMPLIANCE GUIDELINES

国家信息中心 ◎组织编写

禄凯 章恒 李万仓 ◎著

清華大学出版社
北京

内 容 简 介

本书主要面向具备信息系统和网络安全基础知识，希望对我国网络安全法律法规和标准的体系进行系统深入学习的人员。本书将数字政府网络安全合规性拆分为政务行业和领域的网络安全要求、政务部门网络安全责任、政务信息系统安全防护技术要求三个方面，分别从工作角度和技术角度对网络安全领域"4法+4条例+7办法意见+7类标准"进行梳理、整合，较为系统全面地归纳总结了网络安全合规工作的各项要求，同时紧贴数字政府建设安全需求，对相关单位在非涉密信息系统的规划、建设和运行阶段规范开展网络安全工作具有指导和参考意义。

本书共6章，前3章是工作合规指引，后3章是技术合规指引。第1章主要介绍我国网络安全法律法规体系，分析政务行业网络安全合规工作主要依据。第2章主要介绍网络安全法律法规，以及政务主管部门发布的规定和办法中网络安全主要相关内容。第3章在前两章的基础上，系统梳理了政务部门的工作角色、应承担的网络安全责任和义务以及在信息系统规划、建设和运行等阶段，网络安全主要工作重点和步骤。第4章系统地讲解了7项网络安全工作对应的7大类网络安全标准。第5章系统地描述了在规划、建设和运行阶段，网络安全7项工作应如何按照标准实施。第6章是本书的重点，旨在解决实施过程中可能由于条款理解偏差带来的低效率、重复建设等问题，本章将相关条款整合到统一框架体系中，便于读者查阅、对照，从而在实际工作中做到一次工作多项合规。

本书封面贴有清华大学出版社防伪标签，无标签者不得销售。
版权所有，侵权必究。举报：010-62782989，beiqinquan@tup.tsinghua.edu.cn。

图书在版编目（CIP）数据

数字政府网络安全合规性指引/国家信息中心组织编写；禄凯，章恒，李万仓著. — 北京：清华大学出版社，2023.8
ISBN 978-7-302-64416-3

Ⅰ．①数⋯ Ⅱ．①国⋯ ②禄⋯ ③章⋯ ④李⋯ Ⅲ．①电子政务－网络安全－研究－中国
Ⅳ．① D63-39

中国国家版本馆 CIP 数据核字（2023）第 153130 号

责任编辑：邓　艳
封面设计：秦　丽
版式设计：文森时代
责任校对：马军令
责任印制：杨　艳

出版发行：清华大学出版社
　　　　网　　址：http://www.tup.com.cn, http://www.wqbook.com
　　　　地　　址：北京清华大学学研大厦A座　　　邮　编：100084
　　　　社 总 机：010-83470000　　　　　　　　　邮　购：010-62786544
　　　　投稿与读者服务：010-62776969, c-service@tup.tsinghua.edu.cn
　　　　质量反馈：010-62772015, zhiliang@tup.tsinghua.edu.cn
印 装 者：小森印刷（北京）有限公司
经　　销：全国新华书店
开　　本：185mm×260mm　　　印　张：16　　　字　数：331 千字
版　　次：2023 年 8 月第 1 版　　　　　　　　　印　次：2023 年 8 月第 1 次印刷
定　　价：208.00 元

产品编号：099507-01

前　言

习近平总书记在 2018 年全国网络安全和信息化工作会议上强调，没有网络安全就没有国家安全，就没有经济社会稳定运行，广大人民群众利益也难以得到保障。习近平总书记在党的二十大报告中指出，要"强化经济、重大基础设施、金融、网络、数据、生物、资源、核、太空、海洋等安全保障体系建设"。具体落实到数字政府建设过程中，各相关单位及个人需要树立正确的网络安全观，加强信息基础设施网络安全防护，加强网络安全信息统筹机制、手段、平台建设，加强网络安全事件应急指挥能力建设，积极发展网络安全产业，做到关口前移，防患于未然；需要落实关键信息基础设施防护责任，行业、企业作为关键信息基础设施运营者承担主体防护责任，主管部门履行好监管责任。

自《中华人民共和国网络安全法》施行五年以来，我国陆续出台了《中华人民共和国密码法》《中华人民共和国数据安全法》和《中华人民共和国个人信息保护法》等法律法规，网络安全法律体系逐步形成。2021 年 3 月 11 日，十三届全国人大四次会议表决通过了《中华人民共和国国民经济和社会发展第十四个五年规划和 2035 年远景目标纲要》，对网络安全工作提出了更高的要求："健全国家网络安全法律法规和制度标准，加强重要领域数据资源、重要网络和信息系统安全保障。建立健全关键信息基础设施保护体系，提升安全防护和维护政治安全能力。加强网络安全风险评估和审查。加强网络安全基础设施建设，强化跨领域网络安全信息共享和工作协同，提升网络安全威胁发现、监测预警、应急指挥、攻击溯源能力。加强网络安全关键技术研发，加快人工智能安全技术创新，提升网络安全产业综合竞争力。加强网络安全宣传教育和人才培养。"2021 年 8 月 4 日，《中国共产党党内法规汇编》公开发行，其中收录了《党委（党组）网络安全工作责任制实施办法》，作为唯一收录的网络安全领域的党内法规，其对厘清网络安全责任、落实保障措施、推动网信事业发展产生了巨大影响。

近年来，我国各级政府加快数字政府的建设，包括互联网＋政务服务、智慧城市、城市大脑、一网通办、一网通管等，政务信息系统作为政务信息化、数字化工作的基础设施和载体，是数字政府的重要支撑，其安全保障工作尤为重要，数字政府网络安全合规工作围绕着政务行业和领域的网络安全要求、政务部门网络安全责任、政务信息系统安全防护技术要求三个主要方面开展。2019 年 12 月，国务院办公厅出台《国家政务信息化项目建设管理办法》，提出"项目建设单位应当按照《中华人民共和国网络安全法》等法律法规以及党政机关安全管理等有关规定，建立网络安全管理制度，采取技术措施，加强政务信息系统与信息资源的安全保密设施建设，定期开展网络安全检测与风险评估，保障信息系统安全稳定运行"。

2022年6月，国务院印发的《关于加强数字政府建设的指导意见》进一步强调要全面强化数字政府安全管理责任，落实安全管理制度，提升安全保障能力，提高自主可控水平，加快关键核心技术攻关，加强关键信息基础设施安全保障，强化安全防护技术应用，切实筑牢数字政府建设安全防线，要带头践行网络安全法律法规的合规性要求。

2022年10月，国务院办公厅发布了《全国一体化政务大数据体系建设指南》，提出政务数据安全保障能力亟须强化，建立完善与政务数据安全配套的制度，明确数据分类分级、安全审查等具体制度和要求。明确数据安全主体责任，按照"谁管理、谁负责"和"谁使用、谁负责"的原则，厘清数据流转全流程中各方权利义务和法律责任；运用安全可靠技术和产品，推进政务数据安全体系规范化建设，完善数据安全防护和监测手段；完善数据安全运维运营保障机制，建立健全事前管审批、事中全留痕、事后可追溯的数据安全运行监管机制，形成制度规范、技术防护和运行管理三位一体的全国一体化政务大数据安全保障体系。

在电子政务向数字政府发展的关键时期，可以预期的是做好政务网络安全保障是一项长期且重要的基础性工作。当前政务信息系统仍面临着持续不断的安全风险。

近年来，在网络安全监管部门的指导下，相关部门定期开展大型的网络安全实战演习。在历次演习过程中，政务行业均是重要参与方。从演习效果来看，政务行业在安全技术防护、重要信息防护、供应链安全、数据安全和云平台安全等方面均存在安全风险。对风险进行分析可以得出，政务领域网络安全合规性方面存在严重不足。例如，落实等级保护和密码应用等要求偏重于要求条款的实现，动态防护和抗攻击能力存在不足；重建设轻运营，中央、省、市、县政务部门安全合规水平逐渐降低；数据生命周期安全保护措施不到位；等等。国家网络安全监管部门结合实际工作经验，给出了比较科学的保护工作措施要求和建议，分别从保护重点、防范技术、减小攻击面和补齐下属单位短板等方面给出了具体的指导。

综上，在数字政府建设方面亟须一部能够全面梳理合规性要求、高效解决以上突出问题、快速提升动态合规能力，并满足监管部门工作要求的参考指南，本书正是基于上述目标编写的。

本书将数字政府网络安全合规性拆分为政务行业和领域的网络安全要求、政务部门网络安全责任、政务信息系统安全防护技术要求三个方面，分别从工作角度、技术角度对"4法+4条例+7办法意见+7类标准"进行梳理、整合，较为系统全面地归纳总结了网络安全合规工作的各项要求，同时紧贴数字政府建设安全需求。全书分为工作合规指引和技术合规指引两部分：第一部分主要面向数字政府相关的责任和主管部门；第二部分主要面向数字政府相关的运营和技术部门，政务信息系统作为数字政府建设的基础设施和载体，网络安全合规标准的各项要求条款主要以政务信息系统为对象进行落实。其中，第二部分提出了"7+1"的合规技术框架，是本指引的核心内容。7是指合规的7个方向——等级保护、商用密码应用安全性评估、关键信息基础设施保护、云计算服务安全评估、数据安全保护、个人信息保护、政务网络安全保障，1是指动态合规。

本书对政务部门在非涉密国家政务信息系统的规划、建设和运行阶段规范开展网络安全工作具有指导和参考意义。各级地方政务信息化项目建设单位和使用单位也可参照本书开展相关工作。本书中任何与当前或后续发布的法律法规、网络安全国家标准和行业标准不一致之处，以相关法律法规、国家标准和行业标准为准。必要时本书将根据最新的制度规范、管理要求和相关技术标准进行更新。

本书起草单位：国家信息中心、江西省信息中心、安徽省经济信息中心、浙江省经济信息中心、浪潮云信息技术股份有限公司、华为技术有限公司、新华三技术有限公司、深信服科技股份有限公司、北京海泰方圆科技股份有限公司、紫光云技术有限公司、京东科技信息技术有限公司等。

本书主要起草人：禄凯、章恒、李万仓、任金强、陈永刚、萨日娜、商雨阳、赵睿斌、赵帅、尚庆军、杜军龙、周剑涛、武海龙、程寅、揭建成、卢任妍、左鹏、贺进、饶飞、李加赞、马烨、邵萌、赵光琦、孙桂林、刘博、刁利杰、吴坤生、李虎、田强、柳晶、王学进、王少华、王绪文、张志宇、胡甜等。

目 录

第一部分　工作合规指引

第1章　数字政府网络安全合规概述 …… 2
  1.1　网络安全政策法律法规介绍 …… 2
    1.1.1　党中央高度重视网络安全工作 …… 2
    1.1.2　《网络安全法》确立了网络安全领域的基本制度 …… 4
    1.1.3　《数据安全法》和《个人信息保护法》完善和发展了法律规范体系 …… 5
    1.1.4　《密码法》通过促进密码应用保障网络与信息安全 …… 5
  1.2　数字政府网络安全合规的主要依据 …… 6
    1.2.1　网络安全法律法规给出了合规工作的上位要求 …… 6
    1.2.2　政务主管部门办法和意见指明合规工作的推进方向 …… 6
    1.2.3　网络安全突出问题暴露了合规工作的薄弱环节 …… 7
    1.2.4　网络安全监管部门的措施建议提供了合规工作的方法 …… 8
  1.3　政务部门网络安全管理和工作主要责任 …… 9
    1.3.1　党委（党组）网络安全责任 …… 9
    1.3.2　网络运营者主体责任 …… 9
    1.3.3　政务数据资源管理和保护责任 …… 10

第2章　数字政府网络安全合规要求 …… 11
  2.1　《网络安全法》 …… 11
    2.1.1　主要内容 …… 11
    2.1.2　政务主要相关要求 …… 12
  2.2　《密码法》 …… 13
    2.2.1　主要内容 …… 13
    2.2.2　政务主要相关要求 …… 14
  2.3　《数据安全法》 …… 14
    2.3.1　主要内容 …… 14
    2.3.2　政务主要相关要求 …… 16

2.4 《个人信息保护法》 …… 17
2.4.1 主要内容 …… 17
2.4.2 政务主要相关要求 …… 19
2.5 《国家政务信息化项目建设管理办法》 …… 20
2.5.1 落实网络安全等级保护规定 …… 20
2.5.2 密码应用"三同步、一评估" …… 21
2.5.3 安全验收 …… 21
2.5.4 构建全方位、多层次、一致性的防护体系 …… 21
2.6 《关键信息基础设施安全保护条例》 …… 22
2.6.1 关键信息基础设施的认定 …… 22
2.6.2 关键信息基础设施运营者的职责 …… 22
2.6.3 关键信息基础设施行业保护部门的职责 …… 23
2.7 《网络安全等级保护条例（征求意见稿）》 …… 23
2.8 《商用密码管理条例》 …… 24
2.9 《网络数据安全管理条例（征求意见稿）》 …… 26
2.10 《网络安全审查办法》 …… 28
2.10.1 网络安全审查的客体和原则 …… 28
2.10.2 网络安全审查的重点对象 …… 28
2.10.3 网络平台运营者赴国外上市须强制性审查 …… 29
2.11 《数据出境安全评估办法》 …… 29
2.11.1 境外数据安全评估原则 …… 30
2.11.2 数据出境安全评估情形与要求 …… 30
2.12 《云计算服务安全评估办法》 …… 30
2.12.1 云计算服务安全评估依据 …… 30
2.12.2 云计算服务安全评估的重点评估内容 …… 31
2.13 国务院《关于加强数字政府建设的指导意见》 …… 33
2.13.1 坚持安全可控的基础原则 …… 34
2.13.2 构建数字政府全方位安全保障体系 …… 34
2.13.3 保障数据和个人信息安全 …… 35
2.14 《国家电子政务外网网络与信息安全管理暂行办法》 …… 36
2.15 《全国一体化政务大数据体系建设指南》 …… 37
2.16 网络安全主要角色合规要求汇总 …… 38
2.16.1 个人信息处理者 …… 39
2.16.2 数据处理者 …… 43

	2.16.3	重要数据的处理者	49
	2.16.4	网络运营者	51
	2.16.5	关键信息基础设施运营者	55
	2.16.6	关键信息基础设施安全保护工作的部门	58
	2.16.7	履行个人信息保护职责的部门	59
	2.16.8	当事人	60
	2.16.9	各级政务外网单位	61
	2.16.10	项目建设单位	62
	2.16.11	云服务商	64

第 3 章　数字政府网络安全合规工作指南　66

3.1 政务部门网络安全工作的确立　66
3.1.1 网络安全合规工作的主要目标　66
3.1.2 安全保护对象　67
3.1.3 网络安全保护责任和义务　69

3.2 政务部门网络安全职责分工　72
3.2.1 政务信息化领导小组　74
3.2.2 政务信息化建设管理协调机制　75
3.2.3 数据资源管理部门　75
3.2.4 政务云主管部门　76
3.2.5 政务云管理机构　77
3.2.6 政务云相关服务商　77
3.2.7 政务云使用单位　78
3.2.8 未上云的政务信息系统运营者　79

3.3 开展网络安全合规工作的主要步骤　79
3.3.1 统筹规划　79
3.3.2 全面执行　80
3.3.3 监督检查　81
3.3.4 处理改进　81

3.4 网络安全合规工作要点　81
3.4.1 网络安全等级保护　81
3.4.2 商用密码应用安全性评估　83
3.4.3 数据安全保护　84
3.4.4 个人信息保护　85

3.4.5 关键信息基础设施安全保护 ·········· 86
3.4.6 云计算服务安全评估 ·········· 87
3.4.7 网络安全事件应急预案和演练 ·········· 88
3.4.8 政务网络安全保障 ·········· 90

第二部分 技术合规指引

第 4 章 数字政府网络安全合规标准 ·········· 94

4.1 政务信息系统网络安全合规适用性说明 ·········· 95
4.2 网络安全等级保护 ·········· 95
 4.2.1 定级指南 ·········· 97
 4.2.2 基本要求 ·········· 98
 4.2.3 设计技术要求 ·········· 101
 4.2.4 测评要求 ·········· 104
4.3 商用密码应用安全性评估 ·········· 106
 4.3.1 基本要求 ·········· 107
 4.3.2 商用密码应用 ·········· 110
 4.3.3 密码应用安全性评估 ·········· 112
4.4 关键信息基础设施安全保护 ·········· 115
 4.4.1 《关键信息基础设施安全保护要求》的主要内容 ·········· 115
 4.4.2 安全保护基本原则 ·········· 117
 4.4.3 安全保护的内容活动 ·········· 117
4.5 云计算服务安全评估 ·········· 118
 4.5.1 《云计算服务安全指南》 ·········· 119
 4.5.2 《云计算服务安全能力要求》 ·········· 121
 4.5.3 云计算服务安全评估流程 ·········· 122
 4.5.4 云计算服务系统安全计划 ·········· 123
4.6 数据安全保护 ·········· 123
4.7 个人信息保护 ·········· 125
4.8 政务行业网络安全要求 ·········· 131
 4.8.1 政务外网安全要求 ·········· 132
 4.8.2 政务云安全要求 ·········· 135
 4.8.3 《政务大数据安全风险评估实施指南》（立项） ·········· 136
 4.8.4 《政务信息共享数据安全技术要求》 ·········· 137

| | 4.8.5 《政务计算机终端核心配置规范》 | 139 |
| | 4.8.6 《电子政务移动办公系统安全技术规范》 | 140 |

第 5 章 数字政府网络安全实施过程指南 … 142

- 5.1 过程描述 … 142
- 5.2 规划阶段 … 143
  - 5.2.1 确定系统安全保护级别 … 143
  - 5.2.2 安全方案设计 … 143
  - 5.2.3 安全方案评审 … 145
- 5.3 建设阶段 … 145
  - 5.3.1 产品采购和使用 … 145
  - 5.3.2 源代码审计 … 146
  - 5.3.3 安全监理 … 146
  - 5.3.4 安全验收 … 146
  - 5.3.5 上线前检测 … 146
- 5.4 运行阶段 … 147
  - 5.4.1 安全运营（动态合规） … 147
  - 5.4.2 等级测评 … 151
  - 5.4.3 密码应用安全性评估 … 151
  - 5.4.4 云计算服务安全评估 … 151
  - 5.4.5 风险评估 … 152
- 5.5 监督检查 … 153
  - 5.5.1 定期自查 … 153
  - 5.5.2 督导检查 … 153
  - 5.5.3 监督检查 … 154

第 6 章 数字政府网络安全合规要求整合和对照 … 155

- 6.1 物理和环境安全 … 157
- 6.2 通信网络安全 … 160
- 6.3 区域边界安全 … 163
- 6.4 计算环境安全 … 171
- 6.5 安全管理中心 … 182
- 6.6 网络安全制度 … 185
- 6.7 网络安全组织 … 190
- 6.8 安全管理人员 … 192

6.9　安全建设管理 ………………………………………… 195
6.10　安全运维管理 ………………………………………… 204
6.11　供应链安全 …………………………………………… 218
6.12　业务连续性 …………………………………………… 224
6.13　应急处置 ……………………………………………… 226
6.14　密码管理 ……………………………………………… 228
6.15　数据安全 ……………………………………………… 231
6.16　个人信息安全 ………………………………………… 237

参考文献 …………………………………………………………… 238

附录A　名词解释 ………………………………………………… 239

附录B　法律法规 ………………………………………………… 241

附录C　标准 ……………………………………………………… 243

第一部分

工作合规指引

第 1 章　数字政府网络安全合规概述

本章主要介绍我国的网络安全政策法律法规体系，分析数字政府网络安全合规的主要依据，明确政务部门的网络安全管理以及主要工作责任。

1.1　网络安全政策法律法规介绍

随着网络信息技术的高速发展，网络空间规范治理与网络安全保障成为各国各地区高度重视的问题。党中央高度重视网络安全工作，习近平总书记指出：没有网络安全就没有国家安全，就没有经济社会稳定运行，广大人民群众利益也难以得到保障。为了保障网络安全，维护网络空间主权和国家安全、社会公共利益，保护公民、法人和其他组织的合法权益，促进经济社会信息化健康发展，《中华人民共和国网络安全法》（以下简称《网络安全法》）于 2016 年 11 月 7 日审议通过，并于 2017 年 6 月 1 日正式施行。自《网络安全法》施行以来，我国又陆续出台了《中华人民共和国密码法》（以下简称《密码法》）、《中华人民共和国数据安全法》（以下简称《数据安全法》）、《中华人民共和国个人信息保护法》（以下简称《个人信息保护法》）以及《关键信息基础设施安全保护条例》（以下简称《关基条例》）、《网络安全审查办法》等，不断充实网络安全法律法规内容。可以说，我国已经初步构建了以《网络安全法》等法律为核心的较为科学合理、完备的网络安全法律规范体系。

1.1.1　党中央高度重视网络安全工作

自党的十八大以来，以习近平同志为核心的党中央高度重视网络安全工作，习近平总书记多次发表重要讲话，做出重要指示批示，从党和国家事业发展全局的高度对网络安全工作做出一系列新部署、新要求，加强网络安全工作战略谋划和顶层设计，推动我国网络安全体系不断完善，网络安全保障能力持续提升，网络安全屏障日益巩固，全社会网络安全意识和防护能力明显增强，广大人民群众在网络空间的获得感、幸福感、安全感不断提升，为加快建设网络强国提供了有力支撑和坚实保障。

习近平总书记在党的二十大报告中强调，推进国家安全体系和能力现代化，坚决维护国家安全和社会稳定。网络安全作为网络强国、数字中国的底座，将在未来的发展中承担托底的重担，是我国现代化产业体系中不可或缺的部分。

1. 没有网络安全就没有国家安全，没有信息化就没有现代化

作为总体国家安全观的重要组成部分，网络安全与政治安全、经济安全、国土安全、社会安全并列作为当前国家安全工作的五个重点领域。国家网络安全和信息化是事关国家安全、政权安全和国家发展的重大战略问题。当前网络安全形势极具严峻性和复杂性，加快开展网络安全工作具有极端重要性和紧迫性。网络空间已成为关系国家主权、安全和发展利益的新疆域，网络安全也已成为国家安全的核心内容和重要组成部分，必须予以高度重视。当前国家安全最现实的、日常大量发生的威胁不是来自海上、陆地、领空、太空，而是来自被称为第五疆域的网络空间。

2. 树立建设网络强国的战略目标

建设网络强国是以习近平同志为核心的党中央应对新挑战的英明决策和战略抉择。目前，我国面临着历史发展机遇，在信息化全面发展的背景下，网络安全的大国博弈日益激烈，网络强国战略需要统筹谋划，加强领导，认识面临的潜在的和现实的威胁，未雨绸缪，防患于未然。国家网络安全战略和信息化发展战略紧紧围绕打赢网上斗争来部署推进，将打赢网上斗争作为维护网络安全的首要任务。

3. 网络安全和信息化是一体之两翼、驱动之双轮

2014年2月27日，中央网络安全和信息化领导小组第一次会议召开时，习近平总书记强调，网络安全和信息化对一个国家很多领域都是牵一发而动全身的，要认清我们面临的形势和任务，充分认识做好工作的重要性和紧迫性，因势而谋，应势而动，顺势而为。网络安全和信息化是一体之两翼、驱动之双轮，必须统一谋划、统一部署、统一推进、统一实施。做好网络安全和信息化工作，要处理好安全和发展的关系，做到协调一致、齐头并进，以安全保发展、以发展促安全，努力建久安之势、成长治之业。

4. 党委（党组）网络安全工作责任制首度公开

2021年8月4日，《中国共产党党内法规汇编》公开发行，其中收录了《党委（党组）网络安全工作责任制实施办法》，作为唯一收录的网络安全领域的党内法规，其

对厘清网络安全责任、落实保障措施、推动网信事业发展产生了巨大影响。《党委（党组）网络安全工作责任制实施办法》，按照"谁主管谁负责"、属地管理的原则，建立和落实网络安全责任制。各级党委（党组）对本地区本部门网络安全工作负主体责任，领导班子主要负责人是第一责任人，主管网络安全的领导班子成员是直接责任人。

1.1.2　《网络安全法》确立了网络安全领域的基本制度

《网络安全法》总体架构可以概括为三大战略、四大原则和八项制度设计：提出网络安全、人才培养和可信身份三大战略，推动构建和平、安全、开放、合作的网络空间，网络安全等级保护制度、关键信息基础设施保护制度、网络产品和服务的审查制度、数据跨境传输制度、个人信息保护制度、安全认证和检测制度、信息通报制度、网络安全事件应急处置制度八项制度贯穿了网络运行安全、产品和服务安全、数据安全的全过程。《网络安全法》确立网络运行安全、网络信息安全等网络安全领域的基本制度，通过执法、立法和司法三个方面的工作得到充分贯彻落实和发展完善，在此基础上《个人信息保护法》《数据安全法》与之有着紧密的关联。

（1）《网络安全法》虽没有对"数据"进行定义，但是附则部分定义了"网络数据"（通过网络收集、存储、传输、处理和产生的各种电子数据）和"个人信息"（以电子或者其他方式记录的能够单独或者与其他信息结合识别自然人个人身份的各种信息）两个概念，涵盖了重要信息系统的重要数据和公民个人信息的安全保护两方面。

（2）《网络安全法》"第三章　网络运行安全"部分明确了国家实行网络安全等级保护制度，网络在定级时包含系统服务安全等级和业务信息安全等级，这与《数据安全法》中的数据保护目标是一致的。

（3）《网络安全法》"第四章　网络信息安全"部分确立了我国个人信息保护的体系框架和基本内容，如个人信息保护的基本原则、告知同意规则、网络运营者保护个人信息安全的义务、个人要求网络运营者删除或更正的权利等。首先，《网络安全法》明确了网络运营者在收集、使用个人信息时应当遵循合法、正当、必要三项原则，同时确立个人信息处理中的知情同意规则，即网络运营者必须明示收集使用信息的目的、方式和范围，并经被收集者同意。其次，《网络安全法》明确了网络运营者对其收集的用户信息负有严格保密义务，并要求其建立健全用户信息保护制度。同时，该法明确规定了网络运营者对其收集的个人信息所负有的法定义务，包括：不得泄露、篡改、毁损收集的个人信息；未经被收集者同意，不得向他人提供个人信息；采取技术措施和其他必要措施，确保其收集的个人信息安全，防止信息泄露、毁损、丢失；在发生或者可能发生个人信息泄露、毁损、丢失的情况时，应当立即采取补救措施，按照规定及时告知用户并向有关主管部门报告。此外，《网络安全法》还规定，网络运营者应当加强对其用户发布的信息的管理，发现法律、行政法规禁止发布或者传输的信息的，应当立即停止传输该信息，采取消除等处置措施，防止信息扩散，保存有关记录，并向有关主管部门报告。再次，《网络安全法》明确了个人享有删除权与更正权，即个人发现网络运营者违反法律、行政法规的规定或者双方的约定收集、使用其个人信息的，有权要求网络运营者删除其个人信息；发现网络运营者收集、存储的其个人信息有错误的，有权要求网络运营者予以更正。

1.1.3 《数据安全法》和《个人信息保护法》完善和发展了法律规范体系

随着《数据安全法》的出台，我国在网络与信息安全领域的法律法规体系得到了进一步的完善。按照总体国家安全观的要求，《数据安全法》明确数据安全主管机构的监管职责，建立健全数据安全协同治理体系，提高数据安全保障能力，促进数据出境安全和自由流动，促进数据开发利用，保护个人、组织的合法权益，维护国家主权、安全和发展利益，让数据安全有法可依、有章可循，为数字化经济的安全健康发展提供了有力支撑。

数据不仅是网络空间自身运行的产物，也是物理世界、人类社会运行的数字画像，蕴含着数字化世界的运行规律。数据同时兼具国家安全、数字经济、社会治理、个人隐私等多个属性。《数据安全法》的出台是对当前数据安全内外部形势的积极回应，是护航数字经济发展的重要举措。《数据安全法》是一部数据安全领域基础性、框架性的法律，为后续各类数据领域配套制度、规范及标准的制定提供了依据。

《个人信息保护法》的诞生标志着继《网络安全法》之后，我国网络数据法律体系中具有重要意义的一块拼图终于落定。不同于《网络安全法》侧重于网络空间综合治理，《个人信息保护法》从自然人个人信息的角度出发，给个人信息上了一把"法律安全锁"，成为我国第一部专门规范个人信息保护的法律，对我国公民的个人信息权益保护以及各组织的数据隐私合规都将产生直接和深远的影响。

以上两部法律充实、完善和发展了我国《网络安全法》的法律规范体系，进一步筑牢了我国网络安全防线，提高了我国网络安全保障水平。

1.1.4 《密码法》通过促进密码应用保障网络与信息安全

《密码法》是在总体国家安全观框架下，国家安全法律体系的重要组成部分，其颁布实施将极大提升密码工作的科学化、规范化、法治化水平，有力促进密码技术进步、产业发展和规范应用，切实维护国家安全、社会公共利益以及公民、法人和其他组织的合法权益，同时将为密码部门提高管理水平和服务能力提供坚实的法治保障。

《密码法》规定了商用密码的主要管理制度，包括商用密码标准化制度、检测认证制度、市场准入管理制度、使用要求、进出口管理制度、电子政务电子认证服务管理制度以及商用密码事中事后监管制度。通过促进商用密码应用保障网络与信息安全。

在商用密码管理和相应法律责任设定方面，与《网络安全法》的有关制度，如强制检测认证、安全性评估、国家安全审查等做了衔接，密码的应用对网络的保障与信息安全的维护起着至关重要的作用。

1.2 数字政府网络安全合规的主要依据

1.2.1 网络安全法律法规给出了合规工作的上位要求

当前我国已经形成了较为完善的网络安全法律法规体系，《网络安全法》《密码法》《数据安全法》和《个人信息保护法》等构成了数字政府网络安全合规的上位文件体系，政务部门必须按照相应的要求，落实相应的安全保护责任和义务。另外，《关键信息基础设施安全保护条例》等对于法律中的安全保护要求进行了细化和延展，同时针对网络安全产品和服务、党政机关采购云计算服务等出台了相关办法，这些一并构成了合规工作的上位要求，政务部门作为网络运营者，必须落实相关的主体责任，按照相关的要求保障政务信息系统的网络和数据安全。

1.2.2 政务主管部门办法和意见指明合规工作的推进方向

政务作为网络安全保障的重要目标行业，其上级主管部门也出台了相关的指导意见和办法。2019 年 12 月 30 日，国务院办公厅印发《国家政务信息化项目建设管理办法》，结合《网络安全法》和《密码法》的实施，将等级保护和密码应用安全性评估的相关法律要求纳入政务信息化项目建设的过程中，这也是政务部门带头贯彻落实网络安全法律法规的具体表现，进一步推动依法治国在政务行业落地生根，各省也根据办法结合本省实际，出台各省的政务信息化项目建设管理办法，一系列措施使得以网络安全等级保护和密码应用安全性评估为代表的网络安全合规工作，高效、全面、持续地稳步推进。

2022 年 6 月 23 日，国务院印发《关于加强数字政府建设的指导意见》（以下简称《指导意见》），提出了全面落实总体国家安全观，坚持促进发展和依法管理相统一、安全可控和开放创新并重，严格落实网络安全各项法律法规制度，全面构建制度、管理和技术衔接配套的安全防护体系。要求加快推进全国一体化政务大数据体系建设，加强数据治理，依法依规促进数据高效共享和有序开发利用，充分释放数据要素价值，确保各类数据和个人信息安全。

以上《国家政务信息化项目建设管理办法》和《指导意见》也指明了数字政府合规工作的如下推进方向。

（1）严格落实网络安全各项法律法规，确保数据和个人信息安全。

（2）全面构建制度、管理和技术衔接配套的安全防护体系。

（3）强化安全可靠技术和产品应用，切实提高自主可控水平。

（4）强化关键信息基础设施保护，落实运营者主体责任。

1.2.3　网络安全突出问题暴露了合规工作的薄弱环节

从实战演练的结果来看，政务行业网络安全存在的突出问题主要集中在以下十个方面。

（1）重边界防护，轻内部防护，缺乏分区、分域隔离和域内防护措施，一点突破，全网即被突破。

（2）基层单位对网络安全重视不够，防护措施不到位，成为网络攻击的突破口。

（3）重要信息泄露严重，大量建设运维方案、网络拓扑、账号密码、系统原始代码等敏感信息被第三方上传到共享网站上。

（4）在产品供应、安全服务、域名服务等供应链安全方面问题突出，重要行业部门对供应商管理措施缺失，成为攻击跳板。

（5）部分重点单位的一些老旧系统和资产清理不及时，往往成为横向攻击渗透的跳板。

（6）核心系统和设备安全加固手段缺失，缺少精细防护措施，极易被攻击者攻破。

（7）云管平台、大数据平台和集中管控平台等"神经中枢"防护薄弱。通过控制云管平台、大数据平台、域控服务器、堡垒机、杀毒引擎等集权系统，可直捣核心网络。

（8）对云平台、大数据、物联网、移动互联网的安全风险认识不清，防护措施缺乏。

（9）邮箱、VPN设备等成为攻击的重要突破点。攻击者将视线转向暴露在互联网上的邮箱和VPN设备，通过挖掘零日漏洞进行无差别攻击，突破专用设备，直接攻入内网。

（10）数据安全问题突出。业务数据在多部门中传递、应用，数据在存储、交换、应用过程中防范措施不落实，成为攻击重点目标。

以上网络安全突出问题暴露了政务部门的网络安全合规工作存在以下五个薄弱

环节。

（1）落实等级保护和密码应用等要求偏重于静态要求，综合性安全防护能力较弱，动态防护能力存在不足，距离等级保护等合规性要求的"三化六防"能力目标存在明显差距。

（2）重建设轻运营，政务信息系统安全建设只是开始，运营是持续不断的，系统运行过程中的安全运维、应急处置和安全监测能力有待提升。

（3）实战中的问题表明目前政务信息系统中供应链安全、业务连续性、数据安全等问题是普遍的、突出的、影响严重的，持续威胁重要信息系统和关键信息基础设施安全，需要在安全建设和运维过程中对相关的安全合规控制要求进行提级管控。

（4）一些政务部门在落实网络安全等级保护、密码应用、云计算安全评估和政务相关的要求中条理不清晰，中央、省、市、县安全合规水平逐渐降低，对电子政务外网和重要政务数据等关键信息基础设施构成严重威胁。

（5）数据生命周期安全保护措施不到位。

1.2.4　网络安全监管部门的措施建议提供了合规工作的方法

网络安全监管部门结合实战演练的情况，有针对性地提出了工作措施的以下建议。

（1）明确保护重点，靶标系统重点防护。
（2）梳理网络、系统、资产，了解底数。
（3）清理老旧资产，停止非必要网络安全服务。
（4）合理配置服务端口和安全防护设备。
（5）防范弱口令，加强邮箱安全保护，防止钓鱼邮件。
（6）要加强安全监测，及时发现攻击行为。
（7）要"理权限"，限制端口开放，最小化访问权限。
（8）要"审系统"，对系统的开发、运维、应用等环节进行测试，防范攻击。
（9）要"管主机"，加强账号管理、命令执行，监测进程变化，建立黑白名单。
（10）对下属单位进行部署，加强技术支撑和保障。

《贯彻落实网络安全等级保护制度和关键信息基础设施安全保护制度的指导意见》（公网安〔2020〕1960号）、《关于落实网络安全保护重点措施　深入实施网络安全等级保护制度的指导意见》（公网安〔2022〕1058号）等文件明确了网络安全保护的总体要求、工作目标和重点措施。

无论是来自网络安全实战演练过程中的工作措施建议，还是以上文件中提及的要求和建议，都为数字政府建设过程中相关单位落实合规工作提供了可以参考的工作方法。

1.3 政务部门网络安全管理和工作主要责任

网络安全管理和保障工作必须以新时代中国特色社会主义思想为指导，全面落实党中央、国务院决策部署，深入贯彻落实网络安全等级保护制度和关键信息基础设施保护制度，关注国际上最新的网络安全态势，通过问题导向和实战引领，全面落实"实战化、体系化、常态化"和"动态防御、主动防御、纵深防御、精准防护、整体防控、联防联控"的"三化六防"措施，加强网络安全建设整改、检查检测、监测预警、应急处置等各项重点工作，健全完善网络安全保护的工作机制，强化新技术、新应用网络安全管理，构建"打防管控"一体化的网络安全综合防御体系。

1.3.1 党委（党组）网络安全责任

政务部门党委（党组）必须落实党中央、国务院决策部署，落实我国网络安全政策法律等要求，深入贯彻落实网络安全相关制度，积极部署落实开展各项网络安全合规性工作。2017年8月15日，中央办公厅发布《党委（党组）网络安全工作责任制实施办法》，按照谁主管谁负责、属地管理的原则，建立和落实网络安全责任制。各级党委（党组）对本地区本部门网络安全工作负主体责任，领导班子主要负责人是第一责任人，主管网络安全的领导班子成员是直接责任人。领导班子有必要实时审视国际网络安全态势，坚持问题导向、实战引领，树立极限思维、底线思维和"一盘棋"思想，提档升级网络安全工作，全面落实各项网络安全保护措施。深化落实政务部门网络安全建设整改、检查检测、监测预警、应急处置等各项重点工作，切实保障涉及国计民生的重要网络系统安全和数据安全，维护国家安全和社会稳定。

1.3.2 网络运营者主体责任

网络运营者是指网络的所有者、管理者和网络服务提供者，包括党政机关、企事业单位等。根据网络安全相关法律法规要求，网络运营者必须遵守以下五方面要求：一是守法，二是遵守道德底线、诚实守信，三是履行保护义务，四是接受监督，五是承担社会责任。

政务部门需要建立、完善网络安全领导体系和工作体系，加强部门网络安全工作的组织领导，主管领导需不断强化自身的网络安全责任意识，部门应设立网络安全领导机构,定期研究网络安全等级保护、关键信息基础设施安全保护、数据安全保护等重大事项,按照政务主管部门要求,加强政务信息化项目建设过程中的网络安全要求落实,审定网络安全管理办法、网络安全规划、安全建设整改方案、应急预案等,建立专门的安全管理机构,设置安全管理岗位,督促开展网络安全各项合规性工作,抓好数据安全等各项风险评估工作,确保网络运营者的主体责任得到落实。

1.3.3 政务数据资源管理和保护责任

随着智慧城市的发展,数据资源的数量越来越多,价值越来越高。为了加强党对数据资源的统一领导,更好地推动数据共享,创建更好的服务型政府,各省市逐渐设立了大数据管理局,各部门之间的信息互通随之更加便捷,同时必须更加重视数据资源的保护,做好守数有责、守数尽责,按照《数据安全法》的要求,做好政务数据分类分级,加强重要数据保护,充分利用保障数据安全的管理和技术措施的建设工作,积极利用市场化的数据安全检测和风险评估服务,落实好数据安全治理。政务部门代表国家成为最大的个人信息处理者,进行个人信息处理仍以具备合法性或正当性依据为前提。政务部门要落实好以下四个方面的责任。

(1)采取合规的管理和技术管控措施。

(2)定期对处理个人信息遵守法律、行政法规的情况进行合规审计。

(3)开展个人信息保护影响评估。

(4)在发生或者可能发生个人信息泄露、篡改、丢失时,政务部门应当立即采取补救措施,并通知履行个人信息保护职责的部门和个人。

第 2 章 数字政府网络安全合规要求

本章的主要内容有两方面：一是网络安全法律法规，二是政务主管部门发布的规定和办法中网络安全的相关内容。具体从主要内容和政务主要相关要求角度展开。

政务网络安全合规总体框架如图 2-1 所示。

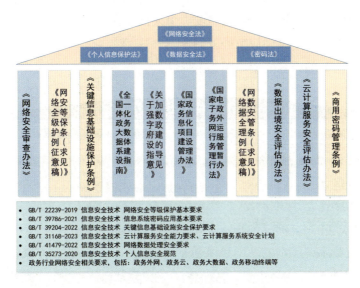

图 2-1 政务网络安全合规总体框架

2.1 《网络安全法》

2.1.1 主要内容

《网络安全法》由全国人民代表大会常务委员会于 2016 年 11 月 7 日发布，自

2017年6月1日起施行。《网络安全法》是我国第一部全面规范网络空间安全管理方面问题的基础性法律，是我国网络空间法治建设的重要里程碑，是依法治网、化解网络风险的法律重器，是让互联网在法治轨道上健康运行的重要保障。

《网络安全法》提出三大基本原则：网络空间主权原则、网络与信息化发展并重原则、共同治理原则。《网络安全法》提出不断完善网络安全战略，明确网络空间治理目标，提高了我国网络安全政策的透明度，支持培养网络安全人才；进一步明确政府各个职能范围内的责任划分，完善网络安全监管制度；同时强化了网络运行安全，重点保护关键信息基础设施。

《网络安全法》的总体架构可以概括为三大战略和八项制度设计，提出网络安全、人才培养和可信身份三大战略，将习近平总书记强调的和平、安全、开放、合作原则以立法形式确定下来；八项制度贯穿了网络运行安全、产品和服务安全、数据安全的全过程，规定了网络安全等级保护制度、关键信息基础设施（CII）保护制度、网络产品和服务的审查制度、数据跨境传输制度、个人信息保护制度、安全认证和检测制度、信息通报制度、网络安全事件应急处置制度。

《网络安全法》的内容框架如图 2-2 所示。

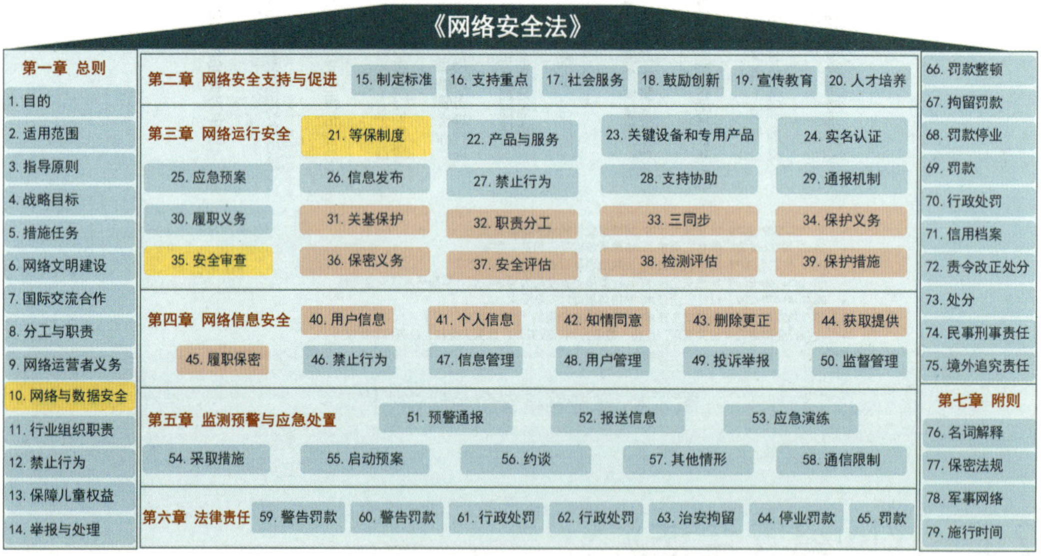

图 2-2 《网络安全法》内容框架

2.1.2 政务主要相关要求

根据《网络安全法》，政务部门作为网络运营者，其责任义务主要体现在以下三个方面。

（1）政务信息系统安全建设应遵循国家网络安全等级保护制度，政务部门应通过管理和技术措施保障系统免受干扰、破坏或者未经授权的访问，防止网络数据泄露或者被窃取、篡改。

（2）认定为关键信息基础设施的政务信息系统，其安全建设在网络安全等级保护建设的基础上，应实行重点防护。采购网络产品和服务可能影响国家安全的，应当通过中央网信部门会同国务院有关部门组织安全审查。

（3）政务部门应建立健全信息管理制度与措施，遵循合法、正当、必要的原则，收集、使用个人信息。

2.2 《密码法》

2.2.1 主要内容

《密码法》由全国人民代表大会常务委员会于 2019 年 10 月 26 日发布，自 2020 年 1 月 1 日起施行。密码是党和国家的重要战略资源，对于保障国家政治安全、经济安全、国防安全和信息安全具有重大的作用，《密码法》的颁布有助于规范密码应用和管理，可促进密码事业发展，保障网络与信息安全，维护国家安全和社会公共利益，保护公民、法人和其他组织的合法权益。

《密码法》是在总体国家安全观框架下的国家安全法律体系的重要组成部分，也是一部技术性、专业性较强的专门法律。《密码法》共五章四十四条。第一章总则部分规定了立法目的、密码工作的基本原则、领导和管理体制，以及密码发展促进和保障措施。第二章核心密码、普通密码部分规定了核心密码、普通密码使用要求、安全管理制度以及国家加强核心密码、普通密码工作的一系列特殊保障制度和措施。第三章商用密码部分规定了商用密码标准化制度、检测认证制度、市场准入管理制度、使用要求、进出口管理制度、电子政务电子认证服务管理制度以及商用密码事中事后监管制度。第四章法律责任部分规定了违反本法相关规定应当承担的相应的法律后果。第五章附则部分规定了国家密码管理部门的规章制定权、解放军和武警部队密码立法事宜以及本法的施行日期。《密码法》是密码领域的综合性、基础性法律，其颁布实施重塑了商用密码管理制度，为完善商用密码法律法规体系提供了法治依据，为商用密码规范化管理提供了强有力的法治保障。

《密码法》的内容框架如图 2-3 所示。

图 2-3 《密码法》内容框架

2.2.2 政务主要相关要求

本书面向非涉密的政务信息系统，不涉及国家秘密信息的保护以及核心密码、普通密码的使用，仅梳理商用密码的相关要求。根据《密码法》，政务部门应使用商用密码保护网络与信息安全，主要责任体现在以下三个方面。

（1）被认定为关键信息基础设施的政务信息系统应当使用商用密码进行保护，并开展商用密码应用安全性评估。

（2）采购涉及商用密码的网络产品和服务，可能影响国家安全的，应当按照《网络安全法》的规定，通过国家网信部门会同国家密码管理部门等有关部门组织的国家安全审查。

（3）应使用国家密码管理部门认定的电子认证服务机构。

2.3 《数据安全法》

2.3.1 主要内容

《数据安全法》由第十三届全国人民代表大会常务委员会第二十九次会议于 2021 年 6 月 10 日通过，自 2021 年 9 月 1 日起施行。

数据不仅是网络空间自身运行的产物，也是物理世界、人类社会运行的数字画像，蕴含着数字化世界的运行规律。数据同时兼具国家安全、数字经济、社会治理、个人隐私等多个属性。《数据安全法》的出台是对当前数据安全内外部形势的积极回应，是护航数字经济发展的重要举措。《数据安全法》是一部数据安全领域的基础性、框架性的法律，为后续各类数据领域的配套制度、规范及标准的制定提供了依据。

《数据安全法》体现了总体国家安全观的立法目标，聚焦数据安全领域的突出问题，确立了数据分类分级管理，建立了数据安全风险评估、监测预警、应急处置、数据安全审查等基本制度，并明确了相关主体的数据安全保护义务。

《数据安全法》分为七章，共五十五条，其内容框架如图2-4所示。

图2-4 《数据安全法》内容框架

《数据安全法》明确了数据安全制度，规定了数据处理主体的数据安全义务，提出了政务数据安全与开放的相关要求，明确了主管部门的职责及违规的法律责任。

其内容要点如下。

1. 明确了六项数据安全制度

（1）数据分类分级与核心数据保护制度。

（2）数据安全风险评估与工作协调机制。

（3）数据安全应急处置机制。

（4）数据安全审查制度。

（5）数据出口管制制度。

（6）歧视反制制度。

2. 规定了四类数据安全保护义务

（1）数据处理者的安全保护义务。

（2）数据交易中介服务机构的义务。

（3）有关组织、个人的数据支持义务。

（4）跨境司法或执法机构数据提供审批义务。

3. 政务数据安全与开放

（1）政务数据安全要求。

（2）外包委托政务系统数据安全要求。

（3）政务数据目录开放要求。

2.3.2 政务主要相关要求

随着电子政务的发展，政府基于大数据履行职能，为百姓生活、社会稳定提供便捷安全的公共服务，提升了政务数据的体量和质量，同时提高了公共管理的效能。《数据安全法》针对政务数据开放、共享、使用提出相关要求。根据《数据安全法》，政务部门在数据处理过程中的责任主要体现在以下五个方面。

1. 明确政务数据的范围

政务数据是政务部门在履行政务职责过程中收集、产生、处理的数据，包括个人信息、个人隐私、组织内部数据、融合数据，甚至涉及国家安全数据。因此，政务数据的保护不仅是对政府形象、公信力的维护，还是对公民、法人以及相关社会组织权益的保护。

2. 对政务数据分类分级管理

政务部门应当按照数据分类分级保护制度，确定重要数据具体目录，对列入目录的数据进行重点保护，为政务数据共享开放提供依据。目前，北京、上海、贵州等地已纷纷出台数据分类分级的地方法规、标准，可进行参考。

3. 组织开展数据安全风险评估

《数据安全法》第二十二条提出国家建立集中统一、高效权威的数据安全风险评估、报告、信息共享、监测预警机制，政务数据在共享开发全周期中包括汇聚、存储、处理、传输、共享、开放、销毁、备份等环节，政务部门应定期对各环节的数据安全风险开展安全评估，对可能的数据风险进行监测预警，及时有效预防数据安全隐患。

政务部门可引入具有相关资质的第三方测评机构，依据国内权威标准，开展数据安全保障能力和数据安全风险评估，督促组织对测评中发现的风险事项限期整改，从而进一步提高政务数据共享开放的工作质量，减少数据流动带来的安全隐患。

4. 针对性实施安全技术保障，提升数据管控能力

《数据安全法》第三十七条指出：国家大力推进电子政务建设，提高政务数据的科学性、准确性、时效性，提升运用数据服务经济社会发展的能力。

各地政府陆续成立大数据局，采用云计算、大数据等技术实现区域管辖内数据的集中存储、处理和使用。但是，传统的以系统为核心的安全防护体系已无法满足数据流动和安全的双重需求，难以实现实时、连续、全生命周期的安全管控。政务数据主管部门需要在网络安全的基础上，以数据为核心，借助数据加密、脱敏、溯源、审计、隐私计算等新型技术手段，实现政务数据全生命周期安全保障。例如，通过数据采集、汇聚、处理环境，采用元数据管理、数据治理等技术，实现数据资产标准化；在数据传输环节，采用数据加密、水印等技术，实现数据安全流动和可追溯；在数据使用环节，采用数据脱敏、多方计算等技术，实现敏感数据的可用不可见等，全方位保障政务数据共享开放的安全。

5. 完善数据监督机制，实现安全管理闭环

《数据安全法》第六条提出数据安全监管责任，因此政务部门在建立网络安全责任制的同时，还应建立专门的数据安全管理内设机构，明确数据安全责任人和职责。政务安全主管部门应在依据《网络安全法》开展网络安全检查的同时，将政务部门的数据质量、安全管理情况、数据安全评估等级等共同纳入安全考评体系下，动态监管数据安全管理执行情况，实现网络安全闭环管理，保障政务数据开放的及时性、有效性和安全性。

2.4 《个人信息保护法》

2.4.1 主要内容

2021年8月20日，《个人信息保护法》正式通过，并于2021年11月1日正式施行。《个人信息保护法》的诞生标志着我国网络数据法律体系中继《网络安全法》《数据安全法》之后，具有重要意义的一块拼图终于落定。不同于《网络安全法》侧重于网络空间综合治理，《数据安全法》作为数据领域的基础性法律主要围绕数据处理活动

展开。《个人信息保护法》从自然人个人信息的角度出发，给个人信息上了一把"法律安全锁"，成为我国第一部专门规范个人信息保护的法律，对我国公民的个人信息权益保护以及各组织的数据隐私合规都将产生直接和深远的影响。

《个人信息保护法》分为八章，共七十四条，其内容框架如图 2-5 所示。

图 2-5 《个人信息保护法》内容框架

《个人信息保护法》的要点如下。

1. 个人信息的定义与区分

《个人信息保护法》对一般的个人信息和敏感个人信息进行了定义与区分，以将其纳入相应的保护范围。个人信息本身是一个宽泛的概念，指以电子或者其他方式记录的与已识别或者可识别的自然人有关的各种信息，不包括匿名化处理后的信息；而敏感个人信息是个人信息中被特殊保护的部分，指一旦泄露或者非法使用，容易导致自然人的人格尊严受到侵害或者其人身、财产安全易受到危害的个人信息，包括生物识别、宗教信仰、特定身份、医疗健康、金融账户、行踪轨迹等信息，以及不满 14 周岁的未成年人的个人信息。根据《个人信息保护法》的相关规定，个人信息处理者根据其处理的信息不同，需承担不同的义务，就处理敏感个人信息而言，也存在特殊原则、基本规则。

2. 处理个人信息应遵循的基本原则：合法、正当、必要与诚信

个人信息的"处理"涵盖全周期、各个环节，包括"收集""存储""使用""加工""传输""提供""公开"等活动，而《个人信息保护法》还新增了"删除"这

一处理方式,并规定了处理个人信息时,处理者应当遵循合法、正当、必要和诚信原则,目的限制原则,收集最小化原则,公开、透明原则,准确性原则,当责原则,等等。

3. 个人信息处理者的义务

个人信息处理者应当履行《个人信息保护法》规定的特定义务,具体要求如下。

(1)采取合规管控措施,如制定内部管理制度和操作规程,对个人信息实行分类管理,采取相应的加密、去标志化、操作权限控制等安全技术措施,定期对相关人员进行安全教育和培训,制定并组织实施个人信息安全事件应急预案,等等。

(2)合规审计,即对其处理个人信息遵守法律、行政法规的情况进行定期合规审计。

(3)通报,即发生或者可能发生个人信息泄露、篡改、丢失的,立即采取补救措施,并依法通知主管部门和个人。

(4)个人信息保护影响评估,即处理敏感个人信息等特定情形应事前进行个人信息保护影响评估,并记录处理情况。

4. 个人信息的分类管理

关于个人信息分类管理问题,《个人信息保护法》的规定与《数据安全法》关于数据分类分级保护制度、加强重要数据保护的规定一脉相承。目前,关于重要数据目录、数据和个人信息分类、分级的统一标准尚不清晰,有待国家出台细则进行明确。虽然《信息安全技术 个人信息安全规范》(GB/T 35273—2020,以下简称《个人信息安全规范》)在不同程度上对数据和信息的范围判定、分类及定级制定了相应规范,具有一定参考价值,但是在具体操作过程中,数据和个人信息处理者还需根据所处行业、自身业务等情况进行数据和个人信息分类、分级工作。

2.4.2 政务主要相关要求

在大数据时代,《个人信息保护法》出台后,国家不再单纯以超然于信息业者与信息主体双方关系之外的治理者角色出现,政务部门代表国家成为最大的个人信息处理者。同信息业者处理个人信息相同,政务部门进行个人信息处理仍以具备合法性或正当性依据为前提。根据《个人信息保护法》,政务部门的主要责任体现在以下四个方面。

1. 政务部门的合规管控措施

政务部门应采取如下合规管控措施。

(1)制定内部管理制度和操作规程。

（2）对个人信息实行分类管理。
（3）采取相应的加密、去标识化等安全技术措施。
（4）合理确定个人信息处理的操作权限，并定期对从业人员进行安全教育和培训。
（5）制定并组织实施个人信息安全事件应急预案。
（6）法律、行政法规规定的其他措施。

2. 政务部门应进行合规审计

履行个人信息保护职责的部门具有监督管理职责，个人信息处理者应当定期对其处理个人信息遵守法律、行政法规的情况进行合规审计。

3. 应开展个人信息保护影响评估

个人信息保护影响评估应当包括下列内容。
（1）个人信息的处理目的、处理方式等是否合法、正当、必要。
（2）对个人权益的影响及安全风险。
（3）所采取的保护措施是否合法、有效并与风险程度相适应。

个人信息保护影响评估报告和处理情况记录应当至少保存三年。

4. 通报

在发生或者可能发生个人信息泄露、篡改、丢失的，政务部门应当立即采取补救措施，并通知履行个人信息保护职责的部门和个人。通知应当包括下列事项。
（1）发生或者可能发生个人信息泄露、篡改、丢失的信息种类、原因和可能造成的危害。
（2）个人信息处理者采取的补救措施和个人可以采取的减轻危害的措施。
（3）个人信息处理者的联系方式。

2.5 《国家政务信息化项目建设管理办法》

为规范国家政务信息化建设管理，推动政务信息系统跨部门跨层级互联互通、信息共享和业务协同，强化政务信息系统应用绩效考核，2019年12月30日国务院办公厅印发了《国家政务信息化项目建设管理办法》。

2.5.1 落实网络安全等级保护规定

国家政务信息化项目应当按规定履行审批程序并向国家发展和改革委员会备案。

备案文件应当包括等级保护或者分级保护备案情况、密码应用方案和密码应用安全性评估报告等内容。网络安全情况是确定项目建设投资、运行维护经费和验收的重要依据。

项目建设单位应当按照《网络安全法》等法律法规以及党政机关安全管理等有关规定，建立网络安全管理制度，采取技术措施，加强政务信息系统与信息资源的安全保密设施建设，定期开展网络安全检测与风险评估，保障信息系统安全稳定运行。

2.5.2 密码应用"三同步、一评估"

项目建设单位应当落实国家密码管理有关法律法规和标准规范的要求，同步规划、同步建设、同步运行密码保障系统（"三同步"），并定期进行评估（"一评估"）。项目建设单位、使用单位应按职责对密码应用方案工作质量进行把关，对密码应用、密码保障系统建设等提出要求。

在政务信息系统规划阶段，项目建设单位应分析系统现状，对系统面临的安全风险和风险控制需求进行分析，明确密码应用需求，根据系统的网络安全保护等级，依据《信息安全技术　网络安全等级保护基本要求》（GB/T 22239—2019，以下简称《网络安全等级保护基本要求》）等相关标准，编制政务信息系统密码应用方案，密码应用方案通过商用密码应用安全性评估（本文以下简称"密评"）是项目成立的必要条件。

在政务信息系统建设阶段，系统集成单位在项目建设单位的明确要求下按照通过密评的密码应用方案建设密码保障系统，确保系统密码应用符合国家密码管理要求。

在政务信息系统运行阶段，项目使用单位定期委托密评机构对系统开展密评，可与关键信息基础设施安全检测评估、网络安全等级测评等工作统筹考虑，协调开展。

2.5.3 安全验收

国家政务信息化项目建成后的半年内，项目建设单位应当按照国家有关规定申请审批部门组织验收，在提交验收申请报告时应当一并附上项目建设总结、财务报告、审计报告、安全风险评估报告（包括涉密信息系统安全保密测评报告或者非涉密信息系统网络安全等级保护测评报告等）、密码应用安全性评估报告等材料。对于不符合密码应用和网络安全要求，或者存在重大安全隐患的政务信息系统，则不安排运行维护经费，项目建设单位不得新建、改建、扩建政务信息系统。

2.5.4 构建全方位、多层次、一致性的防护体系

各部门应当严格遵守有关保密等法律法规，构建全方位、多层次、一致性的防护

体系，按要求采用密码技术，并定期开展密码应用安全性评估，确保政务信息系统运行安全和政务信息资源共享交换的数据安全。

2.6 《关键信息基础设施安全保护条例》

2021年7月30日，国务院总理李克强签署第745号国务院令，公布《关基条例》，自2021年9月1日起施行。关键信息基础设施是经济社会运行的神经中枢，是网络安全的重中之重。保障关键信息基础设施安全，对于维护国家网络空间主权和国家安全、保障经济社会健康发展、维护公共利益和公民合法权益具有重大意义。《关基条例》为关键信息基础设施的安全提供了体系化保护，也为各个责任主体落实关键信息基础设施安全保护责任提供了法律依据。电子政务领域是我国开展关键信息基础设施安全保护的重要领域之一，电子政务网络设施和信息系统一旦受到破坏、丧失功能或数据泄露，就可能对国家安全、国计民生和公共利益造成危害。

2.6.1 关键信息基础设施的认定

《关基条例》从我国国情出发，借鉴国外通行做法，明确了关键信息基础设施的定义和认定程序。一，明确关键信息基础设施的定义，即"公共通信和信息服务、能源、交通、水利、金融、公共服务、电子政务、国防科技工业等重要行业和领域的，以及其他一旦遭到破坏、丧失功能或者数据泄露，可能严重危害国家安全、国计民生、公共利益的重要网络设施、信息系统等"。二，明确关键信息基础设施所在行业和领域的主管部门、监督管理部门是负责关键信息基础设施安全保护工作的部门（本节以下简称"保护工作部门"）。三，明确由保护工作部门结合本行业、本领域实际，制定关键信息基础设施认定规则，并根据认定规则负责组织认定本行业、本领域的关键信息基础设施。四，规定关键信息基础设施发生较大变化可能影响其认定结果时，运营者应当及时报告保护工作部门，由保护工作部门重新认定。

2.6.2 关键信息基础设施运营者的职责

《关基条例》的总则部分对关键信息基础设施运营者（本节以下简称"运营者"）责任做了原则规定，要求运营者依照本条例和有关法律、行政法规的规定以及国家标准的强制性要求，在网络安全等级保护的基础上，采取技术保护措施和其他必要措施，应对网络安全事件，防范网络攻击和违法犯罪活动，保障关键信息基础设施安全稳定运行，维护数据的完整性、保密性和可用性。

《关基条例》还设专章细化了有关义务要求，主要包括：一是建立健全网络安全保护制度和责任制，明确运营者主要负责人负总责，保障人财物投入；二是设置专门安全管理机构，履行安全保护职责，参与本单位与网络安全和信息化有关的决策，并对机构负责人和关键岗位人员进行安全背景审查；三是每年对关键信息基础设施进行网络安全检测和风险评估，及时整改问题并按要求向保护工作部门报送情况；四是关键信息基础设施发生重大网络安全事件或者发现重大网络安全威胁时，按规定向保护工作部门、公安机关报告；五是优先采购安全可信的网络产品和服务，并与提供者签订安全保密协议，对可能影响国家安全的按规定进行安全审查。

2.6.3 关键信息基础设施行业保护部门的职责

依据《网络安全法》的有关规定，按照"谁主管谁负责"的原则，《关基条例》明确了保护工作部门对本行业、本领域关键信息基础设施的安全保护责任：一是制定关键信息基础设施安全规划，明确保护目标、基本要求、工作任务、具体措施；二是建立健全网络安全监测预警制度，及时掌握关键信息基础设施运行状况、安全态势，预警通报网络安全威胁和隐患，指导做好安全防范工作；三是建立健全网络安全事件应急预案，定期组织应急演练；四是指导运营者做好网络安全事件应对处置，并根据需要组织提供技术支持与协助；五是定期组织开展网络安全检查检测，指导监督运营者及时整改安全隐患、完善安全措施。

2.7 《网络安全等级保护条例（征求意见稿）》

2018年6月27日，公安部发布《网络安全等级保护条例（征求意见稿）》（以下简称《等保条例（征求意见稿）》），作为《网络安全法》的重要配套法规，《等保条例（征求意见稿）》对网络安全等级保护的适用范围、各监管部门的职责、网络运营者的安全保护义务以及网络安全等级保护建设提出了更加具体、操作性更强的要求，为开展等级保护工作提供了重要的法律支撑。

《等保条例（征求意见稿）》的总则部分总结十多年的实践，对立法依据、适用范围、原则和保护重点、职责分工等做了明确规定。国家实行网络安全等级保护制度，对网络实施分等级保护、分等级监管，《等保条例（征求意见稿）》适用于中华人民共和国境内建设、运营、维护、使用网络开展网络安全等级保护工作以及监督管理，个人及家庭自用的网络除外。网络安全等级保护制度在十多年成功实践的基础上，结合当前信息技术的发展和形势需要，不断与时俱进、健全完善；强调了网络安全的三同步原则，即网络运营者在网络建设过程中，应当同步规划，同步建设，同步运行网络安全保护、保密和密码保护措施。

《等保条例（征求意见稿）》规定了网络安全等级保护制度体系的基本框架、具体内容、要求和相关主体的责任义务。

（1）明确了网络运营者依法落实网络安全等级保护制度，按照规定开展网络定级、备案、测评、整改、自查工作。

（2）规定了网络的定级和备案要求。在网络定级中，网络运营者应当在规划设计阶段确定网络的安全保护等级，当网络功能、服务范围、服务对象和处理的数据等发生重大变化时，网络运营者应当依法变更网络的安全保护等级。在定级备案中，第二级以上的网络运营者应当在网络的安全保护等级确定后的 10 个工作日内，到县级以上公安机关备案。

（3）在《网络安全法》规定的网络运营者安全保护义务的基础上，对不同安全保护等级网络的运营者的安全保护义务做了明确、细化的要求。

（4）规定了第三级以上的网络运营者在开展技术维护、监测预警、信息通报、应急处置以及数据信息安全等工作时应当履行的责任义务。

2.8 《商用密码管理条例》

2023 年 4 月 27 日，国务院总理签署第 760 号国务院令，5 月 24 日公布修订后的《商用密码管理条例》（以下简称《商密条例》），自 2023 年 7 月 1 日起施行。党中央、国务院高度重视商用密码工作。随着商用密码在网络与信息系统中被广泛应用，其维护国家主权、安全和发展利益的作用越来越凸显。党的十八大以来，党中央、国务院对商用密码创新发展和行政审批制度改革提出了一系列要求，2020 年施行的《密码法》对商用密码管理制度进行了结构性重塑。为了贯彻落实行政审批制度改革精神，细化《密码法》相关制度，对 1999 年公布的《商密条例》进行了全面修订。

《商密条例》的修订坚持创新发展、保障安全，放宽准入、规范监管，依法立法、衔接有序的立法思路，共九章六十七条，内容主要集中于以下几个方面。

1. 关于立法宗旨

《商密条例》明确，为了规范商用密码应用和管理，鼓励和促进商用密码事业发展，保障网络与信息安全，维护国家安全和社会公共利益，保护公民、法人和其他组织的合法权益，根据《密码法》，制定本条例（第一条）。

2. 关于管理范围

《商密条例》明确，在中华人民共和国境内的商用密码科研、生产、销售、服务、检测、认证、进出口、应用等活动及监督管理，适用本条例（第二条）。

3. 关于管理体制

《商密条例》明确，国家、省、市、县四级密码管理部门是商用密码工作的行政主管部门；国家网信、商务、海关、市场监督管理等有关部门在各自职责范围内，负责商用密码有关管理工作（第三条）。

4. 关于科技创新与标准化

《商密条例》突出科技创新和标准引领，明确建立健全商用密码科技创新促进机制，保护商用密码领域的知识产权，鼓励支持商用密码科技成果转化和产业化应用（第七条、第八条）。坚持创新发展和确保安全相统一，明确国家密码管理部门组织对法律、行政法规和国家有关规定要求使用商用密码进行保护的网络与信息系统所使用的密码算法、密码协议、密钥管理机制等商用密码技术进行审查鉴定（第九条）。规定了商用密码标准的制定、实施、监督、国际化以及法律效力（第十条、第十一条）。

5. 关于检测认证和产品、服务管理

《商密条例》落实《密码法》规定的推进商用密码检测认证体系建设，鼓励商用密码从业单位自愿接受商用密码检测认证（第十二条）。依法明确商用密码检测、认证机构资质审批条件、程序及其从业规范（第十三条至第十九条）。实行商用密码产品、服务、管理体系的国推自愿性检测认证制度（第十七条）；对涉及国家安全、国计民生、社会公共利益的商用密码产品和服务，实行强制性检测认证（第二十条、第二十一条）。

6. 关于电子认证

《商密条例》依据《密码法》《中华人民共和国电子签名法》，进一步明确电子认证服务使用密码要求和使用规范。电子认证服务密码使用技术规范、规则由国家密码管理部门制定并公布（第二十二条、第二十三条）；电子政务电子认证服务机构的资质审批条件、程序及其从业规范（第二十四条至第二十八条）；建立电子认证信任机制，推动电子认证服务互信互认（第二十九条）；政务活动中的电子签名、电子印章、电子证照等涉及的电子认证服务要求（第三十条）。

7. 关于进出口

《商密条例》根据《密码法》关于商用密码进出口的规定，以及国家两用物项和技术进出口管理制度，明确涉及国家安全、社会公共利益且具有加密保护功能的商用密码实施进口许可，涉及国家安全、社会公共利益或者中国承担国际义务的商用密码实施出口管制；国务院商务主管部门会同国家密码管理部门和海关总署制定商用密码进口许可清单和出口管制清单；大众消费类产品所采用的商用密码不实行进口许可和出口管制制度（第三十一条）。还包括商用密码进出口许可的适用范围和审批程序（第三十二条至第三十四条）。

8. 关于应用促进

《商密条例》鼓励公民、法人和其他组织依法使用商用密码保护网络与信息安全，支持网络产品、服务使用商用密码提升安全性，支持并规范商用密码在信息领域新技术、新业态、新模式中的应用（第三十五条、第三十六条）。明确关键信息基础设施的商用密码使用要求和国家安全审查要求（第三十八条、第三十九条、第四十条）。网络运营者应当按照国家网络安全等级保护制度要求，根据网络的安全保护等级，使用商用密码保护网络安全（第四十一条）。

9. 关于监督管理

《商密条例》明确密码管理部门和有关部门开展商用密码监督管理的有关职权及其协作配合、保密义务，以及信用监管、投诉举报等制度机制（第七章）。

此外，《商密条例》还规定了违反本条例所应承担的法律责任（第八章）。

2.9 《网络数据安全管理条例（征求意见稿）》

2021年11月14日，国家互联网信息办公室发布《网络数据安全管理条例（征求意见稿）》（以下简称《数安条例（征求意见稿）》），并向社会公开征求意见。

《数安条例（征求意见稿）》共九章七十五条，涵盖了个人信息保护、互联网平台运营者义务等多个方面的内容，首次将个人通信与非个人通信相区分，要求企业说明第三方收集个人信息的频次或者时机，并首次提出平台制定隐私政策需公开征求意见。《数安条例（征求意见稿）》作为一部行政法规，不仅对《个人信息保护法》《网络安全法》《数据安全法》等上位法的相关规定进行了执行和细化，还做出了一定程度的补充。

1. 细化补充上位法，创设行政许可

《数安条例（征求意见稿）》开头部分写明其上位法依据——根据《网络安全法》《数据安全法》《个人信息保护法》等法律，制定本条例。《数安条例（征求意见稿）》中对与个人信息保护和数据安全相关的条款直接采用了上位法的表述。例如《数据安全法》提出的"国家建立数据分级分类保护制度"；还有一些条款则与《网络安全审查办法》一致，如"掌握超过100万用户个人信息的运营者赴国外上市，必须向网络安全审查办公室申报网络安全审查"。《数安条例（征求意见稿）》不仅执行、细化了上述三部法律的规定，也进行了一定程度的补充。

相较于《数据安全法》和《个人信息保护法》而言，《数安条例（征求意见稿）》增加了重要数据处理者备案要求和年度报告要求、数据出境安全管理义务、网络平台责任等新要求。

2. 首次区分个人通信与非个人通信

《数安条例（征求意见稿）》首次将个人通信与非个人通信进行区分。《数安条例（征求意见稿）》第四十五条拟规定，国家鼓励提供即时通信服务的互联网平台运营者从功能设计上为用户提供个人通信和非个人通信选择。个人通信的信息按照个人信息保护要求严格保护，非个人通信的信息按照公共信息有关规定进行管理。

3. 首次要求制定隐私政策需公开征求意见

《数安条例（征求意见稿）》第四十三条拟规定，互联网平台运营者在制定平台规则、隐私政策，或进行对用户权益有重大影响的修订时，应面向社会公开征求意见，且时长不少于30个工作日，并公布意见采纳情况，说明未采纳理由。日活用户超1亿的大型互联网平台运营者制定或修订规则以及隐私政策还需经国家网信部门认定的第三方机构评估，并报省级及以上网信部门和电信主管部门同意。

4. 需说明第三方收集个人信息频次

对于备受诟病的App频繁收集个人信息问题，《数安条例（征求意见稿）》第二十条拟规定，在数据处理者制定的个人信息处理规则中，数据处理者应当说明产品服务中嵌入的所有收集个人信息的第三方代码、插件的名称，以及每个第三方代码、插件收集个人信息的目的、方式、种类、频次或者时机及其个人信息处理规则。

5. 不得将人脸、指纹作为唯一认证方式

《数安条例（征求意见稿）》第四十六条回应了"大数据杀熟"、低价策略等热点问题，旨在规制平台运营者滥用数据实施不正当竞争或不合理限制的行为。平台运营者不得利用平台收集掌握的用户数据，无正当理由对交易条件相同的用户实施产品和服务差异化定价等损害用户合法利益的行为；不得利用平台收集掌握的经营者数据，在产品推广中实行最低价销售等损害公平竞争的行为。另外，平台也不得利用数据误导、欺诈、胁迫用户，损害用户对其数据被处理的决定权，违背用户意愿处理用户数据。第二十五条拟规定，不得将人脸、步态、指纹、虹膜、声纹等生物特征作为唯一的个人身份认证方式，以强制个人同意收集其生物特征信息。

2.10 《网络安全审查办法》

为落实《数据安全法》等法律法规的要求，国家互联网信息办公室、国家发展和改革委员会、工业和信息化部、公安部、国家安全部、财政部、商务部、中国人民银行、国家市场监督管理总局、国家广播电视总局、中国证券监督管理委员会、国家保密局、国家密码管理局十三部门联合修订并于2021年12月28日发布了《网络安全审查办法》，自 2022 年 2 月 15 日起施行。

《网络安全审查办法》既是贯彻落实《网络安全法》《数据安全法》《个人信息保护法》《关基条例》等一系列法律法规的有效实践，也是不断完善国家网络安全审查制度、适应国际国内网络安全新形势的重要举措，更是保障人民群众切身利益、促进经济社会发展和维护国家安全的现实需要。

2.10.1 网络安全审查的客体和原则

《网络安全审查办法》所审查的客体有两大类：一是关键信息基础设施运营者采购网络产品和服务；二是数据处理者开展数据处理活动。这两类客体是网络安全审查的法律关系主体的权利和义务所指向的对象，只要这两类客体的行为或结果影响或可能影响国家安全，就必须依法进行国家网络安全审查。

2.10.2 网络安全审查的重点对象

国家网络安全审查主要针对关键信息基础设施运营者采购网络产品和服务，以及网络平台运营者开展数据处理活动，影响或者可能影响国家安全的风险因素。

根据《网络安全审查办法》第十条的规定，网络安全审查重点评估相关对象或者情形的以下国家安全风险因素。

（1）产品和服务使用后带来的关键信息基础设施被非法控制、遭受干扰或者有破坏的风险。

（2）产品和服务供应中断对关键信息基础设施业务连续性的危害。

（3）产品和服务的安全性、开放性、透明性、来源的多样性，供应渠道的可靠性以及因为政治、外交、贸易等因素导致供应中断的风险。

（4）产品和服务提供者遵守中国法律、行政法规、部门规章情况。

（5）核心数据、重要数据或者大量个人信息被窃取、泄露、毁损以及非法利用、非法出境的风险。

（6）上市存在关键信息基础设施、核心数据、重要数据或者大量个人信息被外国政府影响、控制、恶意利用的风险，以及网络信息安全风险。

（7）其他可能危害关键信息基础设施安全、网络安全和数据安全的因素。

2.10.3　网络平台运营者赴国外上市须强制性审查

网络平台，特别是大型网络平台的运营者拥有和处理着大量的重要数据、核心数据和海量的个人信息，其赴国外上市对国家安全具有重大影响并存在风险。《网络安全审查办法》对掌握超过 100 万用户个人信息的网络平台运营者赴国外上市，施行强制性网络安全审查，主要是为了进一步保障网络安全和数据安全，维护国家安全。

2.11　《数据出境安全评估办法》

2022 年 7 月 7 日，国家互联网信息办公室公布《数据出境安全评估办法》，自 2022 年 9 月 1 日起施行。制定出台《数据出境安全评估办法》是落实《网络安全法》《数据安全法》《个人信息保护法》有关数据出境规定的重要举措，同时就个人信息和重要数据的出境安全评估管理措施提供具体的法律解决方案，是我国破题数据跨境流动管理规则的重要实践。

近年来，随着数字经济的蓬勃发展，数据跨境活动日益频繁，数据处理者的数据出境需求快速增长。明确数据出境安全评估的具体规定是促进数字经济健康发展、防范和化解数据跨境安全风险的需要，是维护国家安全和社会公共利益的需要，是保护个人信息权益的需要。《数据出境安全评估办法》规定了数据出境安全评估的范围、条件和程序，为数据出境安全评估工作提供了具体指引。

2.11.1　境外数据安全评估原则

《数据出境安全评估办法》明确,数据处理者向境外提供在中华人民共和国境内运营中收集和产生的重要数据和个人信息的安全评估适用于本办法;提出数据安全评估的两大原则:既明确数据出境的主体责任,又实现监管闭环。相较于2017年和2019年有关数据出境安全评估的草案,《数据出境安全评估办法》第三条首次明确提出数据出境安全评估的两大原则,即事前评估和持续监督相结合原则、风险自评估与安全评估相结合原则。

《数据出境安全评估办法》明确安全评估不仅关注数据出境前对出境后可能出现的风险的评估和所要采取的安全保障措施,还关注数据出境后风险发生的变化以及原有措施的有效性,因而该原则建立起数据出境风险全过程的动态评估要求。

2.11.2　数据出境安全评估情形与要求

《数据出境安全评估办法》规定了四种应当申报数据出境安全评估的情形:一是数据处理者向境外提供重要数据,二是关键信息基础设施运营者和处理100万人以上个人信息的数据处理者向境外提供个人信息,三是自上年1月1日起累计向境外提供10万人个人信息或者1万人敏感个人信息的数据处理者向境外提供个人信息,四是国家网信部门规定的其他需要申报数据出境安全评估的情形。

《数据出境安全评估办法》提出了数据出境安全评估的具体要求,规定数据处理者在申报数据出境安全评估前应当开展数据出境风险自评估并明确重点评估事项;规定数据处理者在与境外接收方订立的法律文件中明确约定数据安全保护责任义务,在数据出境安全评估有效期内发生影响数据出境安全的情形应当重新申报评估。此外,还明确了数据出境安全评估程序、监督管理制度、法律责任以及合规整改要求等。

2.12　《云计算服务安全评估办法》

2.12.1　云计算服务安全评估依据

2014年12月,中网办发布《关于加强党政部门云计算服务网络安全管理的意见》

（中网办发文〔2014〕14号），明确党政部门云计算服务网络安全管理的基本要求，即"安全管理责任不变，数据归属关系不变，安全管理标准不变，敏感信息不出境"四条基本要求。中央网信办会同有关部门建立云计算服务安全审查机制，对为党政部门提供云计算服务的服务商，参照有关网络安全国家标准，组织第三方机构进行网络安全审查，重点审查云计算服务的安全性和可控性。

为提高党政机关、关键信息基础设施运营者采购使用云计算服务的安全可控水平，国家互联网信息办公室、国家发展和改革委员会、工业和信息化部、财政部于2019年7月2日制定了《云计算服务安全评估办法》，降低采购使用云计算服务带来的网络安全风险，增强党政机关、关键信息基础设施运营者将业务及数据向云服务平台迁移的信心。《云计算服务安全评估办法》的出台是国家持续推动云计算产业健康发展和市场规范化运行、提升云安全服务能力的重要体现。

2.12.2 云计算服务安全评估的重点评估内容

《云计算安全评估办法》提出，云计算服务安全评估的重点评估内容为：征信、经营状况等基本情况，人员背景及稳定性，云平台技术、产品和服务供应链安全情况，安全管理能力及云平台安全防护情况，客户迁移数据的可行性和便捷性，云服务商的业务连续性等。上述多维度的全面评估是国家对云计算安全领域的最高标准。云计算安全服务评估的重点内容如图2-6所示。

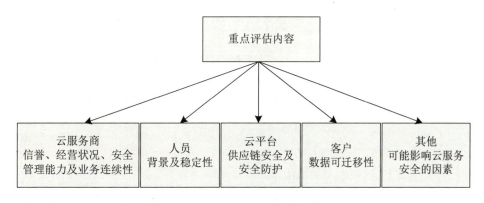

图2-6 云计算安全服务评估的重点内容

云服务作为现代信息技术交付和商业模式的重大发展，是建立在现代软硬件和网络技术基础上的，而网络技术本身依托的也是专用的软硬件技术，因此针对具体的云平台，其相应的供应链基本可以分为软件、硬件和服务三大类型，每一类供应链都由供应节点和这些节点之间的交付关系所组成。云平台供应链关系如图2-7所示。

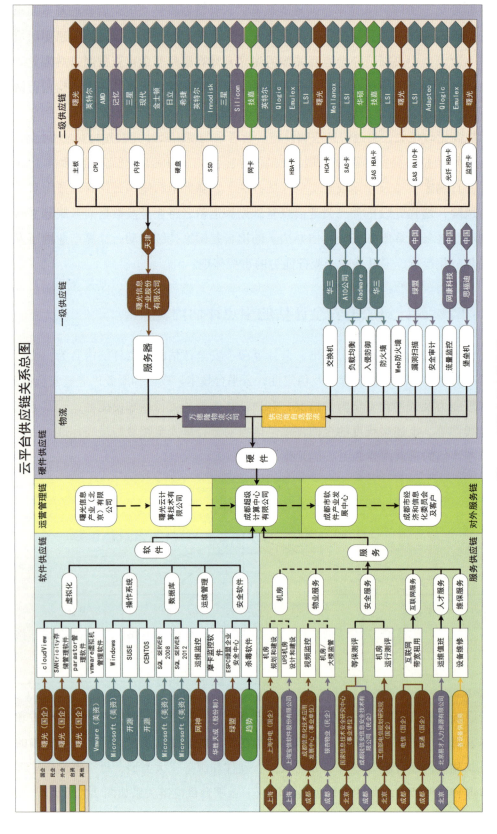

图 2-7 云平台供应链关系

政务部门，一方面要选用通过安全评估的云服务商并对其安全服务等级资质进行核查，在选用云服务商时不仅要关注其技术能力、产品性能，也要关注云服务商长期运维和服务能力；另一方面要加强对已搭建的云平台的监管、定期自行或委托第三方开展安全检查和性能测试等工作，并及时查看云服务提供商定期运维与风险评估相关报告，以确保整个云平台的安全性。

2.13 国务院《关于加强数字政府建设的指导意见》

2022年6月23日，国务院印发《指导意见》，就主动顺应经济社会数字化转型趋势、充分释放数字化发展红利、全面开创数字政府建设新局面做出部署。

《指导意见》明确了数字政府建设的七方面重点任务。

（1）在构建协同高效的政府数字化履职能力体系方面，通过全面推进政府履职和政务运行数字化转型，强化经济运行大数据监测分析，大力推行智慧监管，积极推动数字化治理模式创新，持续优化利企便民数字化服务，强化生态环境动态感知和立体防控，加快推进数字机关建设，推进政务公开平台智能集约发展，创新行政管理和服务方式，全面提升政府履职效能。

（2）在构建数字政府全方位安全保障体系方面，强化安全管理责任，落实安全制度要求，提升安全保障能力，提高自主可控水平，筑牢数字政府建设安全防线。

（3）在构建科学规范的数字政府建设制度规则体系方面，以数字化改革助力政府职能转变，创新数字政府建设管理机制，完善法律法规制度，健全标准规范，开展试点示范，保障数字政府建设和运行整体协同、智能高效、平稳有序。

（4）在构建开放共享的数据资源体系方面，创新数据管理机制，深化数据高效共享，促进数据有序开发利用，充分释放数据要素价值。

（5）在构建智能集约的平台支撑体系方面，整合构建结构合理、智能集约的平台支撑体系，强化政务云平台、网络平台及重点共性应用支撑能力，全面夯实数字政府建设根基。

（6）在以数字政府建设全面引领驱动数字化发展方面，通过持续增强数字政府效能，更好激发数字经济活力，优化数字社会环境，营造良好数字生态。

（7）在加强党对数字政府建设工作的领导方面，加强党中央对数字政府建设工作的集中统一领导，健全推进机制，提升数字素养，强化考核评估，把党的政治优势、组织优势转化为数字政府建设的强大动力和坚强保障，确保数字政府建设重大决策部署贯彻落实。

《指导意见》提出，成立由国务院领导同志任组长的数字政府建设工作领导小组，统筹指导协调数字政府建设，办公室设在国务院办公厅，具体负责组织推进落实。各地区各部门也要建立健全本地区本部门数字政府建设领导协调机制，保障数字政府建设有序推进。

2.13.1 坚持安全可控的基础原则

全面落实总体国家安全观，坚持促进发展和依法管理相统一、安全可控和开放创新并重，严格落实网络安全各项法律法规制度，全面构建制度、管理和技术衔接配套的安全防护体系。

2.13.2 构建数字政府全方位安全保障体系

全面强化数字政府安全管理责任，落实安全管理制度，加快关键核心技术攻关，加强关键信息基础设施安全保障，强化安全防护技术应用，切实筑牢数字政府建设安全防线。

1. 强化安全管理责任

各地区各部门按照职责分工，统筹做好数字政府建设安全和保密工作，落实主体责任和监督责任，构建全方位、多层级、一体化的安全防护体系，形成跨地区、跨部门、跨层级的协同联动机制。建立数字政府安全评估、责任落实和重大事件处置机制，加强对参与政府信息化建设、运营企业的规范管理，确保政务系统和数据安全管理边界清晰、职责明确、责任落实。

2. 落实安全制度要求

建立健全数据分类分级保护、风险评估、检测认证等制度，加强数据全生命周期安全管理和技术防护。加大对涉及国家秘密、工作秘密、商业秘密、个人隐私和个人信息等数据的保护力度，完善相应问责机制，依法加强重要数据出境安全管理。加强关键信息基础设施安全保护和网络安全等级保护，建立健全网络安全、保密监测预警和密码应用安全性评估的机制，定期开展网络安全、保密和密码应用检查，提升数字政府领域关键信息基础设施保护水平。

3. 提升安全保障能力

建立健全动态监控、主动防御、协同响应的数字政府安全技术保障体系。充分运用主动监测、智能感知、威胁预测等安全技术，强化日常监测、通报预警、应急处置，拓展网络安全态势感知监测范围，加强大规模网络安全事件、网络泄密事件预警和发现能力。

4. 提高自主可控水平

加强自主创新,加快数字政府建设领域关键核心技术攻关,强化安全可靠技术和产品应用,切实提高自主可控水平。强化关键信息基础设施保护,落实运营者主体责任。开展对新技术新应用的安全评估,建立健全对算法的审核、运用、监督等管理制度和技术措施。

2.13.3 保障数据和个人信息安全

加快推进全国一体化政务大数据体系建设,加强数据治理,依法依规促进数据高效共享和有序开发利用,充分释放数据要素价值,确保各类数据和个人信息安全。

1. 创新数据管理机制

强化政府部门数据管理职责,明确数据归集、共享、开放、应用、安全、存储、归档等责任,形成推动数据开放共享的高效运行机制。优化完善各类基础数据库、业务资源数据库和相关专题库,加快构建标准统一、布局合理、管理协同、安全可靠的全国一体化政务大数据体系。加强对政务数据、公共数据和社会数据的统筹管理,全面提升数据共享服务、资源汇聚、安全保障等一体化水平。加强数据治理和全生命周期质量管理,确保政务数据真实、准确、完整。建立健全数据质量管理机制,完善数据治理标准规范,制定数据分类分级标准,提升数据治理水平和管理能力。

2. 深化数据高效共享

充分发挥政务数据共享协调机制作用,加大数据共享统筹协调力度,提升服务管理水平。建立全国标准统一、动态管理的政务数据目录,实行"一数一源一标准",实现数据资源清单化管理。充分发挥全国一体化政务服务平台的数据共享枢纽作用,持续提升国家数据共享交换平台支撑保障能力,实现政府信息系统与党委、人大、政协、法院、检察院等信息系统互联互通和数据按需共享。有序推进国务院部门垂直管理业务系统与地方数据平台、业务系统数据双向共享。以应用场景为牵引,建立健全政务数据供需对接机制,推动数据精准高效共享,大力提升数据共享的实效性。

3. 促进数据有序开发利用

编制公共数据开放目录及相关责任清单,构建统一规范、互联互通、安全可控的国家公共数据开放平台,分类分级开放公共数据,有序推动公共数据资源开发利用,提升各行业各领域运用公共数据推动经济社会发展的能力。推进社会数据"统采共用",实现数据跨地区、跨部门、跨层级共享共用,提升数据资源使用效益。推进公共数据、社会数据融合应用,促进数据流通利用。

2.14 《国家电子政务外网网络与信息安全管理暂行办法》

为加强国家电子政务外网（以下简称"国家政务外网"）网络与信息安全工作，根据国家信息安全的相关法律和法规，结合国家政务外网建设和运行的实际情况，2010年5月印发《国家电子政务外网网络与信息安全管理暂行办法》（以下简称《暂行办法》）。国家政务外网分为中央政务外网和地方政务外网，本办法适用于各级政务外网建设、运维和管理单位（以下简称"各级政务外网单位"）。

国家政务外网网络与信息安全工作要统筹规划、统一策略、分级建设，在国家信息安全主管部门的指导下，按照"谁主管谁负责、谁运行谁负责、谁使用谁负责"的原则，分级管理，责任到人。国家信息中心负责中央政务外网网络与信息安全的保障工作，各级政务外网单位负责本级政务外网网络与信息安全的保障工作，接入政务外网的各级政务部门负责本部门网络与信息安全的保障工作。要在网络安全管理、业务应用系统安全管理、网络信任体系管理、信息安全检查与通报、人员管理等方面落实信息安全责任，同时《暂行办法》明确提出各级政务外网要按照本办法落实安全管理各项工作。

各级政务外网单位在进行政务外网规划、设计和建设时应同步做好安全保障系统的规划、设计和建设，并落实好运行维护管理中的安全检查、等级测评和风险评估等经费。

国家政务外网网络与信息安全管理工作实行领导负责制，各级政务外网单位应落实一名分管领导负责网络与信息安全工作。国家信息中心政务外网工程建设办公室（以下简称"政务外网工程办"）负责协调、指导国家政务外网网络与信息安全工作，负责中央政务外网网络与信息安全管理工作。

1. 政务外网工程办的主要职责

（1）贯彻执行国家信息安全的相关法律和法规，指导、协调和规范国家政务外网网络与信息安全工作。

（2）组织制定国家政务外网网络与信息安全总体规划、安全策略、标准规范和各项管理制度。

（3）负责联系国家信息安全主管部门，并接受其指导，向有关部门报告国家政务外网网络与信息安全重大事件。

（4）组织国家政务外网网络与信息安全等级保护工作，组织开展信息安全自查、检查和风险评估，对全网安全运行状况进行分析、研判和通报。

（5）负责中央级政务外网的网络与信息安全管理工作。

（6）建立和管理全国统一的电子认证服务体系。

（7）制定中央级政务外网网络与信息安全应急预案，组织开展应急演练。

（8）组织信息安全宣传、教育和培训。

2. 各级政务外网单位主要职责

各级政务外网单位应落实一名分管领导负责网络与信息安全工作，负责本级政务外网网络与信息安全的保障工作，接入政务外网的各级政务部门负责本部门网络与信息安全的保障工作。

各级政务外网单位的信息安全主管部门和负责单位应参照上述政务外网工程办主要职责，明确本级政务外网信息安全管理机构及其职责。

各级政务外网单位在网络安全管理方面的职责：一是开展网络安全监控工作，及时发现、定位、分析、控制安全事件，定期向上一级管理部门汇报网络安全状况；二是组织制定本级政务外网网络与信息安全应急预案并定期开展应急演练；三是加强安全审计工作，审计记录的保存时间不少于半年；四是加强政务外网终端安全管理，必须安装计算机防病毒系统并及时更新补丁。对承担政务外网建设、运维和管理的所有终端应安装终端管理软件，实行统一管理。

2.15 《全国一体化政务大数据体系建设指南》

2022年9月13日，国务院办公厅印发了《全国一体化政务大数据体系建设指南》（以下简称《指南》），该《指南》旨在解决政务数据体系仍存在的统筹管理机制不健全、供需对接不顺畅、共享应用不充分、标准规范不统一、安全保障不完善等问题。通过整合构建标准统一、布局合理、管理协同、安全可靠的全国一体化政务大数据体系，加强数据汇聚融合、共享开放和开发利用，促进数据依法有序流动，充分发挥政务数据在提升政府履职能力、支撑数字政府建设以及推进国家治理体系和治理能力现代化方面的重要作用。

在网络安全方面，《指南》提出通过安全保障一体化建设，强化政务数据安全保障能力，主要包括以下几个方面。

1. 健全数据安全制度规范

贯彻落实《数据安全法》《个人信息保护法》等法律法规，明确数据分类分级、安全审查等具体制度和要求，明确数据安全主体责任，按照"谁管理谁负责"和"谁使用谁负责"的原则，厘清数据流转全流程中各方权利义务和法律责任。围绕数据全生命周期管理，以"人、数据、场景"关联管理为核心，建立健全工作责任机制，制定政务数据访问权限控制、异常风险识别、安全风险处置、行为审计、数据安全销毁、指标评估等数据安全管理规范，开展内部数据安全检测与外部评估认证，促进数据安全管理规范有效实施。

2. 提升平台技术防护能力

加强数据安全常态化检测和技术防护，建立健全面向数据的信息安全技术保障体系。充分利用电子认证、数据加密存储、传输和应用手段，防止数据篡改，推进数据脱敏使用，加强重要数据保护，加强个人隐私、商业秘密信息保护，严格管控数据访问行为，实现过程全记录和精细化权限管理。建设数据安全态势感知平台，挖掘感知各类威胁事件，实现高危操作及时阻断，变被动防御为主动防御，提高风险防范能力，优化安全技术应用模式，提升安全防护监测水平。

3. 强化数据安全运行管理

完善数据安全运维运营保障机制，明确各方权责，加强数据安全风险信息的获取、分析、研判、预警。建立健全事前管审批、事中全留痕、事后可追溯的数据安全运行监管机制，加强数据使用申请合规性审查和白名单控制，优化态势感知规则和全流程记录手段，提高对数据异常使用行为的发现、溯源和处置能力，形成数据安全管理闭环，筑牢数据安全防线。加强政务系统建设安全管理，保障数据应用健康稳定运行，确保数据安全。

2.16 网络安全主要角色合规要求汇总

以上章节概括介绍了"4法、4条例、7个意见办法"的主要内容及政务方面的主要相关要求。这些要求中出现了多个角色的定义及其相关职责。为了便于本书的使用者能够对号入座及快速索引与其相关的法律法规要求，本书按照角色对"4法、4条例、7个意见办法"中的相关条款进行了汇总。这些角色在上述法律法规中基本都有明确的定义，主要包括个人信息处理者、数据处理者、网络运营者、重要数据处理者、关键信息基础设施运营者、关键信息基础设施安全保护工作部门、履行个人信息保护职责的部门、密码管理部门、当事人（关键信息基础设施运营者、网络平台运营者）、各级政务外网单位、项目建设单位。

2.16.1 个人信息处理者

"个人信息处理者"出自《个人信息保护法》,其定义为:指在个人信息处理活动中自主决定处理目的、处理方式的组织、个人(本节以下为个人信息处理者在《个人信息保护法》中的主要职责)。

个人信息处理者的职责如表 2-1 所示。

表 2-1 个人信息处理者的职责

角色	职责	出处(法律法规)
个人信息处理者	第九条 个人信息处理者应当对其个人信息处理活动负责,并采取必要措施保障所处理的个人信息的安全	《个人信息保护法》
	第十六条 个人信息处理者不得以个人不同意处理其个人信息或者撤回同意为由,拒绝提供产品或者服务;处理个人信息属于提供产品或者服务所必需的除外	《个人信息保护法》
	第十七条 个人信息处理者在处理个人信息前,应当以显著方式、清晰易懂的语言真实、准确、完整地向个人告知下列事项: (一)个人信息处理者的名称或者姓名和联系方式; (二)个人信息的处理目的、处理方式,处理的个人信息种类、保存期限; (三)个人行使本法规定权利的方式和程序; (四)法律、行政法规规定应当告知的其他事项。 前款规定事项发生变更的,应当将变更部分告知个人。 个人信息处理者通过制定个人信息处理规则的方式告知第一款规定事项的,处理规则应当公开,并且便于查阅和保存	《个人信息保护法》
	第十八条 个人信息处理者处理个人信息,有法律、行政法规规定应当保密或者不需要告知的情形的,可以不向个人告知前条第一款规定的事项。 紧急情况下为保护自然人的生命健康和财产安全无法及时向个人告知的,个人信息处理者应当在紧急情况消除后及时告知	《个人信息保护法》
	第二十条 两个以上的个人信息处理者共同决定个人信息的处理目的和处理方式的,应当约定各自的权利和义务。但是,该约定不影响个人向其中任何一个个人信息处理者要求行使本法规定的权利。 个人信息处理者共同处理个人信息,侵害个人信息权益造成损害的,应当依法承担连带责任	《个人信息保护法》
	第二十一条 个人信息处理者委托处理个人信息的,应当与受托人约定委托处理的目的、期限、处理方式、个人信息的种类、保护措施以及双方的权利和义务等,并对受托人的个人信息处理活动进行监督。 受托人应当按照约定处理个人信息,不得超出约定的处理目的、处理方式等处理个人信息;委托合同不生效、无效、被撤销或者终止的,受托人应当将个人信息返还个人信息处理者或者予以删除,不得保留。 未经个人信息处理者同意,受托人不得转委托他人处理个人信息	《个人信息保护法》

续表

角　色	职　责	出处（法律法规）
个人信息处理者	第二十二条 个人信息处理者因合并、分立、解散、被宣告破产等原因需要转移个人信息的，应当向个人告知接收方的名称或者姓名和联系方式。接收方应当继续履行个人信息处理者的义务。接收方变更原先的处理目的、处理方式的，应当依照本法规定重新取得个人同意	《个人信息保护法》
	第二十三条 个人信息处理者向其他个人信息处理者提供其处理的个人信息的，应当向个人告知接收方的名称或者姓名、联系方式、处理目的、处理方式和个人信息的种类，并取得个人的单独同意。接收方应当在上述处理目的、处理方式和个人信息的种类等范围内处理个人信息。接收方变更原先的处理目的、处理方式的，应当依照本法规定重新取得个人同意	《个人信息保护法》
	第二十四条 个人信息处理者利用个人信息进行自动化决策，应当保证决策的透明度和结果公平、公正，不得对个人在交易价格等交易条件上实行不合理的差别待遇。 通过自动化决策方式向个人进行信息推送、商业营销，应当同时提供不针对其个人特征的选项，或者向个人提供便捷的拒绝方式。 通过自动化决策方式作出对个人权益有重大影响的决定，个人有权要求个人信息处理者予以说明，并有权拒绝个人信息处理者仅通过自动化决策的方式作出决定	《个人信息保护法》
	第二十五条 个人信息处理者不得公开其处理的个人信息，取得个人单独同意的除外	《个人信息保护法》
	第二十七条 个人信息处理者可以在合理的范围内处理个人自行公开或者其他已经合法公开的个人信息；个人明确拒绝的除外。个人信息处理者处理已公开的个人信息，对个人权益有重大影响的，应当依照本法规定取得个人同意	《个人信息保护法》
	第三十条 个人信息处理者处理敏感个人信息的，除本法第十七条第一款规定的事项外，还应当向个人告知处理敏感个人信息的必要性以及对个人权益的影响；依照本法规定可以不向个人告知的除外	《个人信息保护法》
	第三十一条 个人信息处理者处理不满十四周岁未成年人个人信息的，应当取得未成年人的父母或者其他监护人的同意。 个人信息处理者处理不满十四周岁未成年人个人信息的，应当制定专门的个人信息处理规则	《个人信息保护法》
	第三十八条 个人信息处理者因业务等需要，确需向中华人民共和国境外提供个人信息的，应当具备下列条件之一： （一）依照本法第四十条的规定通过国家网信部门组织的安全评估； （二）按国家网信部门的规定经专业机构进行个人信息保护认证； （三）按照国家网信部门制定的标准合同与境外接收方订立合同，约定双方的权利和义务； （四）法律、行政法规或者国家网信部门规定的其他条件。 中华人民共和国缔结或者参加的国际条约、协定对向中华人民共和国境外提供个人信息的条件等有规定的，可以按照其规定执行。 个人信息处理者应当采取必要措施，保障境外接收方处理个人信息的活动达到本法规定的个人信息保护标准	《个人信息保护法》

续表

角 色	职 责	出处(法律法规)
个人信息处理者	第三十九条 个人信息处理者向中华人民共和国境外提供个人信息的，应当向个人告知境外接收方的名称或者姓名、联系方式、处理目的、处理方式、个人信息的种类以及个人向境外接收方行使本法规定权利的方式和程序等事项，并取得个人的单独同意	《个人信息保护法》
	第四十条 关键信息基础设施运营者和处理个人信息达到国家网信部门规定数量的个人信息处理者，应当将在中华人民共和国境内收集和产生的个人信息存储在境内。确需向境外提供的，应当通过国家网信部门组织的安全评估；法律、行政法规和国家网信部门规定可以不进行安全评估的，从其规定	《个人信息保护法》
	第四十五条 个人有权向个人信息处理者查阅、复制其个人信息；有本法第十八条第一款、第三十五条规定情形的除外。 个人请求查阅、复制其个人信息的，个人信息处理者应当及时提供。 个人请求将个人信息转移至其指定的个人信息处理者，符合国家网信部门规定条件的，个人信息处理者应当提供转移的途径	《个人信息保护法》
	第四十六条 个人发现其个人信息不准确或者不完整的，有权请求个人信息处理者更正、补充。 个人请求更正、补充其个人信息的，个人信息处理者应当对其个人信息予以核实，并及时更正、补充	《个人信息保护法》
	第四十七条 有下列情形之一的，个人信息处理者应当主动删除个人信息；个人信息处理者未删除的，个人有权请求删除： (一)处理目的已实现、无法实现或者为实现处理目的不再必要； (二)个人信息处理者停止提供产品或者服务，或者保存期限已届满； (三)个人撤回同意； (四)个人信息处理者违反法律、行政法规或者违反约定处理个人信息； (五)法律、行政法规规定的其他情形。 法律、行政法规规定的保存期限未届满，或者删除个人信息从技术上难以实现的，个人信息处理者应当停止除存储和采取必要的安全保护措施之外的处理	《个人信息保护法》
	第五十条 个人信息处理者应当建立便捷的个人行使权利的申请受理和处理机制。拒绝个人行使权利的请求的，应当说明理由。 个人信息处理者拒绝个人行使权利的请求的，个人可以依法向人民法院提起诉讼	《个人信息保护法》
	第五十一条 个人信息处理者应当根据个人信息的处理目的、处理方式、个人信息的种类以及对个人权益的影响、可能存在的安全风险等，采取下列措施确保个人信息处理活动符合法律、行政法规的规定，并防止未经授权的访问以及个人信息泄露、篡改、丢失： (一)制定内部管理制度和操作规程； (二)对个人信息实行分类管理； (三)采取相应的加密、去标识化等安全技术措施； (四)合理确定个人信息处理的操作权限，并定期对从业人员进行安全教育和培训； (五)制定并组织实施个人信息安全事件应急预案； (六)法律、行政法规规定的其他措施	《个人信息保护法》

续表

角色	职责	出处（法律法规）
个人信息处理者	第五十二条 处理个人信息达到国家网信部门规定数量的个人信息处理者应当指定个人信息保护负责人，负责对个人信息处理活动以及采取的保护措施等进行监督。 个人信息处理者应当公开个人信息保护负责人的联系方式，并将个人信息保护负责人的姓名、联系方式等报送履行个人信息保护职责的部门	《个人信息保护法》
	第五十三条 本法第三条第二款规定的中华人民共和国境外的个人信息处理者，应当在中华人民共和国境内设立专门机构或者指定代表，负责处理个人信息保护相关事务，并将有关机构的名称或者代表的姓名、联系方式等报送履行个人信息保护职责的部门	《个人信息保护法》
	第五十四条 个人信息处理者应当定期对其处理个人信息遵守法律、行政法规的情况进行合规审计	《个人信息保护法》
	第五十五条 有下列情形之一的，个人信息处理者应当事前进行个人信息保护影响评估，并对处理情况进行记录： （一）处理敏感个人信息； （二）利用个人信息进行自动化决策； （三）委托处理个人信息、向其他个人信息处理者提供个人信息、公开个人信息； （四）向境外提供个人信息； （五）其他对个人权益有重大影响的个人信息处理活动	《个人信息保护法》
	第五十六条 个人信息保护影响评估应当包括下列内容： （一）个人信息的处理目的、处理方式等是否合法、正当、必要； （二）对个人权益的影响及安全风险； （三）所采取的保护措施是否合法、有效并与风险程度相适应。 个人信息保护影响评估报告和处理情况记录应当至少保存三年	《个人信息保护法》
	第五十七条 发生或者可能发生个人信息泄露、篡改、丢失的，个人信息处理者应当立即采取补救措施，并通知履行个人信息保护职责的部门和个人。通知应当包括下列事项： （一）发生或者可能发生个人信息泄露、篡改、丢失的信息种类、原因和可能造成的危害； （二）个人信息处理者采取的补救措施和个人可以采取的减轻危害的措施； （三）个人信息处理者的联系方式。 个人信息处理者采取措施能够有效避免信息泄露、篡改、丢失造成危害的，个人信息处理者可以不通知个人；履行个人信息保护职责的部门认为可能造成危害的，有权要求个人信息处理者通知个人	《个人信息保护法》
	第五十八条 提供重要互联网平台服务、用户数量巨大、业务类型复杂的个人信息处理者，应当履行下列义务： （一）按照国家规定建立健全个人信息保护合规制度体系，成立主要由外部成员组成的独立机构对个人信息保护情况进行监督； （二）遵循公开、公平、公正的原则，制定平台规则，明确平台内产品或者服务提供者处理个人信息的规范和保护个人信息的义务； （三）对严重违反法律、行政法规处理个人信息的平台内的产品或者服务提供者，停止提供服务； （四）定期发布个人信息保护社会责任报告，接受社会监督	《个人信息保护法》

2.16.2 数据处理者

数据处理者出自《数安条例(征求意见稿)》,其定义为:是指在数据处理活动中自主决定处理目的和处理方式的个人和组织(本节以下为数据处理者在《数安条例(征求意见稿)》《数据出境安全评估办法》中的主要职责)。

数据处理者职责如表 2-2 所示。

表 2-2 数据处理者职责

角色	职责	出处(法律法规)
数据处理者	第六条 数据处理者对所处理数据的安全负责,履行数据安全保护义务,接受政府和社会监督,承担社会责任。 数据处理者应当按照有关法律、行政法规的规定和国家标准的强制性要求,建立完善数据安全管理制度和技术保护机制	《数安条例(征求意见稿)》
	第九条 数据处理者应当采取备份、加密、访问控制等必要措施,保障数据免遭泄露、窃取、篡改、毁损、丢失、非法使用,应对数据安全事件,防范针对和利用数据的违法犯罪活动,维护数据的完整性、保密性、可用性。 数据处理者应当按照网络安全等级保护的要求,加强数据处理系统、数据传输网络、数据存储环境等安全防护,处理重要数据的系统原则上应当满足三级以上网络安全等级保护和关键信息基础设施安全保护要求,处理核心数据的系统依照有关规定从严保护。 数据处理者应当使用密码对重要数据和核心数据进行保护	《数安条例(征求意见稿)》
	第十条 数据处理者发现其使用或者提供的网络产品和服务存在安全缺陷、漏洞,或者威胁国家安全、危害公共利益等风险时,应当立即采取补救措施	《数安条例(征求意见稿)》
	第十一条 数据处理者应当建立数据安全应急处置机制,发生数据安全事件时及时启动应急响应机制,采取措施防止危害扩大,消除安全隐患。安全事件对个人、组织造成危害的,数据处理者应当在三个工作日内将安全事件和风险情况、危害后果、已经采取的补救措施等以电话、短信、即时通信工具、电子邮件等方式通知利害关系人,无法通知的可采取公告方式告知,法律、行政法规规定可以不通知的从其规定。安全事件涉嫌犯罪的,数据处理者应当按规定向公安机关报案。 发生重要数据或者十万人以上个人信息泄露、毁损、丢失等数据安全事件时,数据处理者还应当履行以下义务: (一)在发生安全事件的八小时内向设区的市级网信部门和有关主管部门报告事件基本信息,包括涉及的数据数量、类型、可能的影响、已经或拟采取的处置措施等; (二)在事件处置完毕后五个工作日内向设区的市级网信部门和有关主管部门报告包括事件原因、危害后果、责任处理、改进措施等情况的调查评估报告	《数安条例(征求意见稿)》

续表

角色	职责	出处（法律法规）
数据处理者	第十二条 数据处理者向第三方提供个人信息，或者共享、交易、委托处理重要数据的，应当遵守以下规定： （一）向个人告知提供个人信息的目的、类型、方式、范围、存储期限、存储地点，并取得个人单独同意，符合法律、行政法规规定的不需要取得个人同意的情形或者经过匿名化处理的除外； （二）与数据接收方约定处理数据的目的、范围、处理方式，数据安全保护措施等，通过合同等形式明确双方的数据安全责任义务，并对数据接收方的数据处理活动进行监督； （三）留存个人同意记录及提供个人信息的日志记录，共享、交易、委托处理重要数据的审批记录、日志记录至少五年。 数据接收方应当履行约定的义务，不得超出约定的目的、范围、处理方式处理个人信息和重要数据	《数安条例（征求意见稿）》
	第十三条 数据处理者开展以下活动，应当按照国家有关规定，申报网络安全审查： （一）汇聚掌握大量关系国家安全、经济发展、公共利益的数据资源的互联网平台运营者实施合并、重组、分立，影响或者可能影响国家安全的； （二）处理一百万人以上个人信息的数据处理者赴国外上市的； （三）数据处理者赴香港上市，影响或者可能影响国家安全的； （四）其他影响或者可能影响国家安全的数据处理活动。 大型互联网平台运营者在境外设立总部或者运营中心、研发中心，应当向国家网信部门和主管部门报告	《数安条例（征求意见稿）》
	第十四条 数据处理者发生合并、重组、分立等情况的，数据接收方应当继续履行数据安全保护义务，涉及重要数据和一百万人以上个人信息的，应当向设区的市级主管部门报告；数据处理者发生解散、被宣告破产等情况的，应当向设区的市级主管部门报告，按照相关要求移交或删除数据，主管部门不明确的，应当向设区的市级网信部门报告	《数安条例（征求意见稿）》
	第十五条 数据处理者从其他途径获取的数据，应当按照本条例的规定履行数据安全保护义务	《数安条例（征求意见稿）》
	第十七条 数据处理者在采用自动化工具访问、收集数据时，应当评估对网络服务的性能、功能带来的影响，不得干扰网络服务的正常功能。 自动化工具访问、收集数据违反法律、行政法规或者行业自律公约、影响网络服务正常功能，或者侵犯他人知识产权等合法权益的，数据处理者应当停止访问、收集数据行为并采取相应补救措施	《数安条例（征求意见稿）》
	第十八条 数据处理者应当建立便捷的数据安全投诉举报渠道，及时受理、处置数据安全投诉举报。 数据处理者应当公布接受投诉、举报的联系方式、责任人信息，每年公开披露受理和收到的个人信息安全投诉数量、投诉处理情况、平均处理时间情况，接受社会监督	《数安条例（征求意见稿）》

续表

角色	职责	出处（法律法规）
数据处理者	第十九条 数据处理者处理个人信息，应当具有明确、合理的目的，遵循合法、正当、必要的原则。基于个人同意处理个人信息的，应当满足以下要求： （一）处理的个人信息是提供服务所必需的，或者是履行法律、行政法规规定的义务所必需的； （二）限于实现处理目的最短周期、最低频次，采取对个人权益影响最小的方式； （三）不得因个人拒绝提供服务必需的个人信息以外的信息，拒绝提供服务或者干扰个人正常使用服务	《数安条例（征求意见稿）》
数据处理者	第二十条 数据处理者处理个人信息，应当制定个人信息处理规则并严格遵守。个人信息处理规则应当集中公开展示、易于访问并置于醒目位置，内容明确具体、简明通俗，系统全面地向个人说明个人信息处理情况。 个人信息处理规则应当包括但不限于以下内容： （一）依据产品或者服务的功能明确所需的个人信息，以清单形式列明每项功能处理个人信息的目的、用途、方式、种类、频次或者时机、保存地点等，以及拒绝处理个人信息对个人的影响； （二）个人信息存储期限或者个人信息存储期限的确定方法、到期后的处理方式； （三）个人查阅、复制、更正、删除、限制处理、转移个人信息，以及注销账号、撤回处理个人信息同意的途径和方法； （四）以集中展示等便利用户访问的方式说明产品服务中嵌入的所有收集个人信息的第三方代码、插件的名称，以及每个第三方代码、插件收集个人信息的目的、方式、种类、频次或者时机及其个人信息处理规则； （五）向第三方提供个人信息情形及其目的、方式、种类，数据接收方相关信息等； （六）个人信息安全风险及保护措施； （七）个人信息安全问题的投诉、举报渠道及解决途径，个人信息保护负责人联系方式	《数安条例（征求意见稿）》
数据处理者	第二十一条 处理个人信息应当取得个人同意的，数据处理者应当遵守以下规定： （一）按照服务类型分别向个人申请处理个人信息的同意，不得使用概括性条款取得同意； （二）处理个人生物识别、宗教信仰、特定身份、医疗健康、金融账户、行踪轨迹等敏感个人信息应当取得个人单独同意； （三）处理不满十四周岁未成年人的个人信息，应当取得其监护人同意； （四）不得以改善服务质量、提升用户体验、研发新产品等为由，强迫个人同意处理其个人信息； （五）不得通过误导、欺诈、胁迫等方式获得个人的同意； （六）不得通过捆绑不同类型服务、批量申请同意等方式诱导、强迫个人进行批量个人信息同意； （七）不得超出个人授权同意的范围处理个人信息； （八）不得在个人明确表示不同意后，频繁征求同意、干扰正常使用服务。 个人信息的处理目的、处理方式和处理的个人信息种类发生变更的，数据处理者应当重新取得个人同意，并同步修改个人信息处理规则。对个人同意行为有效性存在争议的，数据处理者负有举证责任	《数安条例（征求意见稿）》

续表

角　色	职　　责	出处（法律法规）
数据处理者	第二十二条 有下列情况之一的，数据处理者应当在十五个工作日内删除个人信息或者进行匿名化处理： （一）已实现个人信息处理目的或者实现处理目的不再必要； （二）达到与用户约定或者个人信息处理规则明确的存储期限； （三）终止服务或者个人注销账号； （四）因使用自动化采集技术等，无法避免采集到的非必要个人信息或者未经个人同意的个人信息。 删除个人信息从技术上难以实现，或者因业务复杂等原因，在十五个工作日内删除个人信息确有困难的，数据处理者不得开展除存储和采取必要的安全保护措施之外的处理，并应当向个人作出合理解释。 法律、行政法规另有规定的从其规定	《数安条例（征求意见稿）》
	第二十三条 个人提出查阅、复制、更正、补充、限制处理、删除其个人信息的合理请求的，数据处理者应当履行以下义务： （一）提供便捷的支持个人结构化查询本人被收集的个人信息类型、数量等的方法和途径，不得以时间、位置等因素对个人的合理请求进行限制； （二）提供便捷的支持个人复制、更正、补充、限制处理、删除其个人信息、撤回授权同意以及注销账号的功能，且不得设置不合理条件； （三）收到个人复制、更正、补充、限制处理、删除本人个人信息、撤回授权同意或者注销账号申请的，应当在十五个工作日内处理并反馈。 法律、行政法规另有规定的从其规定	《数安条例（征求意见稿）》
	第二十四条 符合下列条件的个人信息转移请求，数据处理者应当为个人指定的其他数据处理者访问、获取其个人信息提供转移服务： （一）请求转移的个人信息是基于同意或者订立、履行合同所必需而收集的个人信息； （二）请求转移的个人信息是本人信息或者请求人合法获得且不违背他人意愿的他人信息； （三）能够验证请求人的合法身份。 数据处理者发现接收个人信息的其他数据处理者有非法处理个人信息风险的，应当对个人信息转移请求做合理的风险提示。 请求转移个人信息次数明显超出合理范围的，数据处理者可以收取合理费用	《数安条例（征求意见稿）》
	第二十五条 数据处理者利用生物特征进行个人身份认证的，应当对必要性、安全性进行风险评估，不得将人脸、步态、指纹、虹膜、声纹等生物特征作为唯一的个人身份认证方式，以强制个人同意收集其个人生物特征信息。 法律、行政法规另有规定的从其规定	《数安条例（征求意见稿）》
	第二十六条 数据处理者处理一百万人以上个人信息的，还应当遵守本条例第四章对重要数据的处理者作出的规定	《数安条例（征求意见稿）》

续表

角 色	职 责	出处（法律法规）
数据处理者	第三十五条 数据处理者因业务等需要，确需向中华人民共和国境外提供数据的，应当具备下列条件之一： （一）通过国家网信部门组织的数据出境安全评估； （二）数据处理者和数据接收方均通过国家网信部门认定的专业机构进行的个人信息保护认证； （三）按照国家网信部门制定的关于标准合同的规定与境外数据接收方订立合同，约定双方权利和义务； （四）法律、行政法规或者国家网信部门规定的其他条件。 数据处理者为订立、履行个人作为一方当事人的合同所必需向境外提供当事人个人信息的，或者为了保护个人生命健康和财产安全而必须向境外提供个人信息的除外	《数安条例（征求意见稿）》
	第三十六条 数据处理者向中华人民共和国境外提供个人信息的，应当向个人告知境外数据接收方的名称、联系方式、处理目的、处理方式、个人信息的种类以及个人向境外数据接收方行使个人信息权利的方式等事项，并取得个人的单独同意。 收集个人信息时已单独就个人信息出境取得个人同意，且按照取得同意的事项出境的，无需再次取得个人单独同意	《数安条例（征求意见稿）》
	第三十七条 数据处理者向境外提供在中华人民共和国境内收集和产生的数据，属于以下情形的，应当通过国家网信部门组织的数据出境安全评估： （一）出境数据中包含重要数据； （二）关键信息基础设施运营者和处理一百万人以上个人信息的数据处理者向境外提供个人信息； （三）国家网信部门规定的其他情形。 法律、行政法规和国家网信部门规定可以不进行安全评估的，从其规定	《数安条例（征求意见稿）》
	第三十八条 中华人民共和国缔结或者参加的国际条约、协定对向中华人民共和国境外提供个人信息的条件等有规定的，可以按照其规定执行	《数安条例（征求意见稿）》
	第三十九条 数据处理者向境外提供数据应当履行以下义务： （一）不得超出报送网信部门的个人信息保护影响评估报告中明确的目的、范围、方式和数据类型、规模等向境外提供个人信息； （二）不得超出网信部门安全评估时明确的出境目的、范围、方式和数据类型、规模等向境外提供个人信息和重要数据； （三）采取合同等有效措施监督数据接收方按照双方约定的目的、范围、方式使用数据，履行数据安全保护义务，保证数据安全； （四）接受和处理数据出境所涉及的用户投诉； （五）数据出境对个人、组织合法权益或者公共利益造成损害的，数据处理者应当依法承担责任； （六）存留相关日志记录和数据出境审批记录三年以上； （七）国家网信部门会同国务院有关部门核验向境外提供个人信息和重要数据的类型、范围时，数据处理者应当以明文、可读方式予以展示； （八）国家网信部门认定不得出境的，数据处理者应当停止数据出境，并采取有效措施对已出境数据的安全予以补救； （九）个人信息出境后需再转移的，应当事先与个人约定再转移的条件，并明确数据接收方履行的安全保护义务。 非经中华人民共和国主管机关批准，境内的个人、组织不得向外国司法或者执法机构提供存储于中华人民共和国境内的数据	《数安条例（征求意见稿）》

续表

角色	职责	出处（法律法规）
数据处理者	第四十条 向境外提供个人信息和重要数据的数据处理者，应当在每年1月31日前编制数据出境安全报告，向设区的市级网信部门报告上一年度以下数据出境情况： （一）全部数据接收方名称、联系方式； （二）出境数据的类型、数量及目的； （三）数据在境外的存放地点、存储期限、使用范围和方式； （四）涉及向境外提供数据的用户投诉及处理情况； （五）发生的数据安全事件及其处置情况； （六）数据出境后再转移的情况； （七）国家网信部门明确向境外提供数据需要报告的其他事项	《数安条例（征求意见稿）》
	第四十二条 数据处理者从事跨境数据活动应当按照国家数据跨境安全监管要求，建立健全相关技术和管理措施	《数安条例（征求意见稿）》
	第二条 数据处理者向境外提供在中华人民共和国境内运营中收集和产生的重要数据和个人信息的安全评估，适用本办法。法律、行政法规另有规定的，依照其规定	《数据出境安全评估办法》
	第四条 数据处理者向境外提供数据，有下列情形之一的，应当通过所在地省级网信部门向国家网信部门申报数据出境安全评估： （一）数据处理者向境外提供重要数据； （二）关键信息基础设施运营者和处理100万人以上个人信息的数据处理者向境外提供个人信息； （三）自上年1月1日起累计向境外提供10万人个人信息或者1万人敏感个人信息的数据处理者向境外提供个人信息； （四）国家网信部门规定的其他需要申报数据出境安全评估的情形	《数据出境安全评估办法》
	第五条 数据处理者在申报数据出境安全评估前，应当开展数据出境风险自评估，重点评估以下事项： （一）数据出境和境外接收方处理数据的目的、范围、方式等的合法性、正当性、必要性； （二）出境数据的规模、范围、种类、敏感程度，数据出境可能对国家安全、公共利益、个人或者组织合法权益带来的风险； （三）境外接收方承诺承担的责任义务，以及履行责任义务的管理和技术措施、能力等能否保障出境数据的安全； （四）数据出境中和出境后遭到篡改、破坏、泄露、丢失、转移或者被非法获取、非法利用等的风险，个人信息权益维护的渠道是否通畅等； （五）与境外接收方拟订立的数据出境相关合同或者其他具有法律效力的文件等（以下统称法律文件）是否充分约定了数据安全保护责任义务； （六）其他可能影响数据出境安全的事项	《数据出境安全评估办法》

续表

角色	职责	出处（法律法规）
数据处理者	第九条 数据处理者应当在与境外接收方订立的法律文件中明确约定数据安全保护责任义务，至少包括以下内容： （一）数据出境的目的、方式和数据范围，境外接收方处理数据的用途、方式等； （二）数据在境外保存地点、期限，以及达到保存期限、完成约定目的或者法律文件终止后出境数据的处理措施； （三）对于境外接收方将出境数据再转移给其他组织、个人的约束性要求； （四）境外接收方在实际控制权或者经营范围发生实质性变化，或者所在国家、地区数据安全保护政策法规和网络安全环境发生变化以及发生其他不可抗力情形导致难以保障数据安全时，应当采取的安全措施； （五）违反法律文件约定的数据安全保护义务的补救措施、违约责任和争议解决方式； （六）出境数据遭到篡改、破坏、泄露、丢失、转移或者被非法获取、非法利用等风险时，妥善开展应急处置的要求和保障个人维护其个人信息权益的途径和方式	《数据出境安全评估办法》
	第十一条 安全评估过程中，发现数据处理者提交的申报材料不符合要求的，国家网信部门可以要求其补充或者更正。数据处理者无正当理由不补充或者更正的，国家网信部门可以终止安全评估。 数据处理者对所提交材料的真实性负责，故意提交虚假材料的，按照评估不通过处理，并依法追究相应法律责任	《数据出境安全评估办法》
	第十三条 数据处理者对评估结果有异议的，可以在收到评估结果 15 个工作日内向国家网信部门申请复评，复评结果为最终结论	《数据出境安全评估办法》
	第十四条 通过数据出境安全评估的结果有效期为 2 年，自评估结果出具之日起计算。在有效期内出现以下情形之一的，数据处理者应当重新申报评估： （一）向境外提供数据的目的、方式、范围、种类和境外接收方处理数据的用途、方式发生变化影响出境数据安全的，或者延长个人信息和重要数据境外保存期限的； （二）境外接收方所在国家或者地区数据安全保护政策法规和网络安全环境发生变化以及发生其他不可抗力情形、数据处理者或者境外接收方实际控制权发生变化、数据处理者与境外接收方法律文件变更等影响出境数据安全的； （三）出现影响出境数据安全的其他情形。 有效期届满，需要继续开展数据出境活动的，数据处理者应当在有效期届满 60 个工作日前重新申报评估	《数据出境安全评估办法》

2.16.3 重要数据的处理者

基于数据处理者的职责，《数据安全法》以及《数安条例（征求意见稿）》中，对重要数据的处理者提出更高要求。

重要数据的处理者职责如表 2-3 所示。

表 2-3 重要数据的处理者职责

角 色	职 责	出处（法律法规）
重要数据的处理者	第二十七条 开展数据处理活动应当依照法律、法规的规定，建立健全全流程数据安全管理制度，组织开展数据安全教育培训，采取相应的技术措施和其他必要措施，保障数据安全。利用互联网等信息网络开展数据处理活动，应当在网络安全等级保护制度的基础上，履行上述数据安全保护义务。 重要数据的处理者应当明确数据安全负责人和管理机构，落实数据安全保护责任	《数据安全法》
	第三十条 重要数据的处理者应当按照规定对其数据处理活动定期开展风险评估，并向有关主管部门报送风险评估报告。 风险评估报告应当包括处理的重要数据的种类、数量，开展数据处理活动的情况，面临的数据安全风险及其应对措施等	《数据安全法》
	第二十八条 重要数据的处理者，应当明确数据安全负责人，成立数据安全管理机构。数据安全管理机构在数据安全负责人的领导下，履行以下职责： （一）研究提出数据安全相关重大决策建议； （二）制定实施数据安全保护计划和数据安全事件应急预案； （三）开展数据安全风险监测，及时处置数据安全风险和事件； （四）定期组织开展数据安全宣传教育培训、风险评估、应急演练等活动； （五）受理、处置数据安全投诉、举报； （六）按照要求及时向网信部门和主管、监管部门报告数据安全情况。 数据安全负责人应当具备数据安全专业知识和相关管理工作经历，由数据处理者决策层成员承担，有权直接向网信部门和主管、监管部门反映数据安全情况	《数安条例（征求意见稿）》
	第二十九条 重要数据的处理者，应当在识别其重要数据后的十五个工作日内向设区的市级网信部门备案，备案内容包括： （一）数据处理者基本信息，数据安全管理机构信息、数据安全负责人姓名和联系方式等； （二）处理数据的目的、规模、方式、范围、类型、存储期限、存储地点等，不包括数据内容本身； （三）国家网信部门和主管、监管部门规定的其他备案内容。 处理数据的目的、范围、类型及数据安全防护措施等有重大变化的，应当重新备案。 依据部门职责分工，网信部门与有关部门共享备案信息	《数安条例（征求意见稿）》
	第三十条 重要数据的处理者，应当制定数据安全培训计划，每年组织开展全员数据安全教育培训，数据安全相关的技术和管理人员每年教育培训时间不得少于二十小时	《数安条例（征求意见稿）》
	第三十一条 重要数据的处理者，应当优先采购安全可信的网络产品和服务	《数安条例（征求意见稿）》

续表

角 色	职 责	出处（法律法规）
重要数据的处理者	第三十二条 处理重要数据或者赴境外上市的数据处理者，应当自行或者委托数据安全服务机构每年开展一次数据安全评估，并在每年1月31日前将上一年度数据安全评估报告报设区的市级网信部门，年度数据安全评估报告的内容包括： （一）处理重要数据的情况； （二）发现的数据安全风险及处置措施； （三）数据安全管理制度，数据备份、加密、访问控制等安全防护措施，以及管理制度实施情况和防护措施的有效性； （四）落实国家数据安全法律、行政法规和标准情况； （五）发生的数据安全事件及其处置情况； （六）共享、交易、委托处理、向境外提供重要数据的安全评估情况； （七）数据安全相关的投诉及处理情况； （八）国家网信部门和主管、监管部门明确的其他数据安全情况。 数据处理者应当保留风险评估报告至少三年。 依据部门职责分工，网信部门与有关部门共享报告信息。 数据处理者开展共享、交易、委托处理、向境外提供重要数据的安全评估，应当重点评估以下内容： （一）共享、交易、委托处理、向境外提供数据，以及数据接收方处理数据的目的、方式、范围等是否合法、正当、必要； （二）共享、交易、委托处理、向境外提供数据被泄露、毁损、篡改、滥用的风险，以及对国家安全、经济发展、公共利益带来的风险； （三）数据接收方的诚信状况、守法情况、境外政府机构合作关系、是否被中国政府制裁等背景情况，承诺承担的责任以及履行责任的能力等是否能够有效保障数据安全； （四）与数据接收方订立的相关合同中关于数据安全的要求能否有效约束数据接收方履行数据安全保护义务； （五）在数据处理过程中的管理和技术措施等是否能够防范数据泄露、毁损等风险。 评估认为可能危害国家安全、经济发展和公共利益，数据处理者不得共享、交易、委托处理、向境外提供数据	《数安条例（征求意见稿）》
	第三十三条 数据处理者共享、交易、委托处理重要数据的，应当征得设区的市级及以上主管部门同意，主管部门不明确的，应当征得设区的市级及以上网信部门同意	《数安条例（征求意见稿）》

2.16.4 网络运营者

"网络运营者"出自《网络安全法》，其定义为：是指网络的所有者、管理者和网络服务提供者（以下为网络运营者在《网络安全法》《等保条例（征求意见稿）》中的主要职责）。

网络运营者职责如表 2-4 所示。

表 2-4　网络运营者职责

角色	职责	出处（法律法规）
网络运营者	第九条 网络运营者开展经营和服务活动，必须遵守法律、行政法规，尊重社会公德，遵守商业道德，诚实信用，履行网络安全保护义务，接受政府和社会的监督，承担社会责任	《网络安全法》
	第二十一条 国家实行网络安全等级保护制度。网络运营者应当按照网络安全等级保护制度的要求，履行下列安全保护义务，保障网络免受干扰、破坏或者未经授权的访问，防止网络数据泄露或者被窃取、篡改： （一）制定内部安全管理制度和操作规程，确定网络安全负责人，落实网络安全保护责任； （二）采取防范计算机病毒和网络攻击、网络侵入等危害网络安全行为的技术措施； （三）采取监测、记录网络运行状态、网络安全事件的技术措施，并按照规定留存相关的网络日志不少于六个月； （四）采取数据分类、重要数据备份和加密等措施； （五）法律、行政法规规定的其他义务	《网络安全法》
	第二十四条 网络运营者为用户办理网络接入、域名注册服务，办理固定电话、移动电话等入网手续，或者为用户提供信息发布、即时通讯等服务，在与用户签订协议或者确认提供服务时，应当要求用户提供真实身份信息。用户不提供真实身份信息的，网络运营者不得为其提供相关服务。 国家实施网络可信身份战略，支持研究开发安全、方便的电子身份认证技术，推动不同电子身份认证之间的互认	《网络安全法》
	第二十八条 网络运营者应当为公安机关、国家安全机关依法维护国家安全和侦查犯罪的活动提供技术支持和协助	《网络安全法》
	第二十九条 国家支持网络运营者之间在网络安全信息收集、分析、通报和应急处置等方面进行合作，提高网络运营者的安全保障能力。 有关行业组织建立健全本行业的网络安全保护规范和协作机制，加强对网络安全风险的分析评估，定期向会员进行风险警示，支持、协助会员应对网络安全风险	《网络安全法》
	第四十条 网络运营者应当对其收集的用户信息严格保密，并建立健全用户信息保护制度	《网络安全法》
	第四十一条 网络运营者收集、使用个人信息，应当遵循合法、正当、必要的原则，公开收集、使用规则，明示收集、使用信息的目的、方式和范围，并经被收集者同意。 网络运营者不得收集与其提供的服务无关的个人信息，不得违反法律、行政法规的规定和双方的约定收集、使用个人信息，并应当依照法律、行政法规的规定和与用户的约定，处理其保存的个人信息	《网络安全法》

续表

角 色	职 责	出处（法律法规）
网络运营者	第四十二条 网络运营者不得泄露、篡改、毁损其收集的个人信息；未经被收集者同意，不得向他人提供个人信息。但是，经过处理无法识别特定个人且不能复原的除外。 网络运营者应当采取技术措施和其他必要措施，确保其收集的个人信息安全，防止信息泄露、毁损、丢失。在发生或者可能发生个人信息泄露、毁损、丢失的情况时，应当立即采取补救措施，按照规定及时告知用户并向有关主管部门报告	《网络安全法》
	第四十七条 网络运营者应当加强对其用户发布的信息的管理，发现法律、行政法规禁止发布或者传输的信息的，应当立即停止传输该信息，采取消除等处置措施，防止信息扩散，保存有关记录，并向有关主管部门报告	《网络安全法》
	第四十九条 网络运营者应当建立网络信息安全投诉、举报制度，公布投诉、举报方式等信息，及时受理并处理有关网络信息安全的投诉和举报。 网络运营者对网信部门和有关部门依法实施的监督检查，应当予以配合	《网络安全法》
	第六条【网络运营者责任义务】网络运营者应当依法开展网络定级备案、安全建设整改、等级测评和自查等工作，采取管理和技术措施，保障网络基础设施安全、网络运行安全、数据安全和信息安全，有效应对网络安全事件，防范网络违法犯罪活动	《等保条例（征求意见稿）》
	第十六条【网络定级】网络运营者应当在规划设计阶段确定网络的安全保护等级。 当网络功能、服务范围、服务对象和处理的数据等发生重大变化时，网络运营者应当依法变更网络的安全保护等级	《等保条例（征求意见稿）》
	第二十四条【安全整改】网络运营者应当对等级测评中发现的安全风险隐患，制订整改方案，落实整改措施，消除风险隐患	《等保条例（征求意见稿）》
	第二十五条【自查工作】网络运营者应当每年对本单位落实网络安全等级保护制度情况和网络安全状况至少开展一次自查，发现安全风险隐患及时整改，并向备案的公安机关报告	《等保条例（征求意见稿）》
	第二十八条【产品服务采购使用的安全要求】网络运营者应当采购、使用符合国家法律法规和有关标准规范要求的网络产品和服务。 第三级以上网络运营者应当采用与其安全保护等级相适应的网络产品和服务；对重要部位使用的网络产品，应当委托专业测评机构进行专项测试，根据测试结果选择符合要求的网络产品；采购网络产品和服务，可能影响国家安全的，应当通过国家网信部门会同国务院有关部门组织的国家安全审查	《等保条例（征求意见稿）》

续表

角色	职责	出处（法律法规）
网络运营者	第三十条【监测预警和信息通报】地市级以上人民政府应当建立网络安全监测预警和信息通报制度，开展安全监测、态势感知、通报预警等工作。 第三级以上网络运营者应当建立健全网络安全监测预警和信息通报制度，按照规定向同级公安机关报送网络安全监测预警信息，报告网络安全事件。有行业主管部门的，同时向行业主管部门报送和报告。 行业主管部门应当建立健全本行业、本领域的网络安全监测预警和信息通报制度，按照规定向同级网信部门、公安机关报送网络安全监测预警信息，报告网络安全事件	《等保条例（征求意见稿）》
	第三十一条【数据和信息安全保护】网络运营者应当建立并落实重要数据和个人信息安全保护制度；采取保护措施，保障数据和信息在收集、存储、传输、使用、提供、销毁过程中的安全；建立异地备份恢复等技术措施，保障重要数据的完整性、保密性和可用性。 未经允许或授权，网络运营者不得收集与其提供的服务无关的数据和个人信息；不得违反法律、行政法规规定和双方约定收集、使用和处理数据和个人信息；不得泄露、篡改、损毁其收集的数据和个人信息；不得非授权访问、使用、提供数据和个人信息	《等保条例（征求意见稿）》
	第三十二条【应急处置要求】第三级以上网络的运营者应当按照国家有关规定，制定网络安全应急预案，定期开展网络安全应急演练。 网络运营者处置网络安全事件应当保护现场，记录并留存相关数据信息，并及时向公安机关和行业主管部门报告。 公安机关和行业主管部门应当向同级网信部门报告重大网络安全事件处置情况。 发生重大网络安全事件时，有关部门应当按照网络安全应急预案要求联合开展应急处置。电信业务经营者、互联网服务提供者应当为重大网络安全事件处置和恢复提供支持和协助	《等保条例（征求意见稿）》
	第三十三条【审计审核要求】网络运营者建设、运营、维护和使用网络，向社会公众提供需取得行政许可的经营活动的，相关主管部门应当将网络安全等级保护制度落实情况纳入审计、审核范围	《等保条例（征求意见稿）》
	第三十四条【新技术新应用风险管控】网络运营者应当按照网络安全等级保护制度要求，采取措施，管控云计算、大数据、人工智能、物联网、工控系统和移动互联网等新技术、新应用带来的安全风险，消除安全隐患	《等保条例（征求意见稿）》
	第四十八条【密码安全管理责任】网络运营者应当按照国家密码管理法规和相关管理要求，履行密码安全管理职责，加强密码安全制度建设，完善密码安全管理措施，规范密码使用行为。 任何单位和个人不得利用密码从事危害国家安全、社会公共利益的活动，或者从事其他违法犯罪活动	《等保条例（征求意见稿）》

续表

角色	职　　责	出处（法律法规）
网络运营者	第五十条【安全检查】县级以上公安机关对网络运营者开展下列网络安全工作情况进行监督检查： （一）日常网络安全防范工作； （二）重大网络安全风险隐患整改情况； （三）重大网络安全事件应急处置和恢复工作； （四）重大活动网络安全保护工作落实情况； （五）其他网络安全保护工作情况。 公安机关对第三级以上网络运营者每年至少开展一次安全检查。涉及相关行业的可以会同其行业主管部门开展安全检查。必要时，公安机关可以委托社会力量提供技术支持。 公安机关依法实施监督检查，网络运营者应当协助、配合，并按照公安机关要求如实提供相关数据信息	《等保条例（征求意见稿）》
	第五十一条【检查处置】公安机关在监督检查中发现网络安全风险隐患的，应当责令网络运营者采取措施立即消除；不能立即消除的，应当责令其限期整改。 公安机关发现第三级以上网络存在重大安全风险隐患的，应当及时通报行业主管部门，并向同级网信部门通报	《等保条例（征求意见稿）》
	第五十五条【事件调查】公安机关应当根据有关规定处置网络安全事件，开展事件调查，认定事件责任，依法查处危害网络安全的违法犯罪活动。必要时，可以责令网络运营者采取阻断信息传输、暂停网络运行、备份相关数据等紧急措施。 网络运营者应当配合、支持公安机关和有关部门开展事件调查和处置工作	《等保条例（征求意见稿）》
	第六十一条【执法协助】网络运营者和技术支持单位应当为公安机关、国家安全机关依法维护国家安全和侦查犯罪的活动提供支持和协助	《等保条例（征求意见稿）》

2.16.5　关键信息基础设施运营者

《关基条例》中，关键信息基础设施是指公共通信和信息服务、能源、交通、水利、金融、公共服务、电子政务、国防科技工业等重要行业和领域的，以及其他一旦遭到破坏、丧失功能或者数据泄露，可能严重危害国家安全、国计民生、公共利益的重要网络设施、信息系统等。对关键信息基础设施运营者的定义：关键信息基础设施安全保护坚持综合协调、分工负责、依法保护，强化和落实关键信息基础设施运营者（以下简称"运营者"）主体责任，充分发挥政府及社会各方面的作用，共同保护关键信息基础设施安全（以下为运营者在《网络安全法》《密码法》《数据安全法》《个人信息保护法》《关基条例》《网络安全审查办法》《商密条例》中的主要职责）。

关键信息基础设施运营者职责如表 2-5 所示。

表 2-5 关键信息基础设施运营者职责

角色	职责	出处（法律法规）
关键信息基础设施运营者	第三十五条 关键信息基础设施的运营者采购网络产品和服务，可能影响国家安全的，应当通过国家网信部门会同国务院有关部门组织的国家安全审查	《网络安全法》
	第三十六条 关键信息基础设施的运营者采购网络产品和服务，应当按照规定与提供者签订安全保密协议，明确安全和保密义务与责任	《网络安全法》
	第三十七条 关键信息基础设施的运营者在中华人民共和国境内运营中收集和产生的个人信息和重要数据应当在境内存储。因业务需要，确需向境外提供的，应当按照国家网信部门会同国务院有关部门制定的办法进行安全评估；法律、行政法规另有规定的，依照其规定	《网络安全法》
	第三十八条 关键信息基础设施的运营者应当自行或者委托网络安全服务机构对其网络的安全性和可能存在的风险每年至少进行一次检测评估，并将检测评估情况和改进措施报送相关负责关键信息基础设施安全保护工作的部门	《网络安全法》
	第二十七条 法律、行政法规和国家有关规定要求使用商用密码进行保护的关键信息基础设施，其运营者应当使用商用密码进行保护，自行或者委托商用密码检测机构开展商用密码应用安全性评估。商用密码应用安全性评估应当与关键信息基础设施安全检测评估、网络安全等级测评制度相衔接，避免重复评估、测评。 关键信息基础设施的运营者采购涉及商用密码的网络产品和服务，可能影响国家安全的，应当按照《中华人民共和国网络安全法》的规定，通过国家网信部门会同国家密码管理部门等有关部门组织的国家安全审查	《密码法》
	第三十一条 关键信息基础设施的运营者在中华人民共和国境内运营中收集和产生的重要数据的出境安全管理，适用《中华人民共和国网络安全法》的规定；其他数据处理者在中华人民共和国境内运营中收集和产生的重要数据的出境安全管理办法，由国家网信部门会同国务院有关部门制定	《数据安全法》
	第四十条 关键信息基础设施运营者和处理个人信息达到国家网信部门规定数量的个人信息处理者，应当将在中华人民共和国境内收集和产生的个人信息存储在境内。确需向境外提供的，应当通过国家网信部门组织的安全评估；法律、行政法规和国家网信部门规定可以不进行安全评估的，从其规定	《个人信息保护法》
	第十三条 运营者应当建立健全网络安全保护制度和责任制，保障人力、财力、物力投入。运营者的主要负责人对关键信息基础设施安全保护负总责，领导关键信息基础设施安全保护和重大网络安全事件处置工作，组织研究解决重大网络安全问题	《关基条例》
	第十四条 运营者应当设置专门安全管理机构，并对专门安全管理机构负责人和关键岗位人员进行安全背景审查。审查时，公安机关、国家安全机关应当予以协助	《关基条例》

续表

角 色	职 责	出处（法律法规）
关键信息基础设施运营者	第十五条 专门安全管理机构具体负责本单位的关键信息基础设施安全保护工作，履行下列职责： （一）建立健全网络安全管理、评价考核制度，拟订关键信息基础设施安全保护计划； （二）组织推动网络安全防护能力建设，开展网络安全监测、检测和风险评估； （三）按照国家及行业网络安全事件应急预案，制定本单位应急预案，定期开展应急演练，处置网络安全事件； （四）认定网络安全关键岗位，组织开展网络安全工作考核，提出奖励和惩处建议； （五）组织网络安全教育、培训； （六）履行个人信息和数据安全保护责任，建立健全个人信息和数据安全保护制度； （七）对关键信息基础设施设计、建设、运行、维护等服务实施安全管理； （八）按照规定报告网络安全事件和重要事项	《关基条例》
	第十六条 运营者应当保障专门安全管理机构的运行经费、配备相应的人员，开展与网络安全和信息化有关的决策应当有专门安全管理机构人员参与	《关基条例》
	第十七条 运营者应当自行或者委托网络安全服务机构对关键信息基础设施每年至少进行一次网络安全检测和风险评估，对发现的安全问题及时整改，并按照保护工作部门要求报送情况	《关基条例》
	第十八条 关键信息基础设施发生重大网络安全事件或者发现重大网络安全威胁时，运营者应当按照有关规定向保护工作部门、公安机关报告。 发生关键信息基础设施整体中断运行或者主要功能故障、国家基础信息以及其他重要数据泄露、较大规模个人信息泄露、造成较大经济损失、违法信息较大范围传播等特别重大网络安全事件或者发现特别重大网络安全威胁时，保护工作部门应当在收到报告后，及时向国家网信部门、国务院公安部门报告	《关基条例》
	第十九条 运营者应当优先采购安全可信的网络产品和服务；采购网络产品和服务可能影响国家安全的，应当按照国家网络安全规定通过安全审查	《关基条例》
	第二十条 运营者采购网络产品和服务，应当按照国家有关规定与网络产品和服务提供者签订安全保密协议，明确提供者的技术支持和安全保密义务与责任，并对义务与责任履行情况进行监督	《关基条例》
	第二十一条 运营者发生合并、分立、解散等情况，应当及时报告保护工作部门，并按照保护工作部门的要求对关键信息基础设施进行处置，确保安全	《关基条例》
	第四十条 关键信息基础设施的运营者采购涉及商用密码的网络产品和服务，可能影响国家安全的，应当依法通过国家网信部门会同国家密码管理部门等有关部门组织的国家安全审查	《商密条例》

续表

角 色	职 责	出处（法律法规）
关键信息基础设施运营者	第五条 关键信息基础设施运营者采购网络产品和服务的，应当预判该产品和服务投入使用后可能带来的国家安全风险。影响或者可能影响国家安全的，应当向网络安全审查办公室申报网络安全审查。 关键信息基础设施安全保护工作部门可以制定本行业、本领域预判指南	《网络安全审查办法》
	第六条 对于申报网络安全审查的采购活动，关键信息基础设施运营者应当通过采购文件、协议等要求产品和服务提供者配合网络安全审查，包括承诺不利用提供产品和服务的便利条件非法获取用户数据、非法控制和操纵用户设备，无正当理由不中断产品供应或者必要的技术支持服务等	《网络安全审查办法》

2.16.6 关键信息基础设施安全保护工作的部门

"关键信息基础设施安全保护工作的部门"出自《关基条例》，其定义为：涉及的重要行业和领域的主管部门、监督管理部门是负责关键信息基础设施安全保护工作的部门（以下简称"保护工作部门"）（以下为关键信息基础设施安全保护工作的部门在《网络安全法》《关基条例》中的主要职责）。

关键信息基础设施安全保护工作的部门职责如表2-6所示。

表2-6 关键信息基础设施安全保护工作的部门职责

角 色	职 责	出处（法律法规）
关键信息基础设施安全保护工作的部门	第三十二条 按照国务院规定的职责分工，负责关键信息基础设施安全保护工作的部门分别编制并组织实施本行业、本领域的关键信息基础设施安全规划，指导和监督关键信息基础设施运行安全保护工作	《网络安全法》
	第五十二条 负责关键信息基础设施安全保护工作的部门，应当建立健全本行业、本领域的网络安全监测预警和信息通报制度，并按照规定报送网络安全监测预警信息	《网络安全法》
	第五十三条 国家网信部门协调有关部门建立健全网络安全风险评估和应急工作机制，制定网络安全事件应急预案，并定期组织演练。 负责关键信息基础设施安全保护工作的部门应当制定本行业、本领域的网络安全事件应急预案，并定期组织演练。 网络安全事件应急预案应当按照事件发生后的危害程度、影响范围等因素对网络安全事件进行分级，并规定相应的应急处置措施	《网络安全法》

续表

角色	职责	出处（法律法规）
关键信息基础设施安全保护工作的部门	第九条 保护工作部门结合本行业、本领域实际，制定关键信息基础设施认定规则，并报国务院公安部门备案。 制定认定规则应当主要考虑下列因素： （一）网络设施、信息系统等对于本行业、本领域关键核心业务的重要程度； （二）网络设施、信息系统等一旦遭到破坏、丧失功能或者数据泄露可能带来的危害程度； （三）对其他行业和领域的关联性影响	《关基条例》
	第十条 保护工作部门根据认定规则负责组织认定本行业、本领域的关键信息基础设施，及时将认定结果通知运营者，并通报国务院公安部门	《关基条例》
	第十一条 关键信息基础设施发生较大变化，可能影响其认定结果的，运营者应当及时将相关情况报告保护工作部门。保护工作部门自收到报告之日起3个月内完成重新认定，将认定结果通知运营者，并通报国务院公安部门	《关基条例》
	第二十二条 保护工作部门应当制定本行业、本领域关键信息基础设施安全规划，明确保护目标、基本要求、工作任务、具体措施	《关基条例》
	第二十四条 保护工作部门应当建立健全本行业、本领域的关键信息基础设施网络安全监测预警制度，及时掌握本行业、本领域关键信息基础设施运行状况、安全态势，预警通报网络安全威胁和隐患，指导做好安全防范工作	《关基条例》
	第二十五条 保护工作部门应当按照国家网络安全事件应急预案的要求，建立健全本行业、本领域的网络安全事件应急预案，定期组织应急演练；指导运营者做好网络安全事件应对处置，并根据需要组织提供技术支持与协助	《关基条例》
	第二十六条 保护工作部门应当定期组织开展本行业、本领域关键信息基础设施网络安全检查检测，指导监督运营者及时整改安全隐患、完善安全措施	《关基条例》

2.16.7 履行个人信息保护职责的部门

"履行个人信息保护职责的部门"出自《个人信息保护法》，其定义为：国家网信部门负责统筹协调个人信息保护工作和相关监督管理工作。国务院有关部门依照本法和有关法律、行政法规的规定，在各自职责范围内负责个人信息保护和监督管理工作。县级以上地方人民政府有关部门的个人信息保护和监督管理职责，按照国家有关规定确定。前两款规定的部门统称为履行个人信息保护职责的部门（以下为履行个人信息保护职责的部门在《个人信息保护法》中的主要职责）。

履行个人信息保护职责的部门职责如表2-7所示。

表2-7 履行个人信息保护职责的部门职责

角色	职责	出处（法律法规）
履行个人信息保护职责的部门	第六十一条 履行个人信息保护职责的部门履行下列个人信息保护职责： （一）开展个人信息保护宣传教育，指导、监督个人信息处理者开展个人信息保护工作； （二）接受、处理与个人信息保护有关的投诉、举报； （三）组织对应用程序等个人信息保护情况进行测评，并公布测评结果； （四）调查、处理违法个人信息处理活动； （五）法律、行政法规规定的其他职责	《个人信息保护法》
	第六十四条 履行个人信息保护职责的部门在履行职责中，发现个人信息处理活动存在较大风险或者发生个人信息安全事件的，可以按照规定的权限和程序对该个人信息处理者的法定代表人或者主要负责人进行约谈，或者要求个人信息处理者委托专业机构对其个人信息处理活动进行合规审计。个人信息处理者应当按照要求采取措施，进行整改，消除隐患。 履行个人信息保护职责的部门在履行职责中，发现违法处理个人信息涉嫌犯罪的，应当及时移送公安机关依法处理	《个人信息保护法》
	第六十五条 任何组织、个人有权对违法个人信息处理活动向履行个人信息保护职责的部门进行投诉、举报。收到投诉、举报的部门应当依法及时处理，并将处理结果告知投诉、举报人。 履行个人信息保护职责的部门应当公布接受投诉、举报的联系方式	《个人信息保护法》

2.16.8 当事人

"当事人"（关键信息基础设施运营者、网络平台运营者）出自《网络安全审查办法》，其定义为：关键信息基础设施运营者采购网络产品和服务，网络平台运营者开展数据处理活动，影响或者可能影响国家安全的，应当按照本办法进行网络安全审查。前款规定的关键信息基础设施运营者、网络平台运营者统称为当事人（以下为当事人在《网络安全审查办法》中的主要职责）。

当事人职责如表2-8所示。

表2-8 当事人职责

角色	职责	出处（法律法规）
当事人	第八条 当事人申报网络安全审查，应当提交以下材料： （一）申报书； （二）关于影响或者可能影响国家安全的分析报告； （三）采购文件、协议、拟签订的合同或者拟提交的首次公开募股（IPO）等上市申请文件； （四）网络安全审查工作需要的其他材料	《网络安全审查办法》

续表

角色	职责	出处(法律法规)
当事人	第十六条 网络安全审查工作机制成员单位认为影响或者可能影响国家安全的网络产品和服务以及数据处理活动,由网络安全审查办公室按程序报中央网络安全和信息化委员会批准后,依照本办法的规定进行审查。 为了防范风险,当事人应当在审查期间按照网络安全审查要求采取预防和消减风险的措施	《网络安全审查办法》
	第十八条 当事人或者网络产品和服务提供者认为审查人员有失客观公正,或者未能对审查工作中知悉的信息承担保密义务的,可以向网络安全审查办公室或者有关部门举报	《网络安全审查办法》
	第十九条 当事人应当督促产品和服务提供者履行网络安全审查中作出的承诺。 网络安全审查办公室通过接受举报等形式加强事前事中事后监督	《网络安全审查办法》
	第二十条 当事人违反本办法规定的,依照《中华人民共和国网络安全法》《中华人民共和国数据安全法》的规定处理	《网络安全审查办法》

2.16.9 各级政务外网单位

"各级政务外网单位"出自《暂行办法》,其定义为:国家政务外网分为中央政务外网和地方政务外网,本办法适用于各级政务外网建设、运维和管理单位(以下简称"各级政务外网单位")(以下为各级政务外网在《暂行办法》中的主要职责)。

各级政务外网单位职责如表2-9所示。

表2-9 各级政务外网单位职责

角色	职责	出处(法律法规)
各级政务外网单位	第三条 国家政务外网网络与信息安全工作要统筹规划、统一策略、分级建设,在国家信息安全主管部门的指导下,按照"谁主管谁负责、谁运行谁负责、谁使用谁负责"的原则,分级管理、责任到人。国家信息中心负责中央政务外网网络与信息安全的保障工作,各级政务外网单位负责本级政务外网网络与信息安全的保障工作,接入政务外网的各级政务部门负责本部门网络与信息安全的保障工作	《暂行办法》
	第四条 各级政务外网单位在进行政务外网规划、设计和建设时应同步做好安全保障系统的规划、设计和建设,并落实好运行维护管理中的安全检查、等级测评和风险评估等经费	《暂行办法》
	第十三条 各级政务外网单位都要开展网络安全监控工作,及时发现、定位、分析、控制安全事件,定期向上一级管理部门汇报网络安全状况	《暂行办法》

续表

角　色	职　责	出处（法律法规）
各级政务外网单位	第十四条 各级政务部门的业务应用系统在接入政务外网前，应按照信息安全等级保护的要求，通过安全检查和风险评估	《暂行办法》
	第十五条 各级政务外网单位都应组织制定本级政务外网网络与信息安全应急预案并定期开展应急演练	《暂行办法》
	第十六条 各级政务外网单位都要加强安全审计工作，审计记录的保存时间不少于半年	《暂行办法》
	第十七条 各级政务外网单位都要加强政务外网终端安全管理，必须安装计算机防病毒系统并及时更新补丁。对承担政务外网建设、运维和管理的所有终端应安装终端管理软件，实行统一管理	《暂行办法》
	第二十六条 各级政务外网单位应当按照国家政务外网安全检查和风险评估统一要求，负责组织在本级政务外网开展定期或不定期的网络与信息安全自查与风险评估，配合上级主管部门和上一级政务外网单位做好本级政务外网的信息安全检查和风险评估工作	《暂行办法》
	第二十七条 各级政务外网单位应将信息安全检查结果及时报上一级政务外网单位。同时，按要求通报本地信息安全主管部门，并责成存在问题的单位进行整改	《暂行办法》
	第三十一条 各级政务外网单位应设置系统管理、安全管理和安全审计岗位，负责网络运行、安全和审计工作。系统管理员、安全管理员和安全审计员的权限设置应相互独立、相互制约	《暂行办法》

2.16.10　项目建设单位

项目建设单位职责如表 2-10 所示。

表 2-10　项目建设单位职责

角　色	职　责	出处（法律法规）
项目建设单位	第十三条 项目建设单位应当确定项目实施机构和项目责任人，建立健全项目管理制度，加强对项目全过程的统筹协调，强化信息共享和业务协同，并严格执行招标投标、政府采购、工程监理、合同管理等制度。招标采购涉密信息系统的，还应当执行保密有关法律法规规定	《国家政务信息化项目建设管理办法》
	第十四条 项目建设单位应当按照《中华人民共和国网络安全法》等法律法规以及党政机关安全管理等有关规定，建立网络安全管理制度，采取技术措施，加强政务信息系统与信息资源的安全保密设施建设，定期开展网络安全检测与风险评估，保障信息系统安全稳定运行	《国家政务信息化项目建设管理办法》

续表

角 色	职 责	出处（法律法规）
项目建设单位	第十五条 项目建设单位应当落实国家密码管理有关法律法规和标准规范的要求，同步规划、同步建设、同步运行密码保障系统并定期进行评估	《国家政务信息化项目建设管理办法》
	第十六条 项目应当采用安全可靠的软硬件产品。在项目报批阶段，要对产品的安全可靠情况进行说明。项目软硬件产品的安全可靠情况，项目密码应用和安全审查情况，以及硬件设备和新建数据中心能源利用效率情况是项目验收的重要内容	《国家政务信息化项目建设管理办法》
	第十七条 项目建设单位应当充分依托云服务资源开展集约化建设	《国家政务信息化项目建设管理办法》
	第十八条 对于人均投资规模过大、项目建设单位不具备建设运行维护能力的项目，应当充分发挥职能部门作用或者外包，减少自建自管自用自维	《国家政务信息化项目建设管理办法》
	第十九条 国家政务信息化项目实行工程监理制，项目建设单位应当按照信息系统工程监理有关规定，委托工程监理单位对项目建设进行工程监理	《国家政务信息化项目建设管理办法》
	第二十条 项目建设单位应当对项目绩效目标执行情况进行评价，并征求有关项目使用单位和监理单位的意见，形成项目绩效评价报告，在建设期内每年年底前向项目审批部门提交。 项目绩效评价报告主要包括建设进度和投资计划执行情况。对于已投入试运行的系统，还应当说明试运行效果及遇到的问题等	《国家政务信息化项目建设管理办法》
	第二十一条 项目建设过程中出现工程严重逾期、投资重大损失等问题的，项目建设单位应当及时向项目审批部门报告，项目审批部门按照有关规定要求项目建设单位进行整改或者暂停项目建设	《国家政务信息化项目建设管理办法》
	第二十二条 项目建设单位应当严格按照项目审批部门批复的初步设计方案和投资概算实施项目建设。项目建设目标和内容不变，项目总投资有结余的，应当按照相关规定将结余资金退回。 项目建设的资金支出按照国库集中支付有关制度规定执行	《国家政务信息化项目建设管理办法》
	第二十三条 项目投资规模未超出概算批复、建设目标不变，项目主要建设内容确需调整且资金调整数额不超过概算总投资15%，并符合下列情形之一的，可以由项目建设单位调整，同时向项目审批部门备案： （一）根据党中央、国务院部署，确需改变建设内容的； （二）确需对原项目技术方案进行完善优化的； （三）根据所建政务信息化项目业务发展需要，在已批复项目建设规划的框架下调整相关建设内容及进度的。 不符合上述情形的，应当按照国家有关规定履行相应手续	《国家政务信息化项目建设管理办法》
	第二十四条 初步设计方案和投资概算未获批复前，原则上不予下达项目建设投资。对于因开展需求分析、编制可行性研究报告和初步设计、购地、拆迁等确需提前安排投资的政务信息化项目，项目建设单位可以在项目可行性研究报告获批复后，向项目审批部门提出申请	《国家政务信息化项目建设管理办法》

续表

角色	职　责	出处（法律法规）
项目建设单位	第二十五条 国家政务信息化项目建成后半年内，项目建设单位应当按照国家有关规定申请审批部门组织验收，提交验收申请报告时应当一并附上项目建设总结、财务报告、审计报告、安全风险评估报告（包括涉密信息系统安全保密测评报告或者非涉密信息系统网络安全等级保护测评报告等）、密码应用安全性评估报告等材料。 项目建设单位不能按期申请验收的，应当向项目审批部门提出延期验收申请。 项目审批部门应当及时组织验收。验收完成后，项目建设单位应当将验收报告等材料报项目审批部门备案	《国家政务信息化项目建设管理办法》
	第二十六条 项目建设单位应当按照国家有关档案管理的规定，做好项目档案管理，并探索应用电子档案。 未进行档案验收或者档案验收不合格的，不得通过项目验收	《国家政务信息化项目建设管理办法》
	第二十七条 项目建设单位应当在项目通过验收并投入运行后12至24个月内，依据国家政务信息化建设管理绩效评价有关要求，开展自评价，并将自评价报告报送项目审批部门和财政部门。项目审批部门结合项目建设单位自评价情况，可以委托相应的第三方咨询机构开展后评价	《国家政务信息化项目建设管理办法》
	第二十八条 加强国家政务信息化项目建设投资和运行维护经费协同联动，坚持"联网通办是原则，孤网是例外"。部门已建的政务信息化项目需升级改造，或者拟新建政务信息化项目，能够按要求进行信息共享的，由国家发展改革委会同有关部门进行审核；如果部门认为根据有关法律法规和党中央、国务院要求不能进行信息共享，但是确有必要建设或者保留的，由国家发展改革委报国务院，由国务院办公厅会同有关部门进行审核，经国务院批准后方可建设或者保留。 （一）对于未按要求共享数据资源或者重复采集数据的政务信息系统，不安排运行维护经费，项目建设单位不得新建、改建、扩建政务信息系统。 （二）对于未纳入国家政务信息系统总目录的系统，不安排运行维护经费。 （三）对于不符合密码应用和网络安全要求，或者存在重大安全隐患的政务信息系统，不安排运行维护经费，项目建设单位不得新建、改建、扩建政务信息系统	《国家政务信息化项目建设管理办法》
	第二十九条 项目建设单位应当接受项目审批部门及有关部门的监督管理，配合做好绩效评价、审计等监督管理工作，如实提供建设项目有关资料和情况，不得拒绝、隐匿、瞒报	《国家政务信息化项目建设管理办法》

2.16.11　云服务商

"云服务商"出自《云计算服务安全评估办法》，即云平台管理运营者（以下为云服务商在《云计算服务安全评估办法》中的主要职责）。

云服务商职责如表 2-11 所示。

表 2-11 云服务商职责

角色	职责	出处（法律法规）
云服务商	第三条 云计算服务安全评估重点评估以下内容： （一）云平台管理运营者（以下简称"云服务商"）的征信、经营状况等基本情况； （二）云服务商人员背景及稳定性，特别是能够访问客户数据、能够收集相关元数据的人员； （三）云平台技术、产品和服务供应链安全情况； （四）云服务商安全管理能力及云平台安全防护情况； （五）客户迁移数据的可行性和便捷性； （六）云服务商的业务连续性； （七）其他可能影响云服务安全的因素	《云计算服务安全评估办法》
	第五条 云服务商可申请对面向党政机关、关键信息基础设施提供云计算服务的云平台进行安全评估	《云计算服务安全评估办法》
	第六条 申请安全评估的云服务商应向办公室提交以下材料： （一）申报书； （二）云计算服务系统安全计划； （三）业务连续性和供应链安全报告； （四）客户数据可迁移性分析报告； （五）安全评估工作需要的其他材料	《云计算服务安全评估办法》
	第十二条 云计算服务安全评估结果有效期 3 年。有效期届满需要延续保持评估结果的，云服务商应在届满前至少 6 个月向办公室申请复评。 有效期内，云服务商因股权变更、企业重组等导致实控人或控股权发生变化的，应重新申请安全评估	《云计算服务安全评估办法》
	第十四条 通过评估的云平台停止提供服务时，云服务商应至少提前 6 个月通知客户和办公室，并配合客户做好迁移工作	《云计算服务安全评估办法》
	第十五条 云服务商对所提供申报材料的真实性负责。在评估过程中拒绝按要求提供材料或故意提供虚假材料的，按评估不通过处理	《云计算服务安全评估办法》
	第十六条 未经云服务商同意，参与评估工作的相关机构和人员不得披露云服务商提交的未公开材料以及评估工作中获悉的其他非公开信息，不得将云服务商提供的信息用于评估以外的目的	《云计算服务安全评估办法》

第 3 章　数字政府网络安全合规工作指南

本章主要介绍政务部门网络安全合规工作的主要目标及安全保护责任和义务，并根据部分省的实际情况梳理政务部门网络安全职责分工，给出开展网络安全合规工作的建议，最后总结了网络安全等级保护、商用密码应用安全性评估、数据安全保护、个人信息保护、关键信息基础设施安全保护、云计算服务安全评估、网络安全事件应急预案和演练、政务网络安全保障八项合规工作要点。

3.1　政务部门网络安全工作的确立

政务部门推动网络安全各项工作落实，应厘清政务信息系统及相关 IT 资产、数据分类分级、关键信息基础设施等安全保护对象，明确各角色岗位网络安全责任和义务，从而保障政务网络及信息系统安全稳定运行、关键信息基础设施安全以及相关政务数据和个人信息安全。

3.1.1　网络安全合规工作的主要目标

1. 保障政务网络及信息系统安全稳定运行

政务信息系统包括支撑政务部门履行管理和服务职能的业务信息系统、信息资源库、信息安全基础设施、政务信息化基础设施（电子政务网络平台、电子政务云平台、数据共享交换平台、公共支撑平台、共性应用系统等）、电子政务标准化体系及相关支撑体系等，政务部门作为政务信息系统运营者，是上述系统的所有者、管理者和网络服务提供者。政务部门应当依照《网络安全法》的要求,采取技术措施和其他必要措施,保障网络安全稳定运行,有效应对网络安全事件,防范网络违法犯罪活动,维护网络数据的完整性、保密性和可用性。

2. 重点保障关键信息基础设施安全

政务领域的关键信息基础设施是指一旦遭到破坏、丧失功能或者数据泄露,可能严重危害国家安全、国计民生、公共利益的重要网络设施、信息系统、政务云等。如果系统被认定为关键信息基础设施,相关政务部门作为关键信息基础设施运营者,应在网络安全等级保护建设的基础上,对此类系统实行重点防护。

3. 保障相关政务数据和个人信息安全

根据《数据安全法》,国家机关为履行法定职责的需要收集、使用数据,应当在其履行法定职责的范围内依照法律、行政法规规定的条件和程序进行;对在履行职责中知悉的个人隐私、个人信息、商业秘密、保密商务信息等数据应当依法予以保密,不得泄露或者非法向他人提供。

政务部门在履行政务职责过程中收集、产生、处理的数据都是政务数据,包括个人信息、个人隐私、组织内部数据、融合数据,甚至涉及国家安全数据。

大数据时代,个人信息保护法治中,国家不再单纯以超然于信息业者与信息主体双方关系之外的治理者角色出现,政务部门为履行其职能需要处理大量的个人信息,政务部门代表国家成为最大的个人信息处理者。同信息业者处理个人信息相同,政务部门进行个人信息处理应以具备合法性或正当性依据为前提。

3.1.2 安全保护对象

1. 政务信息系统及相关资产

政务部门应识别建设、运行或使用的,用于直接支持政务部门工作或履行其职能的各类信息系统,包括办公系统、政务平台、基础网络系统、云平台、移动办公和大数据平台或应用等。政务信息系统的组成如图3-1所示,具体可以参考国家标准《政务信息系统定义和范围》。识别的结果纳入网络安全保护的范围,根据其重要程度,按照相关法律法规的要求进行适度的保护。

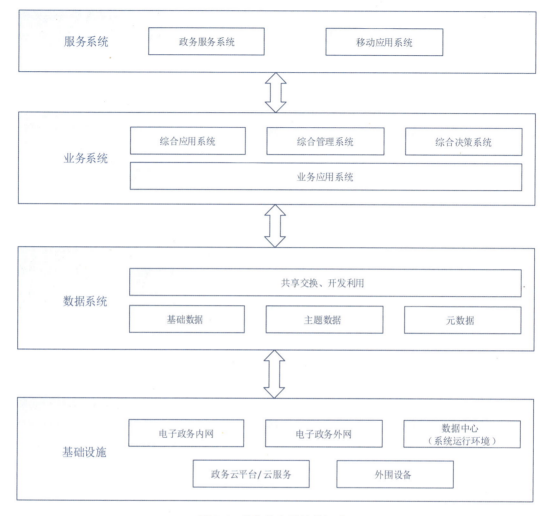

图 3-1 政务信息系统的组成

2. 政务数据分类分级

政务数据是在履行政务职责过程中收集、产生、处理的数据,包括个人信息、个人隐私、组织内部数据、融合数据,甚至涉及国家安全数据。应当按照数据分类分级保护制度,确定重要数据具体目录,对列入目录的数据进行重点保护,为政务数据共享开放提供依据。

目前,北京、上海、贵州等多地已纷纷出台数据分类分级的地方法规标准,可进行参考。

3. 个人信息分类分级

《个人信息保护法》的规定与《数据安全法》关于数据分类分级保护制度、加强重要数据保护的规定一脉相承。目前,关于重要数据目录、数据和个人信息分类、分级的统一标准尚不清晰，有待国家出台细则进行明确。当前，可参考《个人信息安全规范》并根据自身业务等情况进行个人信息分类、分级工作。

4. 关键信息基础设施认定

根据《关基条例》，应按照政务领域关键信息基础设施认定规则，对政务信息系统范围内的关键信息基础设施进行认定。政务行业和领域的主管部门、监督管理部门负责制定本行业、本领域的关键信息基础设施认定规则，并报国务院公安部门备案。主要考虑下列因素。

（1）网络设施、信息系统等对于本行业、本领域关键核心业务的重要程度。

（2）网络设施、信息系统等一旦遭到破坏、丧失功能或者数据泄露可能带来的危害程度。

（3）对其他行业和领域的关联性影响。

一旦认定了关键信息基础设施，应按照《网络安全法》及《关基条例》的要求，在网络安全等级保护的基础上给予重点保护。

3.1.3 网络安全保护责任和义务

1. 网络安全等级保护

政务信息系统安全建设应遵循国家网络安全等级保护制度，履行下列安全保护义务。政务部门应通过管理和技术措施保障系统免受干扰、破坏或者未经授权的访问，防止网络数据泄露或者被窃取、篡改。

（1）制定内部安全管理制度和操作规程，确定网络安全负责人，落实网络安全保护责任。

（2）采取防范计算机病毒和网络攻击、网络侵入等危害网络安全行为的技术措施。

（3）采取监测、记录网络运行状态、网络安全事件的技术措施，并按照规定留存相关的网络日志不少于六个月。

（4）采取数据分类、重要数据备份和加密等措施。

（5）法律、行政法规规定的其他义务。

政务部门应按照等级保护相关规定，落实政务信息系统相关安全保护要求，等级保护工作主要环节包括定级、备案、安全建设整改、等级测评和安全检查。

2. 商用密码应用安全性评估

根据《国家政务信息化项目建设管理办法》、《商用密码应用安全性评估管理办法（试行）》和《商密条例》等相关要求，政务信息系统中的密码保障系统应做到"三同步一评估"。

政务信息系统的密码应用安全性评估贯穿于系统的规划、建设和运行阶段。政务部门应对政务行业的关键信息基础设施，按照法律、行政法规和国家有关规定使用商用密码进行保护，制订商用密码应用方案，配备必要的资金和专业人员，同步规划、同步建设、同步运行商用密码保障系统（"三同步"），自行或者委托商用密码检测机构开展商用密码应用安全性评估（"一评估"）。

政务信息系统按照国家网络安全等级保护制度要求，根据其安全保护等级，使用商用密码进行保护并开展安全性评估。关键信息基础设施通过商用密码应用安全性评估方可投入运行，运行后每年至少进行一次评估，评估情况按照国家有关规定报送国家密码管理部门或者关键信息基础设施所在地（省、自治区、直辖市）密码管理部门备案。应当加强商用密码应用安全性评估、关键信息基础设施安全检测评估、网络安全等级测评的衔接，避免重复评估、测评。

3. 关键信息基础设施安全保护

认定为关键信息基础设施的政务信息系统，其安全建设在网络安全等级保护建设的基础上，应实行重点防护。采购网络产品和服务可能影响国家安全的，应当通过中央网信部门会同国务院有关部门组织的安全审查。《关基条例》细化了有关义务要求，主要包括以下几点。

（1）建立健全网络安全保护制度和责任制，明确运营者主要负责人负总责，保障人财物投入。

（2）设置专门的安全管理机构，履行安全保护职责，参与本单位与网络安全和信息化有关的决策，并对机构负责人和关键岗位人员进行安全背景审查。

（3）对关键信息基础设施每年进行网络安全检测和风险评估，及时整改问题并按要求向保护工作部门报送情况。

（4）关键信息基础设施发生重大网络安全事件或者发现重大网络安全威胁时，按规定向保护工作部门、公安机关报告。

（5）优先采购安全可信的网络产品和服务，并与提供者签订安全保密协议；可能影响国家安全的，应当按规定通过安全审查。

4. 数据安全保护

对于开展数据活动的组织、个人来说，在开展政务数据处理活动中需要履行以下义务来保障数据安全。

1）明确政务数据的范围

政务数据是政务部门在履行政务职责过程中收集、产生、处理的数据，包括个人信息、个人隐私、组织内部数据、融合数据，甚至涉及国家安全数据。

2）对政务数据进行分类分级管理

政务部门应当按照数据分类分级保护制度，确定重要数据具体目录，对列入目录的数据进行重点保护，为政务数据共享开放提供依据。

3）组织开展数据安全风险评估

政务数据在共享开发全周期中包括汇聚、存储、处理、传输、共享、开放、销毁、备份等环节，政务部门应定期对各环节的数据安全风险开展安全评估，对可能的数据风险进行监测预警，及时有效防范数据安全隐患。

4）针对性实施安全技术保障，提升数据管控能力

传统的以系统为核心的安全防护体系已无法满足数据流动和安全的双重需求，难以实现实时、连续、全生命周期的安全管控。政务数据主管部门需要在网络安全的基础上，以数据为核心，借助数据加密、脱敏、溯源、审计、隐私计算等新型技术手段，实现政务数据全生命周期安全保障。

5. 个人信息保护

1）采取合规管控措施

（1）制定内部管理制度和操作规程。

（2）对个人信息实行分类管理。

（3）采取相应的加密、去标识化等安全技术措施。

（4）合理确定个人信息处理的操作权限，并定期对从业人员进行安全教育和培训。

（5）制定并组织实施个人信息安全事件应急预案。

（6）法律、行政法规规定的其他措施。

2）进行合规审计

个人信息处理者应当定期对其处理个人信息遵守法律、行政法规的情况进行合规审计。

3）开展个人信息保护影响评估

个人信息保护影响评估应当包括下列内容。

（1）个人信息的处理目的、处理方式等是否合法、正当、必要。

（2）对个人权益的影响及安全风险。

（3）所采取的保护措施是否合法、有效并与风险程度相适应。

个人信息保护影响评估报告和处理情况记录应当至少保存三年。

4）及时通知

发生或者可能发生个人信息泄露、篡改、丢失的，个人信息处理者应当立即采取补救措施，并通知履行个人信息保护职责的部门和个人。通知应当包括下列事项。

（1）发生或者可能发生个人信息泄露、篡改、丢失的信息种类、原因和可能造

成的危害。

（2）个人信息处理者采取的补救措施和个人可以采取的减轻危害的措施。

（3）个人信息处理者的联系方式。

6. 云计算安全评估

当前，政务云建设由政府出资和第三方合作建设，应提高党政机关、关键信息基础设施运营者采购使用云计算服务的安全可控水平，降低采购使用云计算服务带来的网络安全风险。政务云的安全建设运营应与云计算安全评估相结合，要选用通过安全评估的云服务商并对其安全服务等级资质进行核查，选择云服务商时不仅要关注其技术能力、产品性能，也要关注云服务商的长期运维和服务能力。要加强对已搭建的云平台监管、定期自行或委托第三方开展安全检查和性能测试等工作，并及时查看云服务提供商定期运维与风险评估相关报告，以确保整个云平台的安全性。

7. 政务网络安全保障

按照我国网络安全相关政策法规要求，相关单位和部门有责任和义务保障其所负责的政务网络、系统、应用、数据安全，保证其可用性、完整性、机密性。按照"谁主管谁负责，谁运行谁负责，谁使用谁负责"的原则，建立健全网络安全管理相关制度，完善合理、规范、科学、高效的安全管理体系，落实网络安全合规，重点加强关键信息基础设施安全保护、重要数据安全保护，以及海量个人信息保护。

按照《暂行办法》的要求，国家政务外网网络与信息安全工作要统筹规划、统一策略、分级建设。国家信息中心负责中央政务外网网络与信息安全的保障工作，各级政务外网单位负责本级政务外网网络与信息安全的保障工作，接入政务外网的各级政务部门负责本部门网络与信息安全的保障工作。国家政务外网网络与信息安全管理工作实行领导负责制，各级政务外网单位应落实一名分管领导负责网络与信息安全工作。

3.2 政务部门网络安全职责分工

各省（自治区、直辖市）根据国务院办公厅印发的《国家政务信息化项目建设管理办法》，结合自身实际情况相继出台了各自的管理办法，它们多数通过规范省级政务信息化项目建设管理，推动基础设施集约建设、政务信息系统跨部门跨层级互联互通、政务数据资源共享和业务协同，提高政务信息系统应用绩效，政务信息化项目越来越依托省级政务云、电子政务内网或外网、数据共享交换平台、公共应用支撑平台等开展集约化建设，实现政务信息系统由分散建设向共建共享共用模式转变，原则上不再批准建设孤立信息系统。

当前省一级的政务信息化项目建设管理基本具有以下特点。

1. 统一领导，协商机制

统一领导和协商机制的建立，能够更好地指导、协调和监督政务信息化项目审批、建设、运行和安全监管，做到"以统为主、统分结合、注重实效"，加强对政务信息化项目的并联管理。

安徽省、广东省、四川省和陕西省均成立领导小组对政务信息化建设统筹管理，建立了管理协调机制，由省政务办、省发展改革委或省大数据局等牵头，会同网信办、财政、公安、省国家保密局、省国家密码管理局、审计厅，开展联合审批、联合监管、联合验收，强化统筹协调和监督管理。

2. 集约建设，政府上云

建设统一的政务云，推动政务信息系统上云，能够较好地解决电子政务基础设施重复建设、资源分散等问题，为"数字政府"建设提供集约化基础支撑。

多数省规定省直单位应当充分利用政务云开展政务信息化建设，原则上不得新建数据中心、机房等通用基础设施，不得自行采购政务云已具备服务能力的软、硬件产品及网络、安全服务，法律法规、政府规章另有规定的除外。除涉密或网络安全等级保护四级（含）以上信息系统外，新建信息系统依托政务云建设，已建信息系统逐步迁移到政务云。

3. 三个不变，责任清晰

《关于加强党政部门云计算服务网络安全管理的意见》（中网办发文〔2014〕14号）中明确了党政部门云计算服务网络安全管理的"三个不变"基本要求。

（1）安全管理责任不变。网络安全管理责任不随服务外包而外包，无论党政部门数据和业务是位于内部信息系统还是服务商云计算平台上，党政部门始终是网络安全的最终责任人，应加强安全管理，通过签订合同、持续监督等方式要求服务商严格履行安全责任和义务，确保党政部门数据和业务的机密性、完整性、可用性，以及互操作性、可移植性。

（2）数据归属关系不变。党政部门提供给服务商的数据、设备等资源，以及云计算平台上党政业务系统运行过程中收集、产生、存储的数据和文档等资源属党政部门所有。服务商应保障党政部门对这些资源的访问、利用、支配，未经党政部门授权，不得访问、修改、披露、利用、转让、销毁党政部门数据；在服务合同终止时，应按要求做好数据、文档等资源的移交和清除工作。

（3）安全管理标准不变。承载党政部门数据和业务的云计算平台要参照党政信息系统进行网络安全管理，服务商应遵守党政信息系统的网络安全政策规定，信息安全等级保护要求、技术标准，落实安全管理和防护措施，接受党政部门和网络安全主管部门的网络安全监管。

信息系统部署到省级政务云平台后，使用单位负责信息系统和数据资源的安全管理，云服务商负责基础网络及服务平台的安全管理并协助使用单位对信息系统和数据资源进行安全管理。

4. 各司其职，确保合规

在政务信息化项目的规划、建设、运行过程中，领导机制、管理协调机制、信息系统管理和使用职责分工的确立，构建了清晰的决策、协调、管理、执行、监督的层次结构，推动网络安全合规工作逐级落实。

各省政务云管理机构基本分为政务云主管部门、管理机构、服务商和使用单位等，每个部门均有明确的职责规定，从政策、标准、制度到落实均有比较明确的抓手，从而确保政务信息系统的网络安全合规。

基于以上特点并结合部分省的实际情况，下面梳理出各相关政务部门或处室单位的网络安全相关职责。

3.2.1　政务信息化领导小组

政务信息化领导小组负责指导、协调和监督政务信息化项目审批、建设、运行和安全监管。多数省级层面的政务信息化建设是由政务信息化领导小组或者具备相应职能的领导部门进行领导的。

政务信息化领导小组的主要职责如下。

（1）统一领导政务信息化管理工作。

（2）统筹协调和督促检查政务信息化项目。

（3）负责政务信息资源共享工作，牵头负责政务信息化项目登记备案。

目前，江苏省由省政务办负责牵头编制省级政务信息化建设规划、统筹基础设施建设管理；江西省由省政府办公厅统筹政府系统政务信息化工作，对部署在省电子政务外网上的政务信息化项目进行指导管理、组织协调和监督检查；陕西省由省数字政府建设工作领导小组统一领导政务信息化工作；四川省由省政府信息化建设领导小组统一领导政务信息化管理工作，加强政务信息化项目统筹协调和督促检查；安徽省数据资源局在省委、省政府领导下负责全省政务信息化项目统筹管理，组织编制政务信息化建设规划，拟订年度计划，负责项目审批、建设指导和项目验收等工作，统筹建设通用基础设施和信息系统；山西省由政务信息化主管部门（政务信息管理局）负责全省政务信息化建设的顶层设计、统筹协调和指导监督工作，负责省级政务信息化项目的审批和监督管理工作。

3.2.2 政务信息化建设管理协调机制

政务信息化建设管理协调机制是信息化建设过程中的审批、监管、验收等各个环节的主管部门参与的联合工作机制。

其主要职责如下。

（1）联合审批、联合监管、联合验收。

（2）统筹协调、监督管理、督促检查和评估评价。

目前，省级层面的管理协调工作一般由省政务办、省发展改革委、省数据资源局或省大数据局等牵头，会同网信办、省财政厅、省公安厅、省国家保密局、省密码管理局、省审计厅，开展联合审批、联合监管、联合验收，坚持统筹协调和监督管理，坚持督促检查和评估评价，加强政务信息化的并联管理和部门间统筹协调，形成工作合力，推广经验成果。从总体分工来看，一般由省发展改革委负责牵头编制省级政务信息化建设规划，对各部门编制的政务信息化建设规划进行备案管理，并负责省级政务信息化项目审批；省财政厅负责省级政务信息化项目预算管理和政府采购管理；省委网信办、省国家保密局、省密码管理局、公安厅、审计厅等按照职能职责分工，负责项目网络安全监管、等级保护、分级保护、密码评估、审计监督等相关工作。

3.2.3 数据资源管理部门

数据资源管理部门是指统筹和指导全省数据资源管理，推进数据资源管理体系建设，加强政务数据和政务信息系统整合，推动经济、社会等公共数据归集，推进数据资源汇聚融合、开放共享和开发利用的政务部门。

当前，各省对于数据资源管理坚持以习近平新时代中国特色社会主义思想为指导，加强数据的统一管理，多数省成立了专门的数据资源管理部门，如贵州省大数据发展管理局、四川省大数据中心和安徽省数据资源管理局等。数据资源管理部门的建立全面贯彻党中央、国务院大数据发展战略，聚焦服务政府管理、服务民生事业、服务产业发展，加快建立政策法规体系、技术标准体系、工作推进体系，建好政务服务平台、数据调度平台、示范应用平台，做实"四个中心"，即线上政务服务中心、数据资源中心、数据管理中心、示范推广应用中心，力求把数据统起来、管起来、通起来、用起来，更好地挖掘数据资源的数据价值。

省级数据资源管理部门一般是省政府直属机构或事业单位，级别上一般为正厅或副厅级，职能上贯彻执行党中央关于数据资源和政务服务管理工作的方针政策和决策部署，落实省委的工作要求，在履行职责过程中坚持和加强党对数据资源和政务服务管理工作的集中统一领导。

1. 主要职责

省级数据资源管理部门的主要职责如下。

（1）贯彻执行国家数据资源和政务服务管理工作法律、法规、规章，拟定全省数据资源和政务服务管理发展战略、规划和政策措施并组织实施。

（2）负责起草相关地方性法规规章草案，拟定全省数据资源和政务服务管理标准规范并组织实施。

（3）统筹全省数据资源，推进数据资源管理体系建设，加强政务数据和政务信息系统整合，推动经济、社会等公共数据归集，推进数据资源汇聚融合、开放共享和开发利用。

（4）统筹指导全省数据资源基础设施规划建设。负责省级电子政务云平台、电子政务外网、电子政务数据中心等基础设施的建设、维护和管理。承担省级政府投资的数据资源、政务信息化项目初审工作。

（5）统筹推进全省数据资源安全保障体系建设。承担政务数据、重点领域数据等安全保障工作。

（6）负责政务服务体系建设，指导协调全省政务服务工作。指导监督全省各级综合性政务服务大厅的建设和管理。协调推进全省"互联网＋政务服务"工作。

2. 网络安全职责

省级数据资源管理部门一般具有以下网络安全职责。

（1）统筹推进全省数据资源安全保障体系建设。

（2）承担政务数据、重点领域数据等安全保障工作。

（3）作为政务云主管部门，负责政务云的统筹规划、重大决策审议、重要问题协调解决；政务云相关标准体系和管理制度的制定；政务云资源申请批准；指导协调与行业云、市级政务云的互联互通；推动各单位新建和已建政务信息系统迁移上云。

（4）对云服务商进行考核，考核内容包括且不限于服务响应、服务满意度和服务质量等方面，并根据实际情况引入第三方机构进行服务质量监测。使用单位对云服务商进行综合评价，其评价意见作为对云服务商考评的重要依据。

3.2.4　政务云主管部门

政务云主管部门是指负责政务云在建设和使用过程中的统筹规划、重大决策审议、重要问题协调解决的政务部门。

其主要职责如下。

（1）负责政务云的统筹规划、重大决策审议、重要问题协调解决；政务云相关标准体系和管理制度的制定；政务云资源申请批准；指导协调与行业云、市级政务云的互联互通；推动各单位新建和已建政务信息系统迁移上云。

（2）对云服务商进行考核，考核内容包括且不限于服务响应、服务满意度和服务质量等方面，并根据实际情况引入第三方机构进行服务质量监测。使用单位对云服务商进行综合评价，其评价意见作为对云服务商考评的重要依据。

（3）负责会同网络安全相关职能部门开展常态化网络安全监测，定期开展安全检查。

在省一级，多由数据资源管理部门作为政务云主管部门。

3.2.5　政务云管理机构

政务云管理机构（以下简称"云管理机构"）一般是指具体负责政务云建设、运维、安全的政务部门。

其主要职责如下。

（1）具体负责政务云建设、运维、安全的技术管理。

（2）政务云使用情况统计分析、绩效评价，组织制定政务云总体应急预案。

（3）承担对云服务商日常安全监管、运维监督和服务质量考核，对使用单位进行上云指导等日常工作。

在省一级，政务云管理机构一般是所属的省大数据中心或具备相应职能的单位。

3.2.6　政务云相关服务商

政务云相关服务商是指为政务云提供云资源和运维服务等相关服务的供应商。

各省在对政务云进行管理时，一般通过云服务商、云监管服务商和统一安全运维机构中的一种或几种组合进行。

1. 云服务商

云服务商是指经政府采购确定为政务云提供云资源和运维服务的供应商。云服务商按照云主管部门、云管理机构的要求，负责政务云的建设、咨询、服务开通、日常运行维护和安全保障，并配合使用单位做好信息系统迁移部署、运维保障和安全保障等工作。

云服务商应根据国家要求定期开展云计算服务安全评估，采购网络产品和服务时，应进行网络安全审查。各服务平台应满足网络安全等级保护第三级及商用密码应用要求,积极推进信息技术应用创新试点示范和应用推广工作。云上信息系统须按照网络安全等级保护相关规定和商用密码相关要求开展网络安全等级保护定级备案、测评和密码应用测评工作,并将结果及时报省政务云管理机构备案。

2. 云监管服务商

云监管服务商实时采集信息系统云资源使用效率数据,每月向省政务云管理机构和使用单位报告。省政务云管理机构对云上信息系统使用效率进行定期评估,并组织实施资源降配或回收。

3. 统一安全运维机构

统一安全运维机构是为省级政务云平台日常运维提供安全管理技术支持的机构,其在省政务云管理机构指导下,牵头进行省级政务云平台整体安全运行保障工作,定期扫描监测省级政务云平台安全运行情况;牵头组织网络安全检查,组织开展网络安全应急演练;牵头网络安全事件快速响应和应急处置等工作。

3.2.7 政务云使用单位

使用省级政务云平台部署信息系统的单位(以下简称"使用单位")负责本单位信息系统年度上云计划的制订和云资源申请;承担本单位信息系统的迁移、部署、日常运维;履行本单位信息系统及操作系统安全运维的监管职责。

省政务云管理机构根据评审通过的方案组织云监管服务商、云服务商完成资源配置工作,使用单位在资源配置完成后将信息系统部署上云。

使用单位的网络安全职责如下。

(1)使用单位应及时完成性能测试及安全评估等工作,并将测试报告和安全评估报告提交省政务云管理机构。

(2)迁移上云的信息系统割接上线后,应保留原信息系统适当期限,作为应急回退措施。

(3)信息系统退出省级政务云平台前,相关使用单位应先完成数据备份和系统下线工作,使用单位和云服务商共同做好数据清除、云资源回收等相关工作。

(4)使用单位应建立本单位云上信息系统运维管理制度,负责操作系统、信息系统的日常运维和故障处理,确保信息系统安全、可靠、高效运行。

(5)使用单位和政务云相关服务商应建立运维故障快速联动机制,确保系统运维保障和故障处理得到及时响应。

(6)信息系统部署到省级政务云平台后,按照"安全管理责任不变,数据管理关系不变,安全管理标准不变"原则,使用单位负责信息系统和数据资源的安全管理。

（7）发生重大安全事件时，应及时向网络安全监管单位报告，同时告知省政务云管理机构和统一安全运维机构，并做好处置工作。

（8）使用单位应确保各信息系统及各云平台运行操作日志信息至少完整保存6个月。

3.2.8 未上云的政务信息系统运营者

未上云的政务信息系统运营者即传统信息系统的使用单位，其按照传统方式部署所需的计算资源。

其主要责任如下。

（1）按照国家网络安全相关法律和制度的要求，履行网络安全义务，采用恰当的技术和管理手段，保护信息系统和数据的安全。

（2）落实网络安全等级保护相关要求，应用商用密码对网络和信息进行保护，保护政务数据和个人信息安全。

部分省市政务部门少数较为关键的信息系统尚未迁移上云，这些系统大多暂时不具备上云条件，或上云后会引入新的风险，此类政务部门与已采用政务云部署信息系统的单位一样，同样需要履行相应的网络安全职责。

3.3 开展网络安全合规工作的主要步骤

政务部门在开展网络安全合规工作时，可以借鉴国际常用质量管理经验。PDCA循环是美国质量管理专家沃特·阿曼德·休哈特首先提出的，由戴明采纳、宣传，获得普及，所以又称戴明环，这是目前开展信息安全管理工作比较流行的模型和经验。PDCA循环将质量管理分为四个阶段，即plan（计划）、do（执行）、check（检查）和act（处理）。为了提升政务部门网络安全合规工作的成效，把各项工作按照做出计划、计划实施、检查实施效果逐一执行，然后将成功的纳入标准，不成功的留待下一循环去解决。由此，可将政务部门网络安全合规工作分为四个阶段进行落实，分别是统筹规划、全面执行、监督检查、处理改进。

3.3.1 统筹规划

统筹规划阶段需要建立领导体系和工作体系，统筹合规工作的范围，明确建设的重点，形成各种任务完成机制。

首先，要建立完善网络安全领导体系和工作体系，加强本单位网络安全工作的组织领导，设立网络安全工作领导机构，保障在人力、物力、财力等资源方面的投入，审定网络安全管理办法、网络安全规划、安全建设整改方案、应急预案、操作规范等，设置安全管理岗位，确定安全保护专职人员及其职责和权限等，安全管理人员应参与网络安全和信息化决策。

其次，根据标准规范统筹开展网络安全等级保护、关键信息基础设施保护、数据安全保护、个人信息保护等各项工作，制定网络安全保护实施方案并组织实施，落实网络安全等级保护制度、数据安全保护制度等要求，制定操作规程和手册，将网络安全法律政策和标准规范落到实处。

安全保护措施与信息化建设应"同步规划、同步建设、同步使用"，并加大投入和保障力度。

最后，建立网络安全责任制和责任追究制度，制定责任制管理办法，明确专门安全管理机构具体职责任务，承担安全管理、应急演练、事件处置、教育培训和评价考核等日常工作，设置具体岗位，将责任落实到人，加强核心岗位人员管理，建立健全人员管理制度，明确违规情形和责任追究事项，确定问责范围，确保问责见效。

3.3.2 全面执行

全面执行阶段的重点在于统筹规划阶段的各项任务的落地实施，全面执行网络安全等级保护、关键信息基础设施保护、数据安全保护、个人信息保护等各项工作，依据规划的分工和责任，高效、高质量地开展各项工作，必要时加强协调、沟通。

首先，落实网络安全等级保护工作。深化开展网络安全等级保护定级备案工作，梳理所有定级对象，确保将所有网络、信息系统纳入定级范围，将云计算、物联网、大数据、人工智能、区块链等新技术新应用纳入等级保护范围，对新技术新应用应根据业务场景合理确定定级对象和安全保护等级，组织网络安全专家对定级结果进行评审，将等级保护定级结果和备案材料及时提交公安机关进行备案。制订网络安全等级保护建设方案并实施，根据《信息安全技术 网络安全等级保护基本要求》（GB/T 22239—2019，以下简称《网络安全等级保护基本要求》）、《信息安全技术 网络安全等级保护安全设计技术要求》（GB/T 25070—2019，以下简称《网络安全等级保护安全设计技术要求》）等国家标准和行业标准，制定总体安全策略，按照"一个中心、三重防护"理念，建设安全管理中心，从安全计算环境、安全通信网络、安全区域边界三个维度设计安全保护措施，制订安全保护总体方案。认真组织开展网络安全等级测评工作，对第三级以上网络系统，每年开展网络安全等级测评，并从等级测评、安全检测评估、风险分析、事件分析、实战检验中发现的问题隐患出发，制订网络安全整改方案,对网络安全问题隐患和风险进行整改后,应及时开展复测,检验整改是否到位,确保问题隐患动态清零,漏洞和风险可控。

其次,以网络安全等级保护工作为基础,以加强关键信息基础设施安全保护、数据安全保护为重点,在落实等级保护制度的基础上,根据关键信息基础设施安全保护相关标准要求,采取加强型和特殊型保护措施,针对保护对象中的数据、个人信息,在落实网络安全等级保护制度的基础上,依据数据安全保护、个人信息安全相关标准规范要求,有针对性地进行保护,将第三级以上网络系统、关键信息基础设施和重要数据统筹起来,整体设计,落实安全保护措施,依据国家商用密码相关标准要求,落实密码保护相关措施,从而确保全面合规、不留死角。

3.3.3 监督检查

监督检查阶段,通过对全面执行阶段的工作进行总结分析来确定优势和查找不足。

政务部门可以通过监督检查总结全面执行阶段的结果,分清对错,明确效果,找出问题。监督检查可以根据年度网络安全工作完成情况进行,重点关注网络安全责任部门网络安全工作完成情况、完成质量,来自监管部门的反馈情况等方面,对网络安全工作的整体情况进行评价,针对评价的结果进行原因分析,从组织架构、经费保障、人员能力、计划安排等多方面查找不足,为下一阶段协调资源补足短板,确保网络安全工作形成闭环,为持续提高工作的成效提供依据。

3.3.4 处理改进

处理改进阶段主要是对检查的结果进行处理,对成功的经验加以肯定,并予以标准化,不足之处则在下年度规划中予以解决。通过本年度的监督检查,将网络安全合规工作中成功的经验形成标准化流程,在下年度工作中继续保持。从完成情况、完成质量、来自监管部门的反馈情况等几个方面,考虑人员、经费和时间等因素,针对还可进一步提升的工作科学地进行谋划,在下年度开展统筹规划时,从组织架构、经费保障、人员能力、计划安排等方面持续改进。

3.4 网络安全合规工作要点

3.4.1 网络安全等级保护

网络安全等级保护的主要环节包括定级、备案、安全建设整改、等级测评和监督检查。

1. 定级

网络运营者依照有关政策标准,在规划设计阶段确定政务信息系统的安全保护等级。当功能、服务范围、服务对象和处理的数据等发生重大变化时,应依照有关政策标准变更网络的安全保护等级。关键信息基础设施应当在第三级以上的系统中确定。政务信息系统定级工作应按照网络运营者拟定的安全保护等级、专家评审、主管部门核准、公安机关审核的流程进行。

2. 备案

第二级以上的政务信息系统应在安全保护等级确定后 10 个工作日内,到公安机关网络安全保卫部门办理备案手续,提交定级报告。系统撤销或变更调整安全保护等级的,同样在 10 个工作日内向原受理备案公安机关办理。

3. 安全建设整改

安全建设整改的目的是使确定等级的政务信息系统能够达到相应等级的基本保护水平并有满足自身需求的安全保护能力。网络安全保护等级确定后,网络运营者应按照《信息安全等级保护管理办法》《关于开展信息安全等级保护安全建设整改工作的指导意见》等有关管理规范和技术标准,选择《信息安全等级保护管理办法》要求的网络安全产品,制定并落实安全管理制度,落实安全责任,建设安全设施,落实安全技术措施。

安全建设整改的范围如下:一是各单位、各部门要将已备案的第二级(含)以上信息系统纳入安全建设整改范围;二是尚未开展定级备案的信息系统,要先定级备案,再开展安全建设整改;三是新建的系统要同步开展安全建设工作。

4. 等级测评

网络安全等级保护测评工作(以下简称"等级测评")是指测评机构依据国家网络安全等级保护制度规定,按照有关管理规范和技术标准,对非涉及国家秘密的网络安全等级保护状况进行检测评估的活动。等级测评包括标准符合性评判活动和风险评估活动,即依据网络安全等级保护的国家标准或行业标准,按照特定方法对网络的安全保护能力进行科学、公正的综合评判。

网络建设整改完成后,第三级以上网络运营者(含关键信息基础设施运营者)应每年开展一次等级测评,主动发现并整改安全风险隐患,并每年将开展等级测评的工作情况及测评结果向受理备案的公安机关报告。

新建网络上线运行前应自行或委托网络安全服务机构对网络的安全性进行检测评

估。第三级以上网络（含关键信息基础设施）上线运行前应当选择符合要求的网络安全等级测评机构，按照网络安全等级保护有关标准规范进行等级测评，并进行源代码审查，通过等级测评后方可投入运行。

网络运营者应当针对检测评估、等级测评中发现的安全风险隐患制订整改方案，落实整改措施，消除风险隐患。关键信息基础设施运营者应当制订安全建设整改方案，该方案通过专家评审后方可实施。

5. 监督检查

1）备案单位定期自查

备案单位应按照《网络安全法》和网络安全等级保护制度的相关要求，对网络安全工作情况、等级保护工作落实情况进行自查，掌握网络安全状况、安全管理制度技术保护措施的落实情况等，及时发现安全隐患和存在的突出问题，有针对性地采取技术和管理措施。

2）行业主管部门督导检查

行业主管（监管）部门应组织制定本行业、本领域网络安全等级保护工作规划和标准规范，掌握网络基本情况、定级备案情况和安全保护状况；督促网络运营者开展网络定级备案、等级测评、风险评估、安全建设整改、安全自查等工作。

3.4.2 商用密码应用安全性评估

在规划、建设和运行阶段，应对政务信息系统开展商用密码应用安全性评估工作。

1. 系统规划阶段

网络与信息系统责任单位应当依据商用密码技术标准，制订商用密码应用建设方案（以下简称"密码应用方案"），组织专家或委托具有相关资质的测评机构进行评估。其中，对于使用财政性资金建设的网络与信息系统，商用密码应用安全性评估结果应作为其项目立项的必备材料。

2. 系统建设完成后

网络与信息系统责任单位应当委托具有相关资质的测评机构进行商用密码应用安全性评估，评估结果被看作项目建设验收的必备材料，评估通过后，系统方可投入运行。

3. 系统投入运行后

网络与信息系统责任单位应当委托具有相关资质的测评机构定期开展商用密码应用安全性评估。未通过评估的，网络与信息系统责任单位应当按要求进行整改并重新组织评估。其中，对于关键信息基础设施、网络安全等级保护第三级及以上的信息系统，应按照国家密码管理部门制定的规范要求开展应用安全性评估。

4. 系统发生密码相关重大安全事件、重大调整或特殊紧急情况时

网络与信息系统责任单位应当及时组织具有相关资质的测评机构开展商用密码应用安全性评估，并依据评估结果进行应急处置，采取必要的安全防范措施。

5. 完成规划、建设、运行和应急评估后

网络与信息系统责任单位应当在30个工作日内将评估结果报主管部门及所在地区（部门）的密码管理部门备案（部委建设直管的系统及其延伸系统，商用密码应用安全性评估结果报部委密码管理部门备案）。

网络与信息系统责任单位应当认真履行密码安全主体责任，明确密码安全负责人，制定完善的密码管理制度，按照要求开展商用密码应用安全性评估、备案和整改，配合密码管理部门和有关部门的安全检查。

3.4.3 数据安全保护

1. 明确政务数据的范围

政务数据是指政务部门在履行政务职责过程中收集、产生、处理的数据，政务部门需要对本单位的政务数据范围进行确定，包括个人信息、个人隐私、组织内部数据、融合数据，甚至涉及国家安全数据，从而为后续的数据安全保护工作奠定基础。

2. 数据分类分级

政务部门应当按照数据分类分级保护制度，确定重要数据具体目录，对列入目录的数据进行重点保护，为政务数据共享开放提供依据。目前，北京、上海、贵州等地已纷纷出台数据分类分级的地方法规标准，可进行参考。

3. 完善政务数据安全治理体系

政务部门应完善政务数据安全治理体系，加强政务数据收集、存储、使用、加工、传输、提供、公开等的安全管理，不断提高政务数据安全保障能力，保障依法共享和安全利用政务数据。

4. 组织开展数据安全风险评估

政务部门应贯彻数据全生命周期的安全风险评估思想，定期组织开展数据安全风险评估，评估范围应覆盖政务数据共享开发的全生命周期，包括汇聚、存储、处理、传输、共享、开放、销毁、备份等环节，对可能发生的数据风险进行监测预警，督促组织对在测评中发现的风险事项限期整改，及时有效防范数据安全隐患。

3.4.4 个人信息保护

个人信息保护工作应与制定并贯彻落实《个人信息保护法》五大原则的制度相一致，即合法正当诚信原则、最小必要原则、公开透明原则、信息质量原则和信息安全原则。

1. 制定内部专项合规制度和操作规程

内部管理制度和操作规程是个人信息保护合规制度建设中最基础、最重要的内容。应当根据个人信息的处理目的、处理方式、种类以及个人信息对个人权益的影响、可能存在的安全风险等，制定内部管理制度和操作规程，确保个人信息处理活动符合法律、行政法规的规定。

2. 制定个人信息安全事件应急预案

个人信息安全事件指个人信息泄露、篡改、丢失等事件。个人信息安全事件应急预案作为成文文件，是制度体系的一部分。根据落实《个人信息保护法》的具体规定，个人信息安全事件应急预案应包含以下内容。

（1）安全事件应急响应的组织机构和工作机制、责任机制。总体编制思路可参考《国家网络安全事件应急预案》。

（2）如何记录、评估和上报信息安全事件。具体包括：记录事件内容，评估事件影响并及时采取减损措施，依法向网信部门上报，等等。

（3）如何履行对个人信息主体的告知义务。告知内容包括：安全事件涉及的信息种类、原因和可能造成的危害，已采取的补救措施和个人可以采取的减轻危害的措施，企业的联系方式。

（4）应急响应培训和应急演练计划。

3. 建立个人数据管理运行机制

1）建立个人信息分级分类管理机制

将个人信息分为一般个人信息和敏感个人信息并进行分类保护是我国个人信息和数据保护走向成熟和深入的标志。应当首先建立个人信息分级管理机制，通过内部制度和操作规程，鉴别和区分处理个人信息的不同类别，并着重针对敏感个人信息、未成年人信息设置单独同意等特殊规则。

2）建立个人信息处理规则公开机制

在处理个人信息前，应当以显著方式、清晰易懂的语言，真实、准确、完整地向个人告知本单位个人信息处理规则，包括名称或者姓名和联系方式，个人信息的处理目的、处理方式以及处理的个人信息种类和保存期限,个人行使法定权利(包括知情权、决定权、查阅复制权、更正权、撤回删除权等)的方式和程序等。该规则还应便于查阅和保存。

4. 建立个人信息保护影响事前评估机制

开展对个人权益有重大影响的个人信息处理活动,应当事前进行个人信息保护影响评估,这是《个人信息保护法》实施之后,开展个人信息处理业务的前置程序,应当引起重视。具体而言,在开展如下业务时应进行事前评估以及对处理情况进行记录:处理敏感个人信息;利用个人信息进行自动化决策;委托处理个人信息、向其他个人信息处理者提供个人信息、公开个人信息;向境外提供个人信息;等等。评估内容包括:个人信息的处理目的、处理方式等是否合法、正当、必要;对个人权益的影响及安全风险;所采取的保护措施是否合法、有效并与风险程度相适应。相关评估报告和处理情况应当至少保存 3 年。

5. 建立个人信息处理活动强制记录机制

开展对个人权益有重大影响的个人信息处理活动,应对处理情况进行记录。记录的内容包括:处理个人信息的类型、数量、来源,个人信息的处理目的、使用场景及分级管理情况,共享、转让、委托处理、公开披露、出境提供等情况,个人信息处理活动各环节信息系统、组织和人员等。个人信息处理记录应当至少保存 3 年。

6. 建立个人信息保护安全审计机制

应当定期对处理个人信息遵守法律、行政法规的情况进行合规审计。审计内容包括:个人信息保护政策、相关规程和安全措施的有效性,个人信息处理活动监测记录情况,安全事件应急处置情况,个人信息违规使用、滥用及追责情况等。

此外,还包括个人信息保护风险识别与评估机制、个人信息保护合规审查与咨询机制、个人信息保护合规报告机制、个人信息安全工程"三同步"工作机制等。

3.4.5 关键信息基础设施安全保护

1. 明确运营者主要负责人负总责

建立健全网络安全保护制度和责任制,明确运营者主要负责人负总责,保障人、财、物投入。

2. 设置专门安全管理机构

设置专门安全管理机构,履行安全保护职责,为每个关键信息基础设施明确一名安全管理责任人，开展与网络安全和信息化有关的决策应当有专门安全管理机构人员参与，并对专门安全管理机构负责人和关键岗位人员进行安全背景审查。

3. 定期进行网络安全检测和风险评估

对关键信息基础设施每年进行网络安全检测和风险评估，及时整改问题并按要求向保护工作部门报送情况。

4. 及时报告事件与威胁

关键信息基础设施发生重大网络安全事件或者发现重大网络安全威胁时，按规定向保护工作部门、公安机关报告。

5. 采购安全可信的网络产品和服务

优先采购安全可信的网络产品和服务，并与提供者签订安全保密协议；可能影响国家安全的，应当按规定通过安全审查。

3.4.6 云计算服务安全评估

政务部门是否采用云计算服务，应该综合平衡采用云计算服务后获得的效益、可能面临的信息安全风险、可以采取的安全措施后做出决策。只有当安全风险处在客户可以承受、容忍的范围，或安全风险引起的信息安全事件有适当的控制或补救措施时方可采用云计算服务。政务部门将信息部署或迁移到云计算平台之前，应首先明确计划部署在云计算服务上的数据类型属于敏感类还是公开类，敏感类数据进一步划分为一般敏感、重要、核心数据，其次明确承载相关信息的业务属于一般业务、重要业务还是关键业务。在分类信息和业务的基础上，综合平衡采用云计算服务后的效益和风险，确定优先部署到云计算平台的数据和业务。云计算服务安全能力划分为一般、增强和高级三个能力级别，采用云计算服务时，宜选择具有相应安全能力的云计算服务。

承载公开类和一般敏感类数据的一般业务宜选择至少达到一般安全能力的云计算服务。

承载公开类数据的重要业务和关键业务，以及承载敏感类数据的一般业务，宜选择至少达到增强安全能力的云计算服务。

承载敏感类数据的重要业务和关键业务，根据实际情况进行判断，属于承载一般敏感数据的业务，宜选择至少达到增强安全能力的云计算服务；属于承载重要、核心数据的业务，宜选择达到高级安全能力的云计算服务。

选择高级安全能力的云计算服务时，宜采用私有云或社区云的部署模式。

政府部门采购的云计算服务必须进行安全评估，重点评估以下内容。

（1）云平台管理运营者（以下简称"云服务商"）的征信、经营状况等基本情况。

（2）云服务商人员背景及稳定性，特别是能够访问客户数据、能够收集相关元数据的人员。

（3）云平台技术、产品和服务供应链安全情况。

（4）云服务商安全管理能力及云平台安全防护情况。

（5）客户迁移数据的可行性和便捷性。

（6）云服务商的业务连续性。

（7）其他可能影响云服务安全的因素。

3.4.7 网络安全事件应急预案和演练

网络安全应急体系已纳入国家网络安全顶层设计，《国家网络空间安全战略》明确规定完善网络安全监测预警和网络安全重大事件应急处置机制。中央网信办2017年1月印发《国家网络安全事件应急预案》，该预案是国家层面组织应对特别重大网络安全事件的应急处置行动方案，也是各省（区、市）、各部门、各单位开展网络安全应急工作的重要依据。

国家网络安全事件应急预案与行业、地方网络安全事件应急预案一起形成我国的网络安全事件应急预案体系，如图3-2所示。中央网信办协调有关部门定期组织演练，检验和完善预案，以提高实战能力。

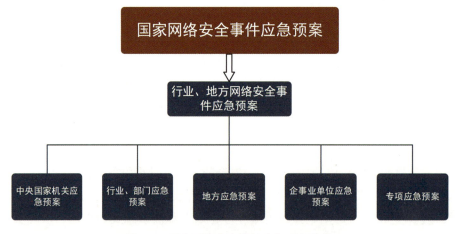

图3-2 国家网络安全事件应急预案体系

目前，我国已经基本形成以"一案三制"为核心的网络安全事件应急体系。

一是应急预案体系基本形成。我国已制定各级各类网络安全事件应急预案，基本形成覆盖范围较广的应急预案体系，并开展培训和演练。

二是基本建立了统一领导、综合协调、谁主管谁负责、谁运营谁负责、全社会参与的网络安全应急体系。

三是逐步形成了"统一指挥、反应灵敏、协调有序、运转高效"的应急机制。网络安全事件的信息共享机制、事件研判机制、跨部门协同机制逐步完善。

四是网络安全应急管理法制建设得到加强。《国家网络安全事件应急预案》是国家网络安全事件应急预案体系的总纲,为各级部门制定相应级别网络安全应急预案提供了指导和参照。各级政务部门需要建立完善的网络安全应急预案,并做好日常管理和演练相关工作。

1. 网络安全事件应急预案主要内容

网络安全应急预案一般包含总则、组织机构与职责、监测与预警、应急处置、调查与评估、预防工作、保障措施七个方面的内容。

1)总则

说明编制目的、编制依据、适用范围、事件分级和工作原则等内容。

2)组织机构与职责

明确领导机构与职责、办事机构与职责、各部门职责。

3)监测与预警

规定预警分级、预警监测、预警研判和发布、预警响应、预警解除的内容和流程。

4)应急处置

规定事件报告、应急响应、应急结束的内容和流程。

5)调查与评估

规定对网络安全事件开展调查和评估相关内容,说明总结调查报告上报流程,对事件的起因、性质、影响、责任等进行分析评估,以便处理和改进。

6)预防工作

规定日常管理、演练、宣传、培训、重要活动期间的预防措施的相关内容。

7)保障措施

规定机构和人员、技术支撑队伍、专家队伍、经费保障、责任与奖惩的相关内容。

2. 网络安全事件应急演练

建立网络安全事件应急工作机制、开展应急演练是减少和预防网络安全事件造成损失和危害的重要保证。通过开展应急演练可以达到如下目的。

1)检验预案

通过开展应急演练查找和验证应急预案中存在的问题,完善应急预案,提高应急预案的科学性、实用性和可操作性。

2)完善准备

通过开展应急演练检查应对网络安全事件所需的应急队伍、物资、装备、技术等方面的准备情况,发现不足及时予以调整补充,做好应急准备工作。

3)锻炼队伍

通过开展应急演练增强演练管理部门、指挥机构、参演机构和人员等对应急预案的熟悉程度，锻炼应急处置需要的技能，加强配合，提高其应急处置能力。

4）磨合机制

通过开展应急演练进一步明确相关单位和人员的职责任务，理顺工作关系，完善各关联方之间的分离、阻隔、配套应急联动机制，防范网络安全风险传导。

5）宣传教育

通过开展应急演练普及应急知识，不断增强网络安全管理的专业化程度，提高全员网络安全风险防范意识。

3. 网络安全应急演练实施过程的四个阶段

1）准备阶段

根据应急演练规划和应急预案制订演练计划，制订演练工作方案，做好应急演练人员、经费、场地、技术和安全保障，进行演练动员与培训，通过应急演练预演保证正式应急演练效果。

2）实施阶段

按照演练方案进行应急演练，开展安全事件模拟，执行步骤分为监测预警、事件研判、事件通告、事件处置、系统确认五个阶段。对演练实施过程中的评估素材开展采集工作。

3）评估与总结阶段

分析演练记录及相关资料，对演练活动及组织过程做出客观评价。根据演练记录、演练评估、演练方案等材料，对演练进行全面系统的总结。对演练参与人员进行考核，对在演练中表现突出的工作组和个人可给予表彰和奖励；对不按要求参加演练，或影响演练正常开展的个人，可给予相应批评。考核与奖惩应纳入绩效考核体系。

4）成果运用阶段

根据演练评估报告、演练总结报告提出的问题和建议对应急处置工作进行持续改进，并制订整改计划，明确整改目标，确定整改措施，落实整改资金。指派专人监督检查整改计划执行情况，确保演练评估报告、演练总结报告提出的问题和建议得到及时整改。

3.4.8 政务网络安全保障

1. 法律法规符合性

按照《指导意见》和《国家政务信息化项目建设管理办法》的要求，政务部门应严格落实网络安全相关法律法规，落实网络安全等级保护制度，加强关键信息基础设施安全保护，对数据安全进行全生命周期保护，保护个人信息。

2. 加强政务外网网络与信息安全管理

按照《暂行办法》的要求,在国家信息安全主管部门的指导下,按照"谁主管谁负责、谁运行谁负责、谁使用谁负责"的原则,分级管理,责任到人。确定负责网络与信息安全的领导和工作部门负责本级政务外网的网络与信息安全管理工作。在网络安全管理、业务应用系统安全管理、网络信任体系管理、信息安全检查与通报、人员管理等方面落实网络安全责任。各级政务外网单位在进行政务外网规划、设计和建设时应同步做好安全保障系统的规划、设计和建设,并落实好运行维护管理中的安全检查、等级测评和风险评估等经费。任何单位和个人不得利用国家政务外网从事危害国家利益、集体利益和公民合法权益的活动,不得危害国家政务外网的安全。

第二部分

技术合规指引

第 4 章 数字政府网络安全合规标准

目前，我国形成了较为完善的网络安全法律法规体系，网络空间的安全治理将进一步走向细化，相关领域的专门性安全要求与细则被陆续制定和施行，形成更加庞大、完善的网络安全体系，势必对各个重点行业的信息系统提出更高的安全合规与风险管理要求。

国家信息中心 2018 年编制了《政务云网络安全合规性指引》。本书作为其续篇，将合规的范围由政务云扩大到政务信息系统，汇总提炼出政务信息系统网络安全合规的七大方向，从而帮助相关方夯实安全基础、满足多方合规、获得整体安全、降低安全成本。

政务信息系统网络安全合规应遵循多个标准制度规范，包括等级保护系列标准、商用密码应用标准、数据安全保护标准、个人信息保护标准、云计算服务安全评估系列标准、电子政务安全系列标准、关键信息基础设施保护等标准。需要说明的是，由于部分标准仍处于征求意见稿、报批稿阶段或标准发布时间早于相关法律法规，指引将根据相关标准状况的变化，及时修订并重新发布。

政务信息系统的安全建设需要重点关注以下七个方面。

（1）政务信息系统的安全建设应遵循国家网络安全等级保护制度。

（2）应用商用密码对信息系统进行保护，定期开展密码应用安全性评估。

（3）认定为关键信息基础设施的系统，在网络安全等级保护建设的基础上实行重点防护。

（4）政务云为政务部门提供服务，采购网络产品和服务，可能影响国家安全的，应当通过中央网信部门会同国务院有关部门组织的安全审查。

（5）对政务数据进行分类分级，进行全生命周期保护。

（6）对个人信息进行分类分级，进行全生命周期保护。

（7）按照电子政务相关网络安全要求进行保护。

后续章节根据七个合规方向对现有的国家或政务标准进行解读，从管理和技术维度，结合合规工作的主要流程和环节，说明安全控制要求的要点，从而指导在政务信息系统建设过程中合规的各项安全要求，在实际工作中可以结合等级测评、商用密码应用安全性评估、数据安全风险评估等第三方的安全服务，不断根据网络安全技术和产品的发展提升总体防护水平，持续满足合规的各项工作和技术要求。

4.1 政务信息系统网络安全合规适用性说明

政务信息系统在网络安全合规适用性方面主要包含以下几种场景。

（1）传统的政务信息系统不包含新技术（如云计算、大数据等），也未认定为关键信息基础设施，其合规适用以下情况。

①按照等级保护通用要求进行保护；

②信息系统中所包含的政务数据按照《数据安全法》中的技术和管理要求进行保护；

③个人信息按照《个人信息保护法》的原则和要求进行保护；

④按照《信息系统密码应用基本要求》进行保护。

（2）若（1）中的系统中的数据符合大数据的特征，需要引入等级保护大数据要求进行保护。

（3）若（1）中的系统被认定为关键信息基础设施，其安全建设在网络安全等级保护建设的基础上实行重点防护，具体可参考《信息安全技术 关键信息基础设施安全保护要求》（GB/T 39204—2022，以下简称《关键信息基础设施安全保护要求》）。

（4）一般情况下，政务云均符合（1）和（3）的场景要求，在此基础上，还应按照等级保护云计算扩展要求进行保护，并按照《云计算服务安全评估办法》的要求，落实《云计算服务安全能力要求》的相关安全措施。

（5）政务方面有特殊要求，如在广域网、城域网方面的要求高于等级保护同类要求，在保护时应按照更高的要求进行保护。

4.2 网络安全等级保护

网络安全等级保护是《网络安全法》确立的网络安全运行的基本制度，随着我国信息技术的快速发展，等级保护对象由之前的重要信息系统和基础网络，发展成为涵盖云计算、工业控制、移动互联、物联网、大数据等新技术、新应用的系统，也带来了新的安全威胁与风险。网络安全法律法规政策体系和等级保护标准体系从等级保护工作流程、技术体系出发构建了等级保护安全框架。等级保护安全框架如图4-1所示。

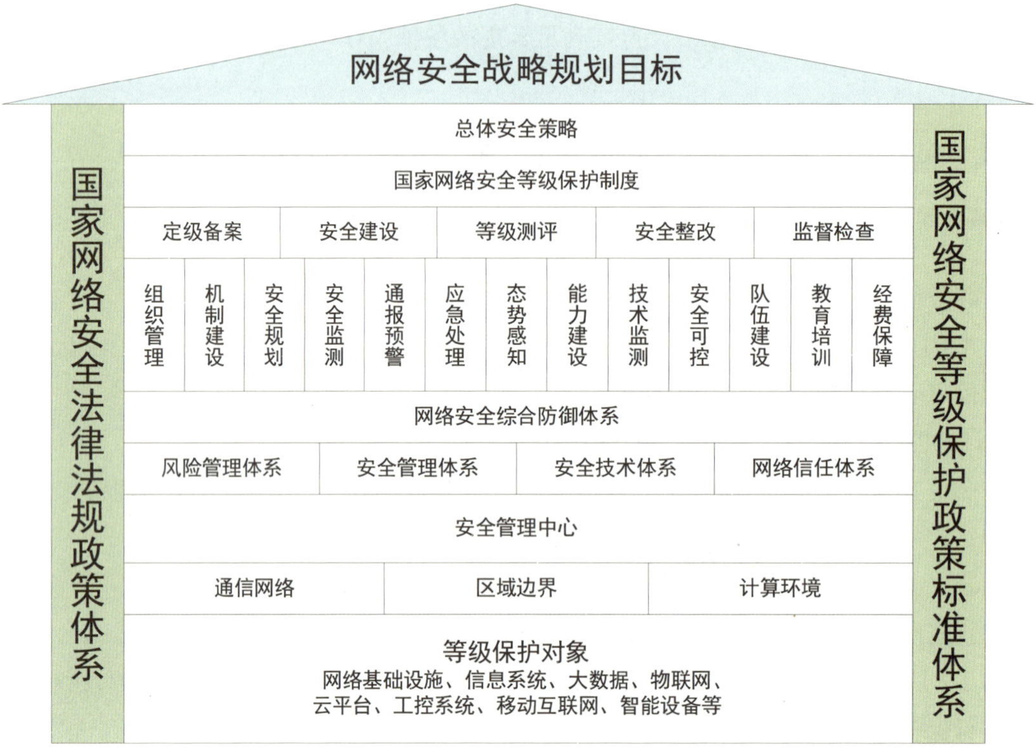

图4-1 等级保护安全框架

网络安全等级保护制度的落实就是依据国家标准定级指南对政务信息系统进行科学定级,按照设计要求进行设计并建设,通过等级测评验证基本要求的符合情况,并接受监督检查,不断改进系统中存在的安全问题,从而保障系统的网络运行安全。

国家强制标准《计算机信息系统安全保护等级划分准则》(GB 17859—1999,以下简称《安全保护等级划分准则》)是等级划分的依据,是等级保护的上位标准,给出了不同安全保护等级计算机系统的安全保护能力要求。等级保护的核心标准包括《信息安全技术 网络安全等级保护定级指南》(GB/T 22240—2020,以下简称《网络安全等级保护定级指南》)、《网络安全等级保护基本要求》、《信息安全技术 网络安全等级保护安全设计技术要求》(GB/T 25070—2019,以下简称《网络安全等级保护安全设计技术要求》)、《信息安全技术 网络安全等级保护测评要求》(GB/T 28448—2019,以下简称《网络安全等级保护测评要求》)。

具体标准之间的关系如图4-2所示。

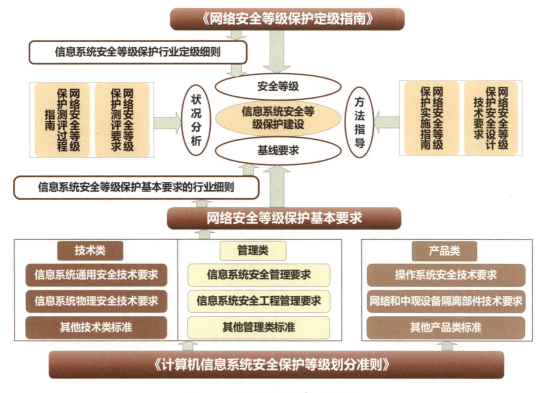

图 4-2 等级保护标准之间的关系

4.2.1 定级指南

《网络安全等级保护定级指南》是依据等级保护相关政策文件,综合考虑保护对象在国家安全、经济建设、社会生活中的重要程度,以及保护对象遭到破坏后对国家安全、社会秩序、公共利益以及公民、法人和其他组织的合法权益的危害程度等因素,提出确定保护对象安全保护等级的方法。

网络安全等级保护定级对象的具体范围主要包括基础信息网络、工业控制系统、云计算平台、物联网、使用移动互联技术的网络、其他网络以及大数据等多个系统平台。另外,作为定级对象的网络还应当满足以下三个基本特征。

第一,具有确定的主要安全责任主体。

第二,承载相对独立的业务应用。

第三,包含相互关联的多个资源。

在采用云计算的政务云中,应区分为服务提供方与租户方,各自分别作为定级对象,即云平台及云上租户业务系统需要单独定级。属于国家关键信息基础设施的安全保护等级应不低于第三级。

数据资源可独立定级。当安全责任主体相同时，大数据、大数据平台/系统宜作为一个整体对象定级；当安全责任主体不同时，大数据应独立定级。

等级保护对象的级别由以下两个定级要素决定。

（1）受侵害的客体；

（2）对客体的侵害程度。

等级保护对象定级的一般流程如下。

（1）确定定级对象；

（2）初步确定等级；

（3）专家评审；

（4）主管部门审核；

（5）公安机关备案审查。

定级指南中对受侵害的客体以及侵害程度的划分进行了详细的定义，具体定级划分如表4-1所示。

表4-1 网络安全等级保护体系下定级要素与安全保护等级的关系

受侵害的客体	对客体的侵害程度		
	一般损害	严重损害	特别严重损害
公民、法人和其他组织的合法权益	第一级	第二级	第二级
社会秩序、公共利益	第二级	第三级	第四级
国家安全	第三级	第四级	第五级

4.2.2 基本要求

《网络安全等级保护基本要求》包含安全通用要求和安全扩展要求（含云计算、移动互联、物联网、工业控制和大数据），其中大数据安全要求作为附录进行参考，《网络安全等级保护基本要求》包括如下五部分：安全通用要求、云计算安全扩展要求、移动互联安全扩展要求、物联网安全扩展要求、工业控制系统安全扩展要求。

其中，安全通用要求是所有等级保护对象都必须满足的要求，安全扩展要求是针对云计算、移动互联、物联网和工业控制系统提出的针对性扩展要求。

由于等级保护对象承载的业务不同，其安全关注点会有所不同：有的更关注信息的安全性，即更关注搭线窃听、假冒用户等可能导致信息泄密、非法篡改等；有的更关注业务的连续性，即更关注保证系统连续正常运行，免受因对系统未授权的修改、破坏而导致系统不可用引起的业务中断。

不同级别的等级保护对象，对业务信息的安全性要求和系统服务的连续性要求是有差异的，即使相同级别的等级保护对象，对业务信息的安全性要求和系统服务的连续性要求也有差异。

等级保护基本要求中的技术安全要求可进一步细分为：保护数据在存储、传输、处理过程中不被泄漏、破坏和免受未授权的修改的信息安全类要求（简记为 S）；保护系统连续正常运行，免受对系统的未授权修改、破坏而导致系统不可用的服务保证类要求（简记为 A）；其他安全保护类要求（简记为 G）。标准中所有安全管理要求和安全扩展要求均标注为 G。

1. 安全通用要求

《网络安全等级保护基本要求》中二级及以上要求将安全层面共划分为十个分类：技术部分和设计要求保持一致，即沿用"一个中心三重防护"的防护理念，"一个中心"指安全管理中心；"三重防护"指安全计算环境、安全通信网络和安全区域边界。

技术部分包括安全物理环境、安全通信网络、安全区域边界、安全计算环境、安全管理中心。

管理部分包括安全管理制度、安全管理机构、安全管理人员、安全建设管理、安全运维管理。

2. 云计算安全扩展要求

在云计算安全扩展要求中，针对云计算环境，标准对云计算、云服务商、云服务客户、云计算平台、虚拟机监视器、宿主机等进行了定义，主要增加的控制项包括基础设施位置、镜像和快照保护、云服务商选择、云计算环境管理等，主要内容如下。

1）安全物理环境

云计算基础设施的物理位置必须位于中国境内。

2）安全通信网络

云计算平台不承载高于其安全保护等级的业务应用系统，并实现不同云服务客户虚拟网络之间的隔离；云计算平台可以根据云服务客户业务需求提供通信传输、边界防护、入侵防范等安全机制的能力；可保证云计算平台管理流量与云服务客户业务流量分离，可根据云服务客户业务需求自主设置安全策略的能力，包括定义访问路径、选择安全组件、配置安全策略。云计算平台应提供开放接口或开放性安全服务，允许云服务客户接入第三方安全产品或在云计算平台选择第三方安全服务。

3）安全区域边界

应在虚拟化网络边界和不同等级的网络区域边界部署访问控制机制，并设置访问控制规则；应能检测到云服务客户发起的和对虚拟网络节点的网络攻击行为，并能记录攻击类型、攻击时间、攻击流量等。能检测到虚拟机与宿主机之间、虚拟机与虚拟机之间的异常流量，并在检测到网络攻击行为、异常流量情况时进行告警。应对云服务商和云服务客户相关操作进行安全审计。

4）安全计算环境

当远程管理云计算平台中的设备时，管理终端和云计算平台之间应建立双向身份验证机制。采取密码技术或其他技术手段防止虚拟机镜像、快照中可能存在的敏感资源被非法访问。云服务商的云存储服务应保证云服务客户数据存在若干个可用的副本，各副本之间的内容应保持一致；应为云服务客户将业务系统及数据迁移到其他云计算平台和本地系统提供技术手段，并协助完成迁移过程；应能检测虚拟机之间的资源隔离失效，并进行告警；应能检测非授权新建虚拟机或者重新启用虚拟机，并进行告警；应能够检测恶意代码感染及在虚拟机间蔓延的情况，并进行告警。

使用密码技术保证虚拟机迁移过程中重要数据的保密性，防止在迁移过程中的重要数据泄露。在故障发生时，应能够继续提供一部分功能，保证实施必要的措施。利用通信网络将重要数据实时备份至备份场地，重要数据处理系统需要热冗余，保证系统的高可用性。

5）安全管理中心

应能对物理资源和虚拟资源按照策略进行统一管理调度与分配；应保证云计算平台管理流量与云服务客户业务流量分离；应根据云服务商和云服务客户的职责划分，收集各自控制部分的审计数据并实现各自的集中审计；应根据云服务商和云服务客户的职责划分，实现各自控制部分，包括虚拟化网络、虚拟机、虚拟化安全设备等的运行状况的集中监测。

6）安全建设管理

选择安全合规的云服务商，其所提供的云平台应为其所承载的业务应用系统提供相应等级的安全保护能力；服务水平协议中规定云服务的各项服务内容和具体技术指标，在服务水平协议中规定云服务商的权限与责任，包括管理范围、职责划分、访问授权、隐私保护、行为准则、违约责任等。在服务水平协议中规定服务合约到期时，完整地返还云服务客户信息，并承诺相关信息在云计算平台上清除。签署保密协议，要求云服务商不得泄露云服务客户数据和业务系统的相关重要信息。将供应商的重要变更及时传达给云服务客户，并评估变更带来的安全风险，采取有关措施对风险进行控制。

7）安全运维管理

云计算平台的运维地点应位于中国境内，境外对境内云计算平台实施运维操作应遵循国家相关规定。云计算平台在运维过程中产生的配置数据、日志信息等存储于中国境内，如需出境应遵循国家相关规定。

4.2.3 设计技术要求

《网络安全等级保护安全设计技术要求》是各行业和领域开展网络安全等级保护设计建设整改等工作的主要依据。

《网络安全等级保护安全设计技术要求》对云计算、移动互联、物联网、工业控制和大数据等新技术新应用领域提出对应的设计要求，并在适用性、时效性、易用性、可操作性上对比 2010 版标准技术要求做了进一步完善。《网络安全等级保护安全设计技术要求》沿用"一个中心三重防护"的防护理念，在通用的等级保护安全设计框架下，针对云计算、移动互联、物联网、工业控制和大数据系统提出了新的安全设计框架。在每一级的安全计算环境设计技术要求、安全区域边界设计技术要求、安全通信网络设计技术要求中，除了通用设计，还增加了针对云计算、移动互联、物联网、工业控制和大数据系统的设计要求。

遵循《安全保护等级划分准则》中的相关要求，不同等级应遵循不同的安全设计策略。具体如下。

（1）二级应遵循的设计策略。第二级系统安全保护环境的设计策略是：遵循《安全保护等级划分准则》4.2"第二级　系统审计保护级"中的相关要求，以身份鉴别为基础，提供单个用户和（或）用户组对共享文件、数据库表等的自主访问控制；以包过滤手段提供区域边界保护；以数据校验和恶意代码防范等手段，同时通过增加系统安全审计、客体安全重用等功能，使用户对自己的行为负责，提供用户数据保密性和完整性保护，以增强系统的安全保护能力。

第二级系统安全保护环境的设计通过第二级的安全计算环境、安全区域边界、安全通信网络以及安全管理中心的设计加以实现。

（2）三级应遵循的设计策略。在第二级系统安全保护环境设计的基础上，遵循《安全保护等级划分准则》4.3"第三级　安全标记保护级"中的相关要求，构造非形式化的安全策略模型，对主、客体进行安全标记，表明主、客体的级别分类和非级别分类的组合，以此为基础，按照强制访问控制规则实现对主体及其客体的访问控制。

第三级系统安全保护环境的设计通过第三级的安全计算环境、安全区域边界、安全通信网络以及安全管理中心的设计加以实现。

（3）四级应遵循的设计策略。在第三级系统安全保护环境设计的基础上，遵循《安全保护等级划分准则》4.4"第四级　结构化保护级"中的相关要求，通过安全管理中心明确定义和维护形式化的安全策略模型。依据该模型，采用对系统内的所有主、客体进行标记的手段，实现所有主体与客体的强制访问控制。同时，相应增强身份鉴别、审计、安全管理等功能，定义安全部件之间接口的途径，实现系统安全保护环境关键保护部件和非关键保护部件的区分，并进行测试和审核，保障安全功能的有效性。

第四级系统安全保护环境的设计通过第四级的安全计算环境、安全区域边界、安全通信网络以及安全管理中心的设计加以实现。

（4）定级系统互联的设计策略。遵循《安全保护等级划分准则》对各级系统的安全保护要求，在各定级系统的计算环境安全、区域边界安全和通信网络安全的基础上，通过安全管理中心增加相应的安全互联策略，保持用户身份、主/客体标记、访问控制策略等安全要素的一致性，对互联系统之间的互操作和数据交换进行安全保护。

等级保护安全技术设计过程如图 4-3 所示。

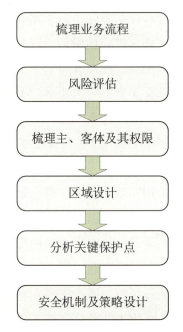

图 4-3　等级保护安全技术设计过程

1. 通用安全防护设计

各级系统的设计包括安全保护环境及其安全互联。安全保护环境由相应级别的安全计算环境、安全区域边界、安全通信网络和（或）安全管理中心组成。定级系统互联由安全互联部件和跨定级系统安全管理中心组成。在对定级系统进行等级保护安全保护环境设计时，可以结合系统自身业务需求，将定级系统进一步细分成不同的子系统，确定每个子系统的等级，对子系统进行安全保护环境的设计。具体如图 4-4 所示。

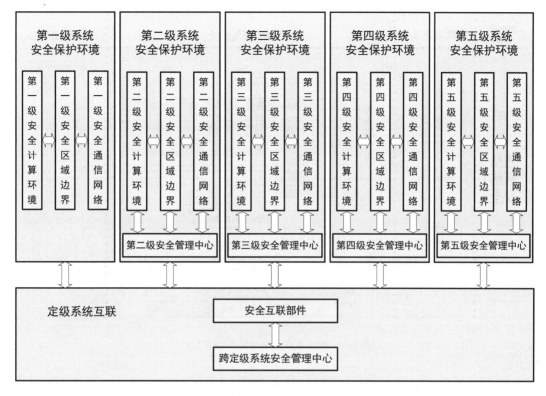

图 4-4　网络安全等级保护安全设计技术框架

2. 云安全防护设计

很多网络安全等级保护对象基于性能、运维和使用方面的需求，除了采用传统技术，同时采用了云计算、移动互联、大数据等新技术、新应用。在政务行业和领域，网络安全等级保护对象普遍应用了相关技术，随着电子政务的不断发展，云上政务应用的逐渐丰富，行业和部门内部的政务数据类型和数量越来越多，逐渐具备了大数据的特征。因此，相关政务部门在建设信息系统安全保护过程中，需要根据实际的安全风险，全面准确地运用安全通用和扩展标准要求，其安全防护设计应确保系统防护满足相应安全等级的保护要求。政务云是政务行业最重要的政务信息基础设施，是这类采用新技术、新应用最典型的等级保护对象，因此有必要对安全防护设计中的云计算安全防护框架进行说明。其他新技术的相关设计要求可以参考标准。

结合云计算功能分层框架和云计算安全特点，构建云计算安全设计防护技术框架，包括云用户层、访问层、资源层、服务层、资源层、硬件设施层和管理层（跨层功能）。其中，一个中心是指安全管理中心，三重防护包括安全计算环境、安全区域边界和安全通信网络。具体如图 4-5 所示。

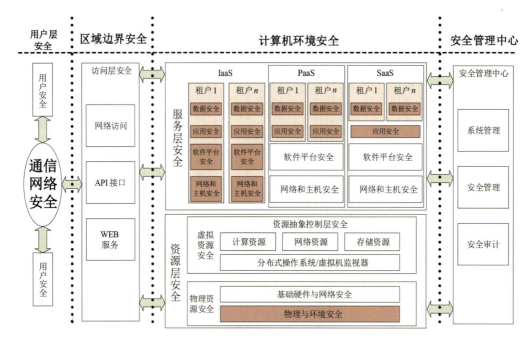

图 4-5 云计算安全设计防护技术框架

用户通过安全的通信网络，以网络直接访问、API接口访问和Web服务访问等方式安全地访问云服务商所提供的安全计算环境，其中用户终端自身的安全保障不在本部分范畴内。安全计算环境包括资源层安全和服务层安全。其中，资源层分为物理资源和虚拟资源，需要明确物理资源安全设计技术要求和虚拟资源安全设计要求，其中物理与环境安全不在本部分范畴内。服务层是对云服务商所提供服务的实现，包含实现服务所需的软件组件，根据服务模式不同，云服务商和云服务客户所承担的安全责任是不同的。服务层安全设计需要明确云服务商控制的资源范围内的安全设计技术要求，并且云服务商可以通过提供安全接口和安全服务为云服务客户提供安全技术和安全防护能力。云计算环境的系统管理、安全管理和安全审计由安全管理中心统一管控。

设计包含两个方面：一是结合本框架对不同等级的云计算环境进行安全技术设计；二是通过服务层安全支持对不同等级云服务客户端（业务系统）进行安全设计。

4.2.4 测评要求

《网络安全等级保护测评要求》规定了不同级别的等级保护对象的安全测评通用要求和安全测评扩展要求，是各行业、各领域开展信息安全等级保护等级测评等工作的依据，等级保护对象的运营使用单位及主管部门对等级保护对象的安全状况进行安全测评。

1. 等级测评技术框架

等级测评技术框架可分为单项测评和整体测评。

单项测评是针对各安全要求项的测评，支持测评结果的可重复性和可再现性。本标准中单项测评由测评指标、测评对象、测评实施和单元判定构成。

整体测评是在单项测评的基础上，对等级保护对象整体安全保护能力的判断。整体测评内容由原标准的安全控制点间测评、层面间测评和区域间测评等方面调整为安全控制点测评、安全控制点间测评和层面间测评。

另外，为了更好地使机构测评人员明确测评工作的作用对象，测评单元中还增加了测评对象说明。测评对象是指等级测评过程中不同测评方法作用的对象，主要涉及相关配套制度文档、设备设施及人员等。

2. 标准主要内容

《网络安全等级保护测评要求》根据《网络安全等级保护定级指南》提出的"等级保护对象"概念，给出针对等级保护对象的安全等级保护测评的定义。对使用云计算相关技术的平台及系统，应根据实际情况抽取对应《网络安全等级保护基本要求》中要求项的测评要求，并按照这些测评要求开发测评指导书。同时，基本要求中，对于云管理平台、虚拟机监视器、虚拟网络设备、虚拟安全设备等云计算环境下新增的测评对象同样具有安全控制要求，应参照相应测评要求开发其测评指导书，如：对云管理平台、虚拟机监视器，可参照安全计算环境部分，开发测评指导书；对虚拟网络设备、虚拟安全设备，可参照安全通信网络、安全区域边界部分，开发测评指导书。

依据《网络安全等级保护基本要求》的标准文本架构，测评要求描述了如何从安全物理环境、安全通信网络、安全区域边界、安全计算环境、安全管理中心、安全管理制度、安全管理机构、安全管理人员、安全建设管理、安全运维管理十个层面进行测评实施工作。为了更易于使用测评要求，标准增加了《附录A　测评力度》《附录B　大数据可参考安全评估方法》和《附录C　测评单元编号说明》。

3. 测评要求的级差

不同等级的测评工作主要通过以下四个方面来体现测评要求的级差。

（1）不同级别使用不同的测评方法：第一级主要以访谈为主进行等级测评，第二级以核查为主进行等级测评，第三级和第四级在核查基础上还要进行测试验证工作。不同级别使用不同测评方法，能体现出测评实施过程中访谈、核查和测试的测评强度的不同。

（2）不同级别测评对象的范围不同：第一级和第二级测评对象的范围为关键设备，第三级为主要设备，第四级为所有设备。不同级别测评对象的范围不同，能体现出测评实施过程中访谈、核查和测试的测评广度的不同。

（3）不同级别现场测评实施工作不同：第一级和第二级以核查安全机制为主；第三级和第四级先核查安全机制，再核查安全策略有效性。

（4）等级测评的力度不同：具体如表 4-2 所示。

表 4-2　不同级别的等级保护对象的测评力度要求

测评力度	测评方法	第一级	第二级	第三级	第四级
广度	访谈	测评对象在种类和数量上抽样，种类和数量都较少	测评对象在种类和数量上抽样，种类和数量都较多	测评对象在数量上抽样，在种类上基本覆盖	测评对象在数量上抽样，在种类上全部覆盖
	核查				
	测试				
深度	访谈	简要	充分	较全面	全面
	核查				
	测试	功能测试	功能测试	功能测试和测试验证	功能测试和测试验证

4.3　商用密码应用安全性评估

《密码法》第二十七条规定，法律、行政法规和国家有关规定要求使用商用密码进行保护的关键信息基础设施，其运营者应当使用商用密码进行保护，自行或者委托商用密码检测机构开展商用密码应用安全性评估。商用密码应用安全性评估应当与关键信息基础设施安全检测评估、网络安全等级测评制度相衔接，避免重复评估、测评。

2019 年 12 月 30 日，《国家政务信息化项目建设管理办法》发布，对国家政务信息系统的规划、审批、建设、共享和监管做出规定，其中明确规定了多项密码应用有关要求。政务信息化项目建设单位应同步规划、同步建设、同步运行密码保障系统并定期进行评估；按要求向发改委备案的文件应当包括密码应用方案和密码应用安全性评估报告；项目的密码应用和安全审查情况应作为项目验收的重要内容之一，密码应用安全性评估报告应当作为提交验收申请的必要材料；对于不符合密码应用和网络安全要求的政务信息系统，不安排运行维护经费，项目建设单位不得新建、改建、扩建政务信息系统。

国家标准《信息安全技术 信息系统密码应用基本要求》（GB/T 39786—2021，以下简称《信息系统密码应用基本要求》）已于 2021 年 3 月 9 日正式发布，并于 2021 年 10 月 1 日实施，《信息系统密码应用测评要求》（GM/T 0115—2021）自 2022 年 5 月 1 日起实施。本书中与当前或后续发布的密码国家标准和行业标准不一致之处，以相关密码国家标准和行业标准为准。必要时，本书将根据最新的管理要求与相关技术标准进行更新。政务信息系统密码应用与安全性评估的实施过程如图 4-6 所示。

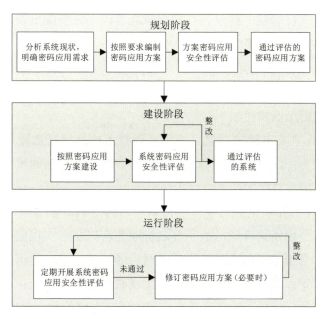

图 4-6 政务信息系统密码应用与安全性评估实施过程示意图

4.3.1 基本要求

《信息系统密码应用基本要求》是指导商用密码应用与安全性评估工作的一项基础性标准，对于规范和引导信息系统合规、正确、有效应用密码，切实维护国家网络与信息安全具有重要意义。根据《国家政务信息化项目建设管理办法》和《商用密码应用安全性评估管理办法（试行）》等相关要求，采用商用密码技术、产品和服务保障政务信息系统的网络和安全，并按照要求对其密码应用的合规性、正确性和有效性进行评估。

本标准从物理和环境安全、网络和通信安全、设备和计算安全、应用和数据安全四个方面提出了密码应用技术要求，以及管理制度、人员管理、建设运行、应急处置等密码应用管理要求。根据网络安全法律的相关要求，商用密码应用安全性评估应当与网络安全等级保护制度相衔接，尽管密码应用基本要求与等级保护基本要求在安全层面的数量与名称不一致，但两种合规性要求的安全措施的主体都是等级保护对象，其等级保护基本要求与密码应用基本要求都是受保护目标资产的安全保护要求。

1. 信息系统密码应用技术框架

《信息系统密码应用基本要求》从信息系统的物理和环境安全、网络和通信安全、设备和计算安全、应用和数据安全四个层面提出密码应用技术要求，以保障信息系统的实体身份真实性、重要数据的机密性和完整性、操作行为的不可否认性；并从信息系统的管理制度、人员管理、建设运行和应急处置四个方面提出密码应用管理要求，从而为信息系统提供管理方面的密码应用安全保障。

1）密码应用技术要求维度

技术要求主要由机密性、完整性、真实性、不可否认性四个密码安全功能维度构成，具体保护对象或应用场景描述如下。

（1）机密性技术要求保护对象。使用密码技术的加解密功能实现机密性，信息系统中保护的对象为：①身份鉴别信息；②密钥数据；③传输的重要数据；④信息系统应用中所有存储的重要数据。

（2）完整性技术要求保护对象。使用基于对称密码算法或密码杂凑算法的消息鉴别码机制、基于公钥密码算法的数字签名机制等密码技术实现完整性，信息系统中保护的对象为：①身份鉴别信息；②密钥数据；③日志记录；④访问控制信息；⑤重要信息资源安全标记；⑥重要可执行程序；⑦视频监控音像记录；⑧电子门禁系统进出记录；⑨传输的重要数据；⑩信息系统应用中所有存储的重要数据。

（3）真实性技术要求应用场景。使用动态口令机制、基于对称密码算法或密码杂凑算法的消息鉴别码机制、基于公钥密码算法的数字签名机制等密码技术实现真实性，信息系统中的应用场景为：①进入重要物理区域人员的身份鉴别；②通信双方的身份鉴别；③网络设备接入时的身份鉴别；④重要可执行程序的来源真实性保证；⑤登录操作系统和数据库系统的用户身份鉴别；⑥应用系统的用户身份鉴别。

（4）不可否认性技术要求保护对象。使用基于公钥密码算法的数字签名机制等密码技术，保证数据原发行为的不可否认性和数据接收行为的不可否认性。

2）密码应用管理要求维度

管理要求由管理制度、人员管理、建设运行、应急处置四个密码应用管理维度构成，具体内容如下。

（1）密码应用安全管理相关流程制度的制定、发布、修订的规范性要求。

（2）密码相关安全人员的密码安全意识以及关键密码安全岗位员工的密码安全能力的培养，人员工作流程要求，等等。

（3）建设运行过程中密码应用安全要求及方案落地执行的一致性和有效性要求。

（4）处理密码应用安全相关的应急突发事件的能力要求。

2. 密码应用基本要求等级

《信息系统密码应用基本要求》对信息系统密码应用自低向高划分为五个等级，参照《网络安全等级保护基本要求》的等级保护对象应具备的基本安全保护能力要求，提出密码保障能力逐级增强的要求，用一、二、三、四、五表示。信息系统管理者可按照业务实际情况选择相应级别的密码保障技术能力及管理能力。各等级的具体描述如下。

第一级是信息系统密码应用安全要求等级的最低等级，要求信息系统符合通用要求和最低限度的管理要求并鼓励使用密码保障信息系统安全。

第二级是在第一级要求的基础上，增加操作规程、人员上岗培训与考核、应急预案等管理要求，并要求优先选择使用密码保障信息系统安全。

第三级是在第二级要求的基础上，增加对真实性、机密性的技术要求以及全部的管理要求。

第四级是在第三级要求的基础上，增加对完整性、不可否认性的技术要求。

第五级略。

第一级到第四级的密码应用基本要求中的技术要求汇总情况如表 4-3 所示。

表 4-3　密码应用基本要求中的技术要求汇总列表

指标体系			第一级	第二级	第三级	第四级
技术要求	物理和环境安全	身份鉴别	可	宜	宜	应
		电子门禁记录数据存储完整性	可	可	宜	应
		视频监控记录数据存储完整性	—	—	宜	应
		密码服务	应	应	应	应
		密码产品	—	一级及以上	二级及以上	三级及以上
	网络和通信安全	身份鉴别	可	宜	应	应
		通信数据完整性	可	可	宜	应
		通信过程中重要数据的机密性	可	宜	应	应
		网络边界访问控制信息的完整性	可	可	宜	应
		安全接入认证	—	—	可	应
		密码服务	应	应	应	应
		密码产品	—	一级及以上	二级及以上	三级及以上
	设备和计算安全	身份鉴别	可	宜	应	应
		远程管理通道安全	—	—	应	应
		系统资源访问控制信息完整性	可	可	宜	应
		重要信息资源安全标记完整性	—	—	宜	应
		日志记录完整性	可	可	宜	应
		重要可执行程序完整性、重要可执行程序来源真实性	—	—	宜	应
		密码服务	应	应	应	应
		密码产品	—	一级及以上	二级及以上	三级及以上

续表

指标体系			第一级	第二级	第三级	第四级
技术要求	应用和数据安全	身份鉴别	可	宜		应
		访问控制信息完整性	可	可		应
		重要信息资源安全标记完整性	—	—		应
		重要数据传输机密性	可	宜		应
		重要数据存储机密性	可	宜		应
		重要数据传输完整性	可	宜		应
		重要数据存储完整性	可	宜		应
		不可否认性	—	—		应
		密码服务	应	应		应
		密码产品	—	一级及以上		三级及以上

3. 通用要求

第一级到第五级的信息系统应符合以下通用要求。

（1）信息系统中使用的密码算法应符合法律法规的规定和密码相关国家标准、行业标准的有关要求。

（2）信息系统中使用的密码技术应遵循密码相关国家标准和行业标准。

（3）信息系统中使用的密码产品、密码服务应符合法律法规的相关要求。

通用要求贯穿整个《信息系统密码应用基本要求》的主线，所有涉及密码算法、密码技术和密码服务的条款都需要满足总体要求中的规定。

4.3.2 商用密码应用

1. 密码应用方案设计

密码应用方案设计是信息系统密码应用的起点，它直接决定信息系统的密码应用能否合规、正确、有效地部署实施。密码应用方案还是开展信息系统密码应用情况分析和评估工作的基础条件，是开展商用密码应用安全性评估工作不可或缺的重要参考文件。责任单位编写完密码应用建设方案/改造方案后，应委托专家或测评机构对方案进行评估。政务信息系统规划阶段，项目建设单位应分析系统现状，对系统面临的安全风险和风险控制需求进行分析，明确密码应用需求，根据系统的网络安全保护等级，依据密码应用基本要求等相关标准，编制政务信息系统密码应用方案。密码应用方案通过商用密码应用安全性评估是立项的必要条件。

2. 设计原则

编制政务信息系统密码应用方案应遵循以下原则。

1）总体性原则

密码应用方案应做好顶层设计，明确应用需求和预期目标，与政务信息系统整体网络安全保护等级相结合，通过体系化的设计形成涵盖技术、管理、实施保障的整体方案，有效落实密码应用相关要求。

2）完备性原则

密码应用方案需紧密结合信息系统业务应用实际与安全保护等级，站在整体角度，通过自上而下的体系化设计，综合考虑物理和环境安全、网络和通信安全、设备和计算安全、应用和数据安全等层面的密码应用需求。

3）适用性原则

《信息系统密码应用基本要求》是密码应用的通用要求，在密码应用方案设计中不能机械照搬，或简单地对照每项要求堆砌密码产品，应通过体系化、分层次的设计，形成包括密码支撑总体架构、密码基础设施建设部署、密钥管理体系构建、密码产品部署及管理等内容的总体方案。通过密码应用方案设计，为实现《信息系统密码应用基本要求》在政务信息系统中的落地创造条件。

3. 设计内容

密码应用方案的内容包括密码应用解决方案、密码应用实施方案和密码应用应急处置方案。

1）密码应用解决方案

密码应用解决方案主要包括系统建设规划背景、系统现状分析、安全风险及控制需求、密码应用需求、总体方案设计、密码技术方案设计、管理体系设计与运维体系设计、安全与合规性分析等几个部分，并附加密码产品和应用情况、业务应用系统改造/建设情况、系统和环境改造/建设情况等内容。密码应用解决方案应符合内容全面、思路清晰、重点突出、资料翔实、数据可靠、方法正确等要求。

2）密码应用实施方案

密码应用实施方案是密码应用方案具体项目实施、落地的一整套解决方案，一般包括项目概述、项目组织、实施内容、实施计划、保障措施、经费概算等内容。密码应用实施方案应符合任务目标清晰、计划科学合理、配套设施完备等要求。

3）密码应用应急处置方案

密码应用应急处置方案应明确应急处置组织的结构与职责，并针对潜在安全威胁给出技术和管理上的应急响应机制及风险防范措施，还应当包括安全事件发生后的信息公告流程和损失评估程序，并给出各个应急处置方案的激活条件。密码应用应急处置方案应符合针对性强、安全事件识别准确、处置措施合理有效等要求。

4. 建设/改造实施

依据密码应用方案，参照商用密码应用安全性评估标准，从通用要求、物理和环境安全、网络和通信安全、应用和数据安全、设备和计算安全、密钥管理、安全管理（包括制度、人员、实施、应急要求）等方面采取有效的技术和管理措施，构建坚实可靠的网络安全密码应用保障体系。

政务信息系统需使用经检测认证合格的商用密码产品或服务，使用的商用密码算法、技术应遵循密码相关国家标准和行业标准，没有标准可遵循时可提请国家密码管理部门组织对相关算法、技术进行安全性审查。政务信息系统采用电子认证服务的，项目建设单位需选择具有电子政务电子认证服务资质的机构（机构目录可通过访问"国家密码管理局官方网站→在线服务→行政审批结果查询"获取）。

在改造实施过程中，可通过现有信息系统部署独立的、可替换的商用密码产品或者安全系统，信息系统本身无改动或者有少量改动的，完成信息系统密码应用的改造。

4.3.3 密码应用安全性评估

密码应用安全性评估包括两部分重要内容：信息系统规划阶段对密码应用方案的评审/评估和建设完成后对信息系统开展的实际测评。根据《商用密码应用安全性评估管理办法（试行）》，项目建设单位应定期委托商用密码应用安全性评估测评机构对系统开展商用密码应用安全性评估。网络安全保护等级第三级及以上的政务信息系统，应按照国家密码管理部门制定的规范要求开展应用安全性评估。发生密码相关重大事件、调整或特殊情况时，应及时进行评估。

《信息系统密码应用测评要求》是开展密码应用安全性评估的依据。测评要求可分为通用测评要求和密码应用测评要求。通用测评要求的内容不单独实施测评，也不单独体现在密码应用安全性评估报告的单元测评结果和整体测评结果中，仅供密码应用测评要求的测评实施引用。

1. 通用要求的测评方法

（1）密码算法核查。测评人员应当首先了解信息系统使用的算法名称、用途、位置、执行算法的设备及其实现方式（软件、硬件或固件等）。针对信息系统使用的每个密码算法，测评人员应当核查密码算法是否以国家标准或行业标准形式发布，或是否取得国家密码管理部门同意其使用的证明文件。

（2）密码技术核查。在密码算法核查的基础上，测评人员应当进一步核查密码协议、密钥管理等密码技术是否符合密码相关国家和行业标准规定。需要注意的是，若密码技术由已经获得审批或检测认证合格的商用密码产品实现，即意味着其内部实现的密码技术已经符合相关标准，在测评过程中，测评人员应当重点评估这些密码技术的使用是否符合标准规定。例如，《信息系统密码应用基本要求》等标准规定了使用证书或公钥之前应对其进行验证，因此，在使用数字证书前应当按照验证策略对证书的有效性和真实性进行验证。

（3）密码产品核查。密码产品核查是测评过程的重点。测评时测评人员应首先确认，所有实现密码算法、密码协议或密钥管理的部件或设备是否获得了国家密码管理部门颁发的商用密码产品型号证书（或商用密码认证机构颁发的认证证书），或国家密码管理部门认可的商用密码检测机构出具的合格检测报告。已满足上述要求的密码产品，证明该产品标准符合性和安全性已经通过了检测。在测评过程中，测评人员应当重点评估这些密码产品是否被正确、有效地使用。一种比较常见的情况是：采用了已审批或检测认证合格的产品，但使用了未经认可的密码算法或密码协议。针对这种情况的测评，可与密码算法核查和密码技术核查一并进行。另一种更复杂的情况是：密码产品被错误使用、配置，甚至被旁路，实际并没有发挥预期作用。此时，需要测评人员通过配置检查、工具检测等方式进行综合判定。

（4）密码服务核查。如果信息系统使用了第三方提供的电子认证服务等密码服务，测评人员应当核查信息系统所采用的相关密码服务是否获得了国家密码管理部门或商用密码认证机构颁发的相应证书，如《电子认证服务使用密码许可证》，且证书在有效期内。

（5）密钥管理核查。信息系统的密钥管理采用的密码产品、密码服务应符合法律法规和密码相关国家标准和行业标准的要求，信息系统的密钥管理应符合密码相关国家标准和行业标准的要求。

2. 测评范围的确定

开展实际测评时，对于基本要求中的不同安全保护等级的"可""宜""应"条款，按照如下方法确定是否将其纳入测评范围。

（1）对于"可"的条款，由信息系统责任单位自行决定是否纳入标准符合性测评范围。若纳入测评范围，则密评人员应按照相应的测评指标要求进行测评和结果判定；否则，该测评指标为"不适用"。

（2）对于"宜"的条款，商用密码应用安全性评估人员根据信息系统的密码应用方案和方案评审意见决定是否纳入标准符合性测评范围；若信息系统没有通过评估的密码应用方案或密码应用方案未做明确说明，则"宜"的条款默认纳入标准符合性测评范围。

①若纳入标准符合性测评范围，则密评人员应按照相应的测评指标要求进行测评和结果判定。

②若未纳入标准符合性测评范围，则密评人员应根据信息系统的密码应用方案和方案评估意见，在测评中进一步核实密码应用方案中所描述的风险控制措施使用条件在实际的信息系统中是否被满足，且信息系统的实施情况与所描述的风险控制措施是否一致。若满足使用条件，该测评指标为"不适用"，并在密码应用安全性评估报告

中体现核实过程和结果；若不满足使用条件，则应按照相应的测评指标要求进行测评和结果判定。

（3）对于"应"的条款，商用密码应用安全性评估人员应按照测评指标要求进行测评和结果判定；若根据信息系统的密码应用方案和方案评审意见，判定信息系统确无与某项或某些项测评指标相关的密码应用需求，则相应测评指标为"不适用"。

根据信息系统的密码应用方案和方案评审意见，若通过评估的密码应用方案中的要求高于信息系统相对应的密码应用基本要求等级的指标要求，则应按照密码应用方案中的要求进行测评。例如，根据密码应用需求，对安全保护等级第三级的信息系统选取了安全保护等级第四级信息系统的相关指标要求。对上述特殊情况进行测评实施的结论应体现在密码应用安全性评估报告中。

信息系统的商用密码应用测评的最终输出是密码应用安全性评估报告，在报告中应给出各个测评单元的测评结果、整体测评结果，以及在进行风险分析和评价后给出测评结论。其中，整体测评结果是以测评单元的判定结果为基础，经单元间、层面间测评相互弥补后得出的纠正结果；风险分析和评价是对整体测评结果中的不符合项和部分符合项，判断信息系统密码应用在合规性、正确性和有效性方面的不符合所产生的安全问题被威胁利用后对信息系统造成影响的程度；测评结论由综合得分以及风险分析和评价共同决定，表示信息系统达到相应密码等级保护要求的程度。

3. 整体测评

整体测评应从单元间、层面间等方面进行测评和综合安全分析。整体测评包括单元间测评和层面间测评。

单元间测评是指对同一安全层面的两个或者两个以上不同测评单元间的关联进行测评分析，其目的是确定这些关联对信息系统整体密码应用防护能力的影响。

层面间测评是指对不同安全层面之间的两个或者两个以上不同测评单元间的关联进行测评分析，其目的是确定这些关联对信息系统整体密码应用防护能力的影响。

（1）单元间测评。在单元测评完成后，如果信息系统的某个测评单元的结果判定存在不符合或部分符合的情况，则应进行单元间测评，重点分析信息系统中是否存在单元间的相互弥补作用。

根据测评分析结果，综合判定该测评单元所对应的信息系统密码应用防护能力是否缺失，如果经过综合分析，单元测评中的不符合项或部分符合项没有造成信息系统整体密码应用防护能力的缺失，则应对该测评单元的测评结果予以调整。

（2）层面间测评。在单元测评完成后，如果信息系统的某个测评单元的结果判定存在不符合或部分符合的情况，则应进行层面间测评，重点分析信息系统中是否存在层面间的相互弥补作用。

根据测评分析结果，综合判定该测评单元所对应的信息系统密码应用防护能力是否缺失，如果经过综合分析，单元测评中的不符合项或部分符合项没有造成信息系统整体密码应用防护能力的缺失，则应对该测评单元的测评结果予以调整。

4.4 关键信息基础设施安全保护

根据《网络安全法》，认定为关键信息基础设施（以下简称"关基"）的政务信息系统，其安全建设在网络安全等级保护建设的基础上，应实行重点防护。采购网络产品和服务，可能影响国家安全的，应当通过中央网信部门会同国务院有关部门组织的安全审查。《关基条例》为关键信息基础设施的安全提供了体系化保护，也为各个责任主体落实关键信息基础设施安全保护责任提供了法律依据，从认定、行业保护部门职责和运营者责任等方面进行了明确。

国家标准《信息安全技术　关键信息基础设施安全保护要求》（GB/T 39204—2022，以下简称《关键信息基础设施安全保护要求》）于2022年10月12日正式发布，并于2023年5月1日实施，该标准规定了分析识别、安全防护、检测评估、监测预警、主动防御、事件处置等方面的安全要求，是各运营者开展安全保护工作的重要依据。

4.4.1 《关键信息基础设施安全保护要求》的主要内容

《关键信息基础设施安全保护要求》规定了关键信息基础设施分析识别、安全防护、检测评估、监测预警、主动防御、事件处置等方面的安全保护增强要求，其中分析识别环节是安全防护、检测评估、监测预警、主动防御、事件处置等环节的基础。为保护关键信息基础设施业务的连续运行，应采取必要措施保证重要数据不受破坏，切实加强关键信息基础设施安全保护。本标准适用于指导运营者对关键信息基础设施进行全生存周期安全保护，也可供关键信息基础设施安全保护的其他相关方参考使用。

本标准要求条款目标是提升关键信息基础设施的安全能力，即关基运营者的网络安全管控能力和关基自身的安全保护能力两方面。其中，运营者的网络安全管控能力侧重于关基管理体系机制的构建，关基自身的安全保护能力侧重于关基应采取的技术和管理措施。

1. 运营者的网络安全管控能力

运营者的网络安全管控能力包括顶层设计和统筹规划、组织架构体系、安全管理制度体系、各项机制建立等方面。

顶层设计和统筹规划包括等级保护、关键信息基础设施保护、数据保护等统筹设计，如条款要求"每年制订安全保护计划"。

组织架构体系包括构建领导体系、决策体系、工作体系等，如条款要求"成立网络安全工作委员会或领导小组""设置专门的网络安全管理机构""安全管理机构人员纳入组织信息化决策体系"等。

安全管理制度体系体现为在《网络安全等级保护基本要求》基础上增加了管理制度要求，如网络安全责任制、考核及监督问责、监测预警和信息通报、供应链安全管理、数据安全管理、经费保障等各项制度。

各项机制建立包括监测预警、信息通报、检测评估、应急处置等各项工作机制的建立。如条款要求"建立并落实常态化监测预警、快速响应机制""每年至少进行一次检测评估"等。

2. 关基自身的安全保护能力

关基自身的安全保护能力包括动态防御能力、主动防御能力、纵深防御能力、精准防护能力、整体防控能力、联防联控能力。

动态防御能力以风险管理为指导思想，基于对关基所面临安全风险及隐患的立体化网络安全动态监测，对其安全控制措施进行动态调整，以及时有效地防范应对安全风险，具体条款要求见标准中的风险识别、监测、预警等章节。

主动防御能力以应对攻击行为的监测发现为基础，主动采取收敛暴露面、诱捕、溯源、干扰和阻断等措施，开展攻防演习和威胁情报工作，具体条款要求见标准中的主动防御章节。

纵深防御能力通过关基按照业务功能实行分区域管理，不同区域之间进行有效安全隔离和认证，实现从边界到核心的多层保护，具体条款要求见互联安全、边界防护等章节。

精准防护能力基于资产的全面自动化智能管理措施，结合网络安全威胁情报，开展威胁分析和态势研判，及时发现资产面临的威胁和风险，实现对资产的精准防护。具体条款要求见资产识别、威胁情报、监测预警、安全计算环境等章节。

整体防护能力基于关基承载的业务，对业务所涉及的多个网络和信息系统等进行整体设计、全面防护。具体条款要求见业务识别、安全管理中心（《网络安全等级保护基本要求》）、安全建设管理等章节。

联防联控能力通过关基相关的指导监督部门、保护工作部门、多个运营者、服务商、专家等多方共同保护关基来实现。具体条款要求见检测评估、攻防演练、应急演练、响应和处置等章节。

4.4.2 安全保护基本原则

《关键信息基础设施安全保护要求》提出，关键信息基础设施安全保护应在网络安全等级保护制度的基础上实行重点保护，应遵循三个基本原则：以关键业务为核心的整体防控原则、以风险管理为导向的动态防护原则、以信息共享为基础的协同联防原则。

1. 以关键业务为核心的整体防控原则

关键信息基础设施安全保护以保护关键业务为目标，对业务所涉及的一个或多个网络和信息系统进行体系化安全设计，构建整体安全防控体系。

2. 以风险管理为导向的动态防护原则

根据关键信息基础设施所面临的安全威胁态势进行持续监测和安全控制措施的动态调整，形成动态的安全防护机制，及时有效地防范和应对安全风险。

3. 以信息共享为基础的协同联防原则

积极构建相关方广泛参与的信息共享、协同联动的共同防护机制，提升关键信息基础设施应对大规模网络攻击的能力。

4.4.3 安全保护的内容活动

本标准提出六大方面的内容和要求。关键信息基础设施安全保护包括分析识别、安全防护、检测评估、监测预警、主动防御、事件处置六个方面。

1. 分析识别

围绕关键信息基础设施承载的关键业务，开展业务依赖性识别、关键资产识别、风险识别等活动。本活动是开展安全防护、检测评估、监测预警、主动防御、事件处置等活动的基础。

2. 安全防护

根据已识别的关键业务、资产、安全风险，在安全管理制度、安全管理机构、安全管理人员、安全通信网络、安全计算环境、安全建设管理、安全运维管理等方面实施安全管理和技术保护措施，确保关键信息基础设施的运行安全。

3. 检测评估

为检验安全防护措施的有效性，发现网络安全风险隐患，应建立相应的检测评估制度，确定检测评估的流程及内容等，开展安全检测与风险隐患评估，分析潜在安全风险可能引发的安全事件。

4. 监测预警

建立并实施网络安全监测预警和信息通报制度，针对可能发生的网络安全事件或隐藏的网络安全威胁，提前或及时发出安全警示。建立威胁情报和信息共享机制，落实相关措施，提高主动发现攻击行为的能力。

5. 主动防御

以应对攻击行为的监测发现为基础，主动采取收敛暴露面、捕获、溯源、干扰和阻断等措施，开展攻防演习和威胁情报工作，提升对网络威胁与攻击行为的识别、分析和主动防御能力。

6. 事件处置

运营者对网络安全事件进行报告和处置，并采取适当的应对措施，恢复由于网络安全事件而受损的功能或服务。

4.5 云计算服务安全评估

为了提高党政机关、关键信息基础设施运营者采购使用云计算服务的安全可控水平，国家互联网信息办公室、国家发展和改革委员会、工业和信息化部、财政部四部委联合发布了《云计算服务安全评估办法》，组织对面向党政机关、关键信息基础设施运营者服务的云平台开展安全评估。党政机关必须采购使用通过评估的云计算服务；未通过评估的，应要求云服务商申报安全评估，或将业务迁移到已通过评估的云平台。云计算服务安全评估不收取云服务商费用，可提高云服务商的云服务安全水平和在政府采购市场中的竞争力，降低党政机关、关键信息基础设施运营者采购使用云计算服务的安全风险。

云计算服务安全评估主要参照《信息安全技术 云计算服务安全指南》（GB/T 31167—2023，以下简称《云计算服务安全指南》）、《信息安全技术 云计算服务安全能力要求》(GB/T 31168—2023，以下简称《云计算服务安全能力要求》) 实施，这两项标准于 2023 年正式发布，2023 年 12 月 1 日正式实施。针对客户采用云计算服务的场景，政务部门用户应采用通过安全评估的云计算服务，这两项标准是基本的准则。云计算服务安全评估策略方法如图 4-7 所示。

标准合规 安全可控	• **政策要求和技术标准**相结合，基于云服务商征信和云平台风险等，评估云计算服务的可控性、安全性。
闭环安全 持续监管	• 坚持**事前评估与持续监督**相结合，提供了一种持续的、闭环的安全监管机制，以保障云上数据和业务的安全。
双轮驱动 健康发展	• **保障安全与促进应用**相统一，持续提升安全能力，引导产业健康发展。
专业评估 客观公正	• **发挥专业技术机构、专家的作用**，客观评价、严格监督云计算服务平台的软硬件设施及其相关管理制度。

图 4-7　云计算服务安全评估策略方法

《云计算服务安全指南》是从用户的视角，指导政府部门重点行业的客户，在采用云计算服务的时候应该如何做，如何安全地使用云计算服务，主要服务内容包括在云计算服务生命周期中采取相应的安全技术和管理措施，以保障数据和业务的安全。

《云计算服务安全能力要求》是从云服务商的视角，告诉云服务商，在向客户提供云计算服务的时候，应该具备哪些能力，需要达到什么样的要求。

云计算服务安全评估职责及分工如图 4-8 所示。

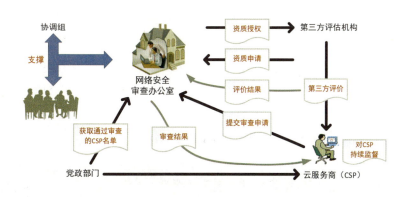

图 4-8　云计算服务安全评估职责及分工

4.5.1　《云计算服务安全指南》

《云计算服务安全指南》提出了客户采用云计算服务的安全管理基本原则，给出了采用云计算服务的生命周期各阶段的安全管理和技术措施，提出了云计算服务安全管理原则和相关责任划分。

本标准适用于指导客户安全地采用云计算服务。采用云计算服务的生命周期可分为四个阶段：规划准备、选择云服务商与部署、运行监管、退出服务，采用云计算服务的生命周期如图 4-9 所示。

图 4-9　云计算服务的生命周期

在规划准备阶段，政务部门应确定自身上云的数据和业务类型；根据数据和业务的类型确定云计算服务的安全能力要求；根据云计算服务的特点进行需求分析，确定选择云服务类别，形成决策报告。

在选择云服务商与部署阶段，政务部门宜根据安全需求、云计算服务的安全能力和安全评估结果选择云服务商，与云服务商协商合同（包括服务水平协议、安全需求、保密要求等内容），完成数据和业务向云计算平台的部署或迁移。

在运行监管阶段，政务部门宜指导监督云服务商履行合同规定的责任义务，指导督促使用由政务部门提供的业务系统服务的使用者遵守国家或行业相关安全管理政策及文件，共同维护数据、业务及云计算环境的安全。

在退出服务阶段，政务部门宜要求云服务商履行相关责任和义务，确保退出云计算服务阶段数据和业务安全，如安全返还客户数据、彻底清除云计算平台上的相关数据等。

在需变更云服务商时，政务部门宜按选择服务商与部署阶段的要求选择新的云服务商，重点关注云计算服务迁移过程的数据和业务安全；也宜要求原云服务商履行相关责任和义务。

《云计算服务安全指南》标准框架如图 4-10 所示。

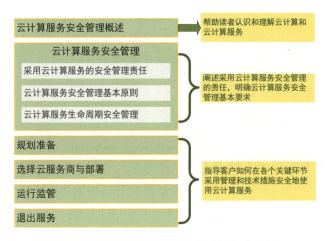

图 4-10　《云计算服务安全指南》标准框架

4.5.2 《云计算服务安全能力要求》

《云计算服务安全能力要求》规定了云服务商提供云计算服务时应具备的安全能力。适用于指导云计算服务能力的建设、监督、管理、评估。根据云计算平台上的数据敏感度和业务重要性的不同,云服务商应具备的安全能力也各不相同,分为一般要求、增强要求和高级要求。采用云计算服务时,宜选择具有相应安全能力的云计算服务,确保客户数据和客户业务得到适当保护。

云计算服务安全能力主要从以下 10 个方面进行要求。

(1)系统开发与供应链安全。云服务商应在开发云计算平台时对其提供充分保护,对为其开发信息系统、组件和服务的开发商提出相应要求,为云计算平台配置足够的资源,并充分考虑信息安全需求。云服务商应确保其下级供应商采取了必要的安全措施。云服务商还应为客户提供与安全措施有关的文档和信息,配合客户完成对信息系统和业务的管理。

(2)系统与通信保护。云服务商应在云计算平台的外部边界和内部关键边界上监视、控制和保护网络通信,并采用结构化设计、软件开发技术和软件工程方法有效保护云计算平台的安全性。

(3)访问控制。在授权信息系统用户及其进程、设备(包括其他信息系统的设备)访问云计算平台之前,应对其进行身份标识及鉴别,并限制授权用户可执行的操作和使用的功能。

(4)数据保护。云服务商应严格保护云计算平台的客户数据,建立数据安全管理制度,确保境内运营中收集和产生的客户数据在境内存储,提供数据分类分级及安全保护、重要数据的备份与恢复等功能,协助客户完成数据迁移并在服务结束时安全返还数据。

(5)配置管理。云服务商应对云计算平台进行配置管理,在系统生命周期内建立和维护云计算平台(包括硬件、软件、文档等)的基线配置和详细清单,并设置和实现云计算平台中各类产品的安全配置参数。

(6)维护管理。云服务商应定期维护云计算平台设施和软件系统,并对维护所使用的工具、技术、机制以及维护人员进行有效的控制,且要做好相关记录。

(7)应急响应。云服务商应为云计算平台制订应急响应计划,并定期演练,确保在紧急情况下重要信息资源的可用性。云服务商应建立事件处理计划,包括对事件的预防、检测、分析、控制、恢复等,对事件进行跟踪、记录,并向相关人员报告。服务商应具备灾难恢复能力,建立必要的备份设施,确保客户业务可持续。

(8)风险评估与持续监控。云服务商应定期或在威胁环境发生变化时,对云计算平台进行风险评估,确保云计算平台的安全风险处于可接受水平。云服务商应制订监控目标清单，对目标进行持续安全监控，并在异常和非授权情况发生时发出警报。

（9）安全组织与人员。云服务商应确保能够接触客户数据或业务的各类人员（包括供应商人员）上岗时具备履行其信息安全责任的素质和能力，还应在授予相关人员访问权限之前对其进行审查并定期复查，在人员调动或离职时履行安全程序，对于违反信息安全规定的人员进行处罚。

（10）物理与环境保护。云服务商应确保机房位于境内，机房选址、设计、供电、消防、温湿度控制等符合相关标准的要求。云服务商应对机房进行监控，严格限制各类人员与运行中的云计算平台设备进行物理接触，确需接触的，需通过云服务商的明确授权。

4.5.3 云计算服务安全评估流程

根据《云计算服务安全评估办法》第六条，申请安全评估的云服务商应向云计算服务安全评估工作协调机制办公室（以下简称"办公室"）提交以下材料。

（1）申报书；
（2）云计算服务系统安全计划；
（3）业务连续性和供应链安全报告；
（4）客户数据可迁移性分析报告；
（5）安全评估工作需要的其他材料。

云计算服务安全评估流程如图 4-11 所示。

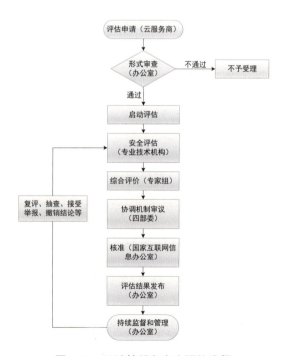

图 4-11 云计算服务安全评估流程

4.5.4 云计算服务系统安全计划

经云计算服务安全评估工作协调机制办公室初步判定，属于云计算服务安全评估对象的，云服务商应提供云计算服务系统安全计划，并描述云平台的《云计算服务安全能力要求》国家标准的实现情况，其中计划内容主要如下。

（1）人员背景安全；

（2）人员能力水平和稳定性；

（3）核心软硬件产品和服务持续供应；

（4）核心软硬件产品和服务安全；

（5）供应链过程安全；

（6）安全组织与岗位职责；

（7）制度建设与合同要求；

（8）物理安全；

（9）系统保护和安全评估；

（10）访问控制；

（11）维护与审计；

（12）数据安全；

（13）数据可迁移性承诺；

（14）可移植和互操作性；

（15）云平台业务连续性。

云计算服务系统安全计划依据能力要求进行编写，在申请云计算服务安全评估过程中由申请方填写，覆盖了标准中关键的 110 条要求项，是在云平台在建设时和接受评估的重点内容，也是党政机关云平台应重点满足的安全能力要求。需要说明的是，云计算服务系统安全计划基于修订前的标准编写，新的系统安全计划尚未发布，后续发布后本书下一版本将进行更新。

4.6 数据安全保护

国家标准《信息安全技术　网络数据处理安全要求》（GB/T 41479—2022，以下简称《网络数据处理安全要求》）是数据安全国家标准的核心标准之一，标准的编制为落实网络运营者在进行网络数据处理时的法律责任，特别是落实《数据安全法》的要求，保障网络运营者的运营数据安全，合法有序利用数据提供技术依据。

《网络数据处理安全要求》于 2022 年 11 月 1 日开始正式实施。标准给出了网络数据处理安全的总体要求、技术要求、管理要求以及突发公共卫生安全事件时的数据处理安全要求。

1. 数据处理安全总体要求

首先，明确了"网络数据处理安全的数据识别是基础、分类分级是根本、风险防控是核心、审计追溯是底线"的四项基本原则，即需要完整识别需要保护的数据形成数据保护清单目录；根据网络运营者的实际在符合法律法规要求的前提下，对数据进行分类分级管理；全面分析安全影响和安全风险，积极采取有效措施保障数据安全；在整个数据处理过程中保证完整的审计日志，确保处理可追溯。

2. 数据处理安全技术要求

该部分在进行安全影响分析和风险评估的通则要求基础上，提出了数据处理安全的技术要求，对应《数据安全法》中提出的数据处理（收集、存储、使用、加工、传输、提供、公开）活动，明确了相应的安全要求。

在数据收集方面，对网络运营者收集个人信息提出了安全要求，并在个人信息保护政策、征得个人信息主体同意、不强制误导收集等方面进行了细化，针对个人信息收集的具体要求，引用了《个人信息安全规范》的具体内容。此外，在网络运营者应用标准时，如通过 App 收集个人信息，相关安全要求见《信息安全技术 移动互联网应用程序（App）收集个人信息基本要求》（GB/T 41391—2022）。

在数据存储方面，对网络运营者存储网络数据提出了安全要求，如安全措施、存储期限及个人生物特征识别信息的存储等；同时，对于数据接收方存储数据提出以合同约定安全措施的要求。

在数据使用方面，针对定向推送及信息合成及第三方应用管理方面对网络运营者提出了要求。

在数据加工方面，要求网络运营者在开展转换、汇聚、分析等数据加工活动的过程中，知道或者应知道可能危害国家安全、公共安全、经济安全和社会稳定的，应立即停止加工活动。

在数据传输方面，对网络运营者传输重要数据及个人敏感信息的安全措施提出了要求，同时对于数据接收方传输数据提出以合同约定安全措施的要求。

在数据提供方面，从向他人提供及数据出境二类数据提供场景提出了数据安全要求。在向他人提供场景下，要求提供前进行安全影响分析及风险评估，并针对提供个人信息、共享/转让重要数据、委托第三方处理数据，以及发生收购/兼并/重组/破产情况下的具体要求进行了细化。

在数据公开方面，提出公开市场预测、统计等信息的场景下，不应危害国家安全、公共安全、经济安全和社会稳定。

（1）提出了私人信息和可转发信息的处理方式要求；

（2）提出了对个人信息查阅、更正、删除及用户账号注销的要求，响应了《个人信息保护法》中对个人信息主体权益进行充分保护的相关要求；

（3）提出了投诉、举报受理处置的要求，这是从平台责任的角度对网络运营者提出的具体要求；

（4）提出了访问控制与审计的要求；

（5）提出了数据删除和匿名化处理，对数据介质销毁及个人信息的删除及匿名化等场景下的要求进行了明确。

3. 数据处理安全管理要求

从数据安全责任人、人力资源能力保障与考核、事件应急处置三个方面提出了数据处理安全管理要求。单位可以参考信息安全管理体系要求等相关国际、国家标准完善数据安全管理架构。

4. 突发公共卫生事件个人信息保护要求

本标准专门针对突发公共卫生事件专项预案启动Ⅰ级（特别重大）、Ⅱ级（重大）响应的事件时的数据处理安全要求，以规范性附录的形式提出了要求，效用与正文等同。对于个人信息服务协议，个人信息收集，个人信息调用，人脸识别验证，信息查阅服务，公开/向他人提供个人信息及改变个人信息用途，应对工作结束后的个人信息处理、日志留存等方面提出了具体要求。

4.7 个人信息保护

随着信息技术的快速发展和互联网应用的普及，越来越多的组织大量收集、使用个人信息，在给人们生活带来便利的同时，也出现了对个人信息的非法收集、滥用、泄露等问题，个人信息安全面临严重威胁。国家标准《个人信息安全规范》针对个人信息面临的安全问题，根据《网络安全法》等相关法律，规范个人信息控制者在收集、存储、使用、共享、转让、公开披露等信息处理环节中的相关行为，旨在遏制个人信息非法收集、滥用、泄露等乱象，最大限度地保障个人的合法权益和社会公共利益在标准中的具体事项。

本标准规定了开展收集、存储、使用、共享、转让、公开披露、删除等个人信息处理活动的原则和安全要求，适用于规范各类组织的个人信息处理活动，也适用于主管监管部门、第三方评估机构等组织对个人信息处理活动进行监督、管理和评估。

1. 个人信息安全基本原则

个人信息控制者开展个人信息处理活动应遵循合法、正当、必要的原则，具体包括以下内容。

（1）权责一致——采取技术和其他必要的措施保障个人信息的安全，对其个人信息处理活动对个人信息主体合法权益造成的损害承担责任。

（2）目的明确——具有明确、清晰、具体的个人信息处理目的。

（3）选择同意——向个人信息主体明示个人信息处理目的、方式、范围等规则，征求其授权同意。

（4）最小必要——只处理满足个人信息主体授权同意的目的所需的最少个人信息类型和数量。目的达成后，应及时删除个人信息。

（5）公开透明——以明确、易懂和合理的方式公开处理个人信息的范围、目的、规则等，并接受外部监督。

（6）确保安全——具备与所面临的安全风险相匹配的安全能力，并采取足够的管理措施和技术手段，保护个人信息的保密性、完整性、可用性。

（7）主体参与——向个人信息主体提供能够查询、更正、删除其个人信息，以及撤回授权同意、注销账户、投诉等方法。

2. 个人信息的收集

1）收集个人信息应具有合法性、最小必要性

要求个人信息控制者不应从非法渠道获取个人信息，收集的个人信息应与产品或服务所需要获取的信息有直接关联。

2）收集个人信息应有多项业务功能的自主选择权

当产品或服务提供多项需要收集个人信息的业务功能时，个人信息控制者不应违背个人信息主体的自主意愿。例如：App或网站等应对各业务功能所需收集的个人信息进行区分，仅在使用特定业务时才可收集特定信息，不使用时不得强迫用户接受权限，也不得收集相关个人信息。

3）收集个人信息时的授权同意

间接或直接收集个人敏感信息、生物信息时，个人信息控制者应向个人信息主体告知收集、使用个人信息的目的、方式和范围等规则，并获得个人信息主体的授权同意。收集不满 14 周岁的未成年人信息前应征得其监护人明示同意。

4）个人信息保护政策

针对个人信息控制者应制定个人信息保护政策。政策所告知的信息应真实准确、清晰易懂，政策公开发布且易于访问。政策内容包括但不限于：个人信息控制者的基本情况，处理、收集、使用个人信息的规则，个人信息主体的权利和实现方法，以及提供个人信息后的风险等，如以上事项发生变化，应及时更新个人信息保护政策并重新告知个人信息主体。

5）征得授权同意的例外

个人信息控制者在履行法律法规规定的义务相关职责的，收集、使用个人信息不必征得个人信息主体的授权同意。

3．个人信息的存储

针对个人信息的存储，《个人信息安全规范》对个人信息控制者提出关于信息存储的时间最小化与去标识化处理要求。

（1）时间最小化。个人信息的存储时间应为使用目的所需的最短时间；超过存储期限，应对个人信息进行删除或匿名化操作。

（2）去标识化。是对信息主体的技术性保护。要求将收集到的个人信息去除主体特征，确保该数据无法对应到个体。

本标准进一步要求个人信息控制者传输和存储个人敏感信息时，应采取加密等安全措施。个人生物识别信息应与个人身份信息分开存储，该处理方式与去标识化处理方式存在差异：去标识化处理主要针对信息的个体特征处理，使该信息失去独立识别信息主体的能力，而此处涉及的技术措施仅对生物识别信息的摘要部分进行存储，无法回溯到原始信息。

针对个人信息控制者停止运营其产品或服务，个人信息控制者应及时停止收集行为，并将停止运营通知以公告或逐一送达方式通知个人信息主体，此外对其所持有的个人信息做出删除或匿名化处理。限制其滥用已收集的各类数据，保护个人信息主体的基本权利。

4. 个人信息的使用

在《个人信息安全规范》中，针对个人信息控制者对信息的使用要求，如个人信息的访问控制措施、展示限制、使用限制等，也做出了进一步细化。

数据的访问遵循最小授权原则，与收集信息阶段的最小化和存储阶段的信息存储时间最小化相呼应，强调个人信息处理环节每项操作的必要性。通过使用内部审批流程，做到有源可溯；对超权限处理信息的人员进行审批并记录在册；对个人敏感信息采用触发授权等方式严格控制访问个人信息的人员范围。通过建立有效的控制机制切实保护个人信息在使用时的安全性。

针对个人信息的展示限制，本标准对个人信息控制者的要求主要为通过数据脱敏等技术手段对展示的个人信息采取去标识化处理，避免展示的信息可单独识别到个人身份，降低信息泄露风险。

针对个人信息使用限制，本标准明确两个使用限制。其一，个人信息使用的目的限制，即：个人信息控制者在使用个人信息时，不应超出收集信息时所承诺的范围，否则需个人信息主体明示同意；在其基础上对个人信息加工处理时，应遵循收集个人信息时获得的授权同意范围。其二，用户画像的使用限制，即：个人信息控制者使用用户画像时，遵循传播正义、遵纪守法的原则；除个人信息主体授权同意的使用目的外，应消除明确身份指向性，避免用于其他不利于个人信息主体的途径。

本标准进一步要求个人信息控制者在遵循上述其一的基础上，根据汇聚融合后的个人信息使用的目的，开展个人信息安全影响评估，采取有效保护措施。

个性化展示是个人信息使用的常见方式。本标准也强调对用户知情和选择的保障。首先，要求个人信息控制者使用个性化展示的，应当显著区分个性化展示内容和非个性化展示内容，从而保障用户的"知情"；其次，区分电子商务、新闻信息服务这两类常见的个性化展示应用类型，提出关闭或退出个性化展示的要求，保障用户的"选择"；最后，倡导个人信息控制者向用户提供个性化标签、画像维度的自主控制机制，提出保障用户"选择"的最佳实践方案。例如：App 或网站等在展示广告时，应允许我们自主选择是否展示定向推送的针对性广告。

如果信息系统具有自动决策机制，并做出显著影响个人信息主体权益的决定时，要求首次使用前开展个人信息安全影响评估，并依据评估结果改进保护个人信息主体措施。另外，提供自动决策结果的投诉通道和人工复核。

5. 个人信息主体的权利

针对个人信息主体的权利，《个人信息安全规范》在个人信息主体查询、更正、删除信息等方面，对个人信息控制者做出如下要求。

（1）在个人信息查询方面，个人信息控制者应为个人信息主体提供查询相关信息的方法。

（2）在个人信息更正方面，个人信息控制者应提供请求信息更正或补充信息的方法。

（3）在个人信息删除方面，个人信息控制者违反法律法规时，能够及时删除所涉及的个人信息。

在上述基础上，本标准对个人信息主体撤回授权同意、注销账户、获取个人信息副本提出相应方法，对个人信息控制者提出进一步的要求。

（1）个人信息主体仅可对基于其个人同意的处理活动撤回同意。个人信息处理者应当提供撤回同意的方式，个人信息主体撤回同意之后，个人信息处理的合法性基础将不复存在。作为个人信息处理者，必须立即停止数据处理行为。

（2）个人信息主体应有注销账号的权利，个人信息处理者应当提供"简便"注销账户的方法。注销过程进行身份验证时，信息主体提供的个人信息不得多于注册等环节的信息，且不可连带注销其他业务活动。注销过程需收集个人敏感信息的，明确收集后的处理措施，如：注销后及时删除个人信息或匿名化处理。

（3）个人信息控制者宜为个人信息主体或个人信息主体所指定的第三方提供获取本人基本资料、身份信息、教育工作信息的方法。

当个人信息主体向个人信息控制者行使个人信息查询、更正、删除、撤回授权同意、注销账户、获取个人信息副本的权利，并提出请求，在验证个人信息主体身份后，个人信息控制者应及时响应个人信息主体提出的相关请求。多次重复请求的，视情况合理收取成本费用。但与国家安全、刑事侦查等情形有关联的请求可不响应。

最后，个人信息控制者应建立投诉管理机制和投诉跟踪流程，并在合理时间内对投诉进行响应。

6. 个人信息的委托处理、共享、转让、公开披露

《个人信息安全规范》中，针对个人信息的委托处理、共享、转让、公开披露等各个业务环节对个人信息控制者等主体提出了具体的操作要求以及应守准则，具体内容如下。

（1）个人信息控制者做出第三方委托行为时，处理个人信息应在授权主体的授权同意范围内，且对委托行为进行个人信息安全影响评估，建立适当的数据安全能力，

防止数据泄露、滥用等。受托者严格按照个人信息控制者要求处理个人信息，并准确记录存储委托情况，给予监督。

（2）个人信息控制者共享、转让个人信息时，应充分重视风险。非收购、兼并、重组、破产原因的，应事先开展个人信息安全影响评估，明确告知共享、转让目的以及可能产生的后果。对于数据接收方责任和义务，提出以合同约定安全措施的要求。记录和存储个人信息共享转让情况。明确安全事件所造成的合法权益伤害以及责任主体划分。

（3）个人信息公开披露方面，提出个人信息控制者经法律授权公开披露时，首先开展个人信息安全评估，采取有效的个人信息保护措施，明确公开披露目的以及对应涉及的敏感信息内容，同时要承担因披露信息造成的相应责任，避免公开披露个人生物识别信息以及国家、个人的敏感数据分析结果。

7. 个人信息安全事件处置

《个人信息安全规范》中规定，个人信息安全事件应急处置主要涉及：①事前的应急预案制定，以及至少每年一次的应急响应培训和应急演练；②事中的事态控制，在发生安全事件后，根据应急响应预案进行记录事件内容、评估事件影响、事件上报《国家网络安全事件应急预案》；③事后将安全事件通过多种方式告知受影响的个人信息主体。

通过事前的预防降低安全事件发生的可能性；通过事中的控制降低造成的影响；通过事后的响应评估影响，及时通知受影响个人信息主体，最大限度降低事件带来的不良后果。

8. 组织的个人信息安全管理要求

《个人信息安全规范》中明确各方负责人的领导责任，形成良好的管理体系和个人信息保护工作机构，并确定各方工作内容和职责。

本标准中还考虑到新增的两点：其一，系统工程建设阶段的个人信息保护要求，保证对个人信息保护措施同步规划、同步建设和同步使用；其二，个人信息控制者应对收集、使用的个人信息处理进行记录。

除上述之外，本标准还制定了相应技术措施，其中最主要的措施为：要求个人信息控制者对个人信息进行安全影响评估，建立评估制度并处置可能存在的安全风险，明确评估处理活动主要遵循个人信息安全基本原则以及要考虑到对个人信息产生的不利影响。

最后，个人信息控制者还应建立适当的数据安全能力，防止个人信息泄露、损毁、丢失、篡改，并定期对相关人员进行管理培训，以及与相关信息处理岗位人员签署保密协议。对建立的相关保护政策、规程、安全措施的有效性进行审计，完善自动化审计系统并防止审计记录的非授权访问、篡改或者删除，落实必要的管理和技术措施。

4.8 政务行业网络安全要求

政务行业网络安全要求主要包含电子政务外网、政务云、政务大数据、政务信息共享、终端和移动办公（网、云、数、用、端）等方面的要求。

国家电子政务外网是按照中办发〔2002〕17号文件和〔2006〕18号文件要求建设的我国电子政务重要公共基础设施，是服务于各级党委、人大、政府、政协、法院和检察院等政务部门，满足其经济调节、市场监管、社会管理和公共服务等方面需要的政务公用网络。政务外网支持跨地区、跨部门的业务应用、信息共享和业务协同，以及无须在政务内网上运行的业务。政务外网由中央政务外网和地方政务外网组成，与互联网逻辑隔离。政务外网由广域骨干网和城域网组成，纵向分为中央、省、市、县四级。各级政务部门根据业务需要分别接入相应层级的政务外网。

国家电子政务外网网络安全方面主要参照《国家电子政务外网安全等级保护基本要求》（GW 0103—2011）、《国家电子政务外网安全等级保护实施指南》《国家电子政务外网跨网数据安全交换技术要求与实施指南》《接入政务外网的局域网安全技术规范》等系列标准规范执行。

《国家电子政务外网安全等级保护实施指南》规定了国家电子政务外网安全等级保护在实施过程中，为达到国家标准规定和政务外网的基本要求而提出的安全等级保护的方法和手段，适用于指导各级政务外网的安全等级保护工作在定级、整改、报备、检查、测评和运维等实施过程中参考，各级在新建政务外网时可参照该指南开展安全等级保护工作，也可作为政务外网外包服务时对第三方提出安全保障要求的依据。

《国家电子政务外网安全等级保护基本要求》规定了国家电子政务外网不同安全保护等级网络的基本技术保护要求，适用于指导政务外网的网络安全等级保护建设、整改、自查和测评工作，可作为等级保护和信息安全主管部门对政务外网的网络安全进行检查和指导时的依据，也可作为外包服务时技术要求的依据。该要求只涉及政务外网网络安全等级保护的基本技术要求，有关物理环境、主机/服务器、应用、数据、和管理安全等共性要求，按照国家标准执行。

国家标准《信息安全技术 政务信息共享数据安全技术要求》（GB/T 39477—2020，以下简称《政务信息共享数据安全技术要求》），规定了政务信息共享过程中共享数据准备、共享数据交换、共享数据使用阶段的数据安全技术要求以及相关基础设施的安全技术要求。此外，还参考《政务计算机终端核心配置规范》（GB/T 30278—2013）和《信息安全技术 电子政务移动办公系统安全技术规范》（GB/T 35282—2023，以下简称《电子政务移动办公系统安全技术规范》）等。

4.8.1 政务外网安全要求

按照国家电子政务外网统一技术路线的要求，在广域网、城域网内可通过 MPLS VPN 或其他 VPN 隔离技术、路由控制、防火墙、认证网关、边界访问控制设备等技术手段，划分不同的区域来保证政务外网和业务信息系统的安全。政务外网功能区划图如图 4-12 所示。

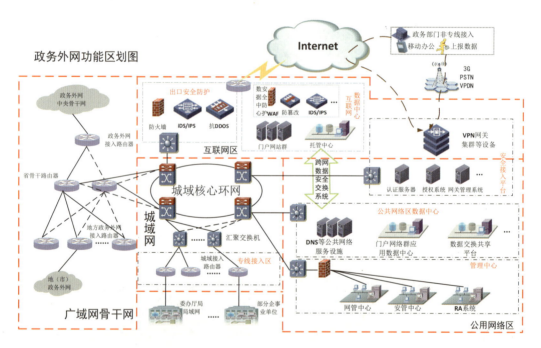

图 4-12 政务外网功能区划图

根据所承载电子政务业务的需要，政务外网按其功能和作用可划分为如下安全域。

公用网络区：指各部门、各地区互联互通的网络区域，为政务部门公共服务及开展跨部门、跨地区的业务应用、协同和数据共享提供支撑平台。此外，该区域还提供政务外网的公共网络服务，如政务外网门户网站、DNS 服务等。要求互联网用户不能直接访问这个区域的数据和信息系统。

专用网络区：指为有特定安全需求的部门或业务设置的网络区域，实现本部门内的全国性业务在政务外网上开展，保证与不同部门业务应用系统的相互隔离，非本部门用户和互联网用户不能直接访问这个区域的数据和信息系统。

互联网区：指政务部门通过逻辑隔离安全接入互联网的网络区域，满足政务部门利用互联网开展公共服务、社会管理、经济调节和市场监管的电子政务业务需要。

1. 政务外网等级保护实施指南

根据《国家电子政务外网安全等级保护实施指南》，网络域间互联要求如下。

1) 广域网与广域网的互联要求

中央和省级广域网互联或省级和地（市）级广域网互联时，应加强对边界接入设备的监控和管理，采取有效的边界访问控制策略，并保证所承载各类业务的畅通和连续性。

2) 广域网与城域网的互联要求

安全保护等级定级均为第三级的广域网与城域网互联时，应有主电路和备用电路，按主备电路互为备份或负载分担的方式提供网络承载服务。其核心路由设备应放置在不同的机房，保证其可靠性。广域网应与城域网的两个不同的汇聚设备或具有 PE（运营商边界设备）功能的核心设备互联，之间可不串接防火墙等边界访问控制设备。

安全保护等级定级为第三级的广域网与安全保护等级定级为第二级的城域网互联时，广域网应在边界接入设备上采取有效的边界访问控制策略，对非授权访问、异常流量、病毒木马、网络攻击等行为进行控制，如串接防火墙作为边界访问控制设备时，应保证所承载各类业务的畅通和连续性。

3) 城域网与接入局域网的互联要求

各级政务部门的局域网及其信息系统的安全及等级保护工作由各单位自行负责。其信息系统需要利用政务外网城域网和广域网时，应将政务外网的安全保护等级定级情况与需要定级的信息系统一起作为定级对象进行安全等级保护和报备，但安全等级保护的测评工作可分开实施。

政务部门的局域网接入政务外网，应符合一定的安全要求，如边界访问控制、IP 地址转换等，对于访问政务外网的系统和终端应具有病毒防范、审计等功能，终端安全应根据各单位的安全要求增加终端安全管理系统和选择不同网络区域的安全措施等。如局域网有互联网出口，应采取有效的安全保护措施，保证自身和全网安全的一致性。

在 IP 地址转换、VPN 对接等方面，由政务外网建设管理单位与业务发起部门一起协商，提出可实施的技术方案，保证业务的接入。

在城域网的汇聚层设备上，应做好局域网接入的边界访问控制，如异常流量的监测、非授权访问、病毒攻击等安全策略及防护措施，如串接防火墙作为边界访问控制设备时，应保证所承载各类业务的畅通和连续性。

4）城域网与互联网的互联要求

当城域网与互联网服务提供商（ISP）互联时，在互联网出入口应部署防火墙、入侵防御、防 DDOS 攻击、防病毒等安全防护设备，应对互联网的出入口实施流量控制、行为审计、入侵检测，有条件的地方应与当地信息安全管理部门联合做好统一互联网出入口的监测与管理工作。

5）城域网与 3G 等公众网络互联要求

当各地政务外网提供各类移动终端通过 LTE（4G）、3GVPDN、PSTN 或互联网接入时，应在省级或地（市）级的城域网统一建设安全接入平台，应对各类接入终端进行身份认证、权限控制、传输加密、行为审计等各类安全措施。

2. 安全接入平台要求

安全接入平台应由 IPSec VPN 网关、SSL VPN 服务网关、基于 LDAP 或 RADIUS 的认证服务器、VPN 管理服务器等诸多安全软、硬件共同构建而成。安全接入平台示意图如图 4-13 所示。

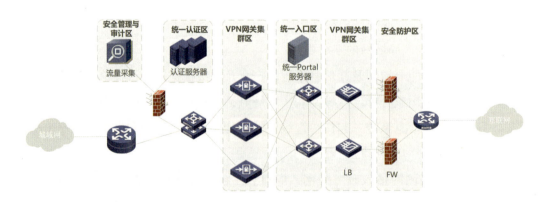

图 4-13 安全接入平台示意图

根据《电子政务外网安全接入平台技术规范》中对安全接入平台安全的要求，重点需要关注点如图 4-14 所示。

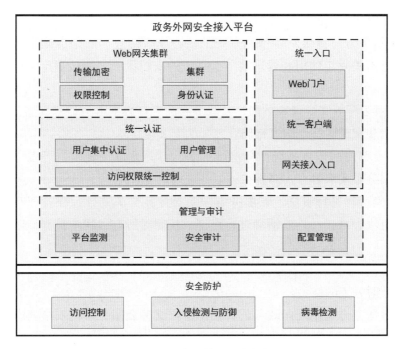

图 4-14 安全接入平台框架

4.8.2 政务云安全要求

政务云是承载各级政务部门门户网站、政务业务应用系统和数据的云计算基础设施，用于政务部门公共服务、社会管理、跨部门业务协同、数据共享和应急处置等政务应用。政务云对政府管理和服务职能进行精简、优化、整合，并通过信息化手段在政务上实现各种业务流程办理和职能服务。政务云的建设有利于减少各部门分散建设，提升信息化建设质量，提高资源利用率和减少行政支出，等等。

政务云的服务对象是各级政务部门，通过政务外网或运营商专线连接到各单位，使用云计算环境上的计算、网络和存储资源，承载各类信息系统，开展电子政务活动。

政务云安全应具备以下内容。

（1）各类政务业务应部署在物理设施独立的政务云上，不得部署在公有云上。

（2）政务云计算基础设施应按信息系统等级保护国家标准中的第三级等级保护要求建设和保护。

（3）政务云上承载互联网门户网站及部署在互联网上的信息系统计算资源和网络资源，从云计算核心交换机以下，在物理上与其他 VPC 分开部署，根据系统预设的调度策略进行资源调度和迁移。对于已建的政务云，应对互联网 VPC 的业务实时监测、控制和管理，尤其是对跨 VPC 数据共享与交换访问控制的实时监控。

（4）所有对各类资源的操作必须通过云资源管理区，并对管理员操作进行审计。要求业务流量与管理流量分开，应能区分运维管理人员、云服务客户管理员及公务人员访问业务和对各类资源的管理和控制。

（5）云服务方应提供对各信息系统的核心或敏感数据加密存储的功能，应按照国家密码管理有关规定使用和管理政务云平台的密钥设施，并按规定生成、使用和管理密钥。

（6）应对云服务客户管理员账户及政务云的管理数据单独加密存储，重点保护。其密钥的使用和管理应符合国家密码管理局的有关规定。

（7）重要部门的信息系统在分地域部署云计算基础设施时，可将计算、网络和存储设施采用分布式部署方式部署在远端并进行统一管理。

（8）明确远程管理责任。云服务方需要对计算资源进行远程管理时，云管理单位有权对所有远程维护和诊断活动进行审计，按照对所有远程维护和诊断会话的记录进行审查。

（9）云计算环境应具备基于行为的持续监控、策略控制、事件预警、态势感知及安全事件及时处置的能力。

（10）云服务方应定期向政务云管理单位提交各云服务客户安全情况及资源使用率情况。

（11）对重点云服务客户的信息系统和数据应能重点进行安全保障，持续监控异常情况并预警。

（12）政务云应具备分级管理和控制的能力，VPC内部信息系统之间的访问控制及数据使用等管理权限应开放给云服务客户，云服务方应具备对资源使用情况实时监测、发现异常、预警和协助处置的能力。

（13）所有上云前的应用系统应进行测试，其应用系统源代码的定制化部分应向政务云管理单位备案。

（14）云服务客户拥有本单位VPC内部信息系统和数据完整的使用权和管理权。

4.8.3 《政务大数据安全风险评估实施指南》（立项）

作为国家电子政务外网的建设管理单位、国家政务信息系统整合共享工作的技术支撑单位，国家信息中心高度重视政务大数据安全保障问题，在政务大数据安全防护，政务大数据安全评估、测评和检查领域进行了许多探索和实践，形成了一整套政务大数据安全风险评估的方法。为落实《关于加快构建全国一体化大数据中心协同创新体系的指导意见》（发改高技〔2020〕1922号）文件中关于加快研究完善海量数据汇聚融合的风险识别技术和数据安全合规性评估方法的要求，国家信息中心结合已有经验和方法牵头制定了《信息安全技术 政务大数据安全风险评估实施指南》标准，并通过了全国信息安全标准化技术委员会大数据安全标准特别工作组的国家标准立项推荐。

从标准试点情况来看，政务大数据安全风险评估应从以下对象范围进行涵盖数据全生命周期的安全防护评估。

(1)数据本体。
(2)基础支撑网络。
(3)数据计算中心。
(4)云平台。
(5)大数据处理平台。
(6)数据交换平台。
(7)政务应用。

政务数据治理是数据治理在政务行业的应用,旨在解决政务数据归集、数据资源建设、数据共享和数据应用等各种问题,以保障数据安全。

4.8.4 《政务信息共享数据安全技术要求》

国家标准《政务信息共享数据安全技术要求》提出了政务信息共享数据安全要求技术框架,规定了政务信息共享过程中共享数据准备、共享数据交换、共享数据使用阶段的数据安全技术要求以及相关基础设施的安全技术要求。

标准适用于指导各级政务信息共享交换平台数据安全体系建设,规范各级政务部门使用政务信息共享交换平台交换非涉及国家秘密数据安全保障工作。

政务信息共享由共享数据提供方、共享数据交换服务方与共享数据使用方三方参与,由共享数据准备、共享数据交换和共享数据使用三个阶段组成。政务信息共享交换业务模型如图 4-15 所示。

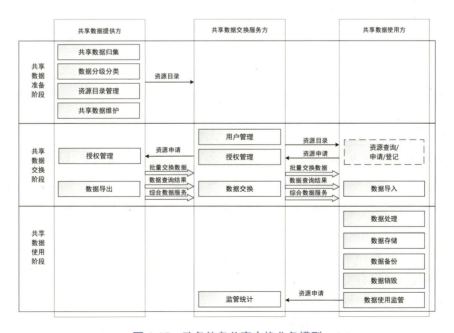

图 4-15 政务信息共享交换业务模型

共享数据提供方是共享数据权益主体，共享数据交换服务方是政务信息共享交换平台的建设和运维主体，共享数据使用方是共享数据使用的责任主体。

政务信息共享数据安全技术要求框架由数据安全技术要求和基础设施安全技术要求两部分组成，政务信息共享数据安全技术要求框架如图 4-16 所示。

图 4-16 《政务信息共享数据安全技术要求》框架

数据安全技术要求体系涵盖共享数据准备、共享数据交换和共享数据使用三个阶段中各功能集合所需的安全技术要求。

共享数据准备阶段的功能集合和对应的数据安全技术要求项目如下，以保证共享数据准备和维护过程中数据安全可控。

（1）共享数据归集：数据源鉴别。

（2）数据分级分类：分级分类。

（3）资源目录管理：资源目录安全。

（4）共享数据维护：数据质量控制、数据存储加密、数据存储隔离、数据更新和召回。

共享数据交换阶段的功能集合和对应的数据安全技术要求项目如下，以保证共享数据在交换过程中的保密性、完整性以及操作的不可否认性和可追溯性。

（1）用户管理安全。

（2）授权管理：授权管理安全。

（3）数据导出：数据脱敏、数据加密、权限标记、安全策略检查。

（4）数据交换：事务标记、身份鉴别、访问控制、安全传输、操作抗抵赖、过程追溯、级联接口安全。

（5）数据导入：故障恢复、数据质量控制、数据分责。

共享数据使用阶段的功能集合和对应的数据安全技术要求项目如下，以实现共享数据使用过程的安全保护。

（1）数据处理：身份鉴别、访问控制、授权管理安全、数据脱敏、数据加密、数据防泄露、分布式处理安全、数据处理溯源、数据分析安全、安全审计。

（2）数据存储：存储安全、数据防护、数据加密、安全审计。

（3）数据备份：备份安全、保存与恢复。

（4）数据销毁：数据销毁安全。

（5）数据使用监管：使用监管安全。

基础设施安全技术要求明确了政务信息共享交换业务的基础网络、云平台、前置交换子系统和资源共享网站等方面的安全防护要求，为政务信息共享交换业务提供基本的安全保障支撑。

4.8.5 《政务计算机终端核心配置规范》

国家标准《政务计算机终端核心配置规范》（GB/T 30278—2013）规定了政务计算机终端核心配置的基本概念和要求，核心配置的自动化实现方法，规范了核心配置实施流程。标准适用于政务部门开展计算机终端的核心配置工作，对应用于政务部门的联网计算机终端提出核心配置要求，核心配置对象包括连接到互联网、政务专网（政务内网、政务外网）的桌面计算机、膝上型计算机和瘦客户机等。下面列出了核心配置的范围和配置要求，核心配置基本要求的详细内容可参考标准正文。

1. 核心配置范围

核心配置的范围包括如下方面。

（1）操作系统，如 Windows 系列、国外 Linux 和国产 Linux 等。

（2）办公软件，如国外 Office 软件和国产 WPS 软件等。

（3）浏览器软件，如国外 Internet Explore、Chrome、Firefox 和国产遨游、360 浏览器等。

（4）邮件系统软件，如国外 Outlook 和国产 Foxmail 等。

（5）BIOS 系统软件，如 AMI BIOS、Award BIOS 等。

（6）防恶意代码软件，如防病毒、防木马软件等。

2. 配置要求

《政务计算机终端核心配置规范》依据 GB/T 22239—2008 对于第三级主机安全和应用安全的要求，上述基础软件应符合如下配置要求。

（1）身份鉴别：包括账户登录和口令管理。

（2）访问控制：包括账户管理和权限分配。

（3）安全审计：包括账户行为审计和资源访问审计。

（4）剩余信息保护：包括临时文件、历史文件和虚拟文件管理。

（5）入侵防范：包括对组件的保护功能开启、应用程序的更新升级。

（6）恶意代码防范：包括杀毒软件的安装、升级和病毒查杀管理。

（7）资源控制：包括服务、端口、协议等资源管理和数据的加密保护。

4.8.6 《电子政务移动办公系统安全技术规范》

国家标准《电子政务移动办公系统安全技术规范》规定了电子政务移动办公系统的移动终端安全、移动通信安全、移动接入安全、服务端安全和系统安全管理等各部分技术要求，给出了测试评价方法。适用于电子政务移动办公系统的安全设计、建设实施、安全管理和测试评价。电子政务移动办公系统的安全技术框架应包括移动终端安全、移动通信安全、移动接入安全、服务端安全和系统安全管理五部分，如图 4-17 所示。

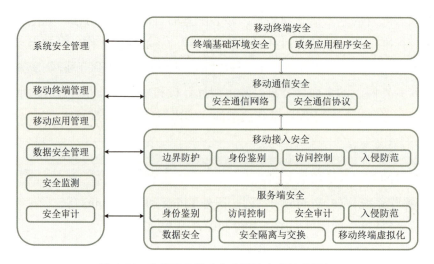

图 4-17 电子政务移动办公系统安全技术框架

标准从以下几个方面提出安全要求。

（1）移动终端安全：提出用户侧计算环境安全技术要求，包括终端基础环境安全要求和终端应用程序安全要求。

（2）移动通信安全：提出从公众移动通信网络接入政务网络的通信网络安全技术要求，包括安全通信网络要求和安全通信协议要求。

（3）移动接入安全：提出移动接入政务网络区域边界安全技术要求，包括边界防护、身份鉴别、访问控制和入侵防范等安全要求。

（4）服务端安全：提出政务网络核心服务区计算环境安全技术要求，包括身份鉴别、访问控制、安全审计、入侵防范、数据安全、安全隔离与交换和移动终端虚拟化等安全要求。

（5）系统安全管理：提出电子政务移动办公系统安全统一集中管理技术要求，包括移动终端管理、移动应用管理、数据安全管理、安全监测和安全审计等安全要求。

安全技术要求分为基本要求和增强要求。基本要求适用于等级保护三级以下的电子政务移动办公系统，增强要求适用于等级保护三级（含）以上的电子政务移动办公系统。

第 5 章　数字政府网络安全实施过程指南

根据《国家政务信息化项目建设管理办法》（国办发〔2019〕57 号）对于政务信息化项目在立项建设验收等过程中对于网络安全方面的管理规定，依据《网络安全法》《密码法》等法律法规要求，将网络安全相关工作在政务信息系统建设的不同阶段进行梳理，从而确保依法、合规、高效和低成本地完成网络安全保障任务。

目前，政务信息系统的网络安全合规性工作主要集中在七个方面：等级保护、商用密码应用安全性评估、关键信息基础设施保护、云计算服务安全评估、数据安全保护、个人信息保护、政务网络安全保障。

5.1 过程描述

根据《国家政务信息化项目建设管理办法》，政务信息系统的网络安全合规贯穿于系统的规划、建设和运行阶段。本章将七个方向的合规要求分解到政务信息系统的规划、建设和运行三个阶段，在每个阶段分析说明满足合规的技术要求和规定，分别为下一个阶段的网络安全建设打下坚实的基础，构造自下而上完善的树形安全结构，在体系上合并不同合规方向上的同一个控制类别，汇总归并同一控制类别中不同合规方向的相同控制要求，从而构建出网络安全合规过程的总体视角。同时，对每一阶段涉及的监督检查工作进行整理，监督检查主要包含定期自查、督导检查和监督检查，覆盖以上三个阶段，确保在规划、建设和运行阶段的工作能够达到预期的目标。

5.2 规划阶段

规划阶段的主要工作是：政务信息系统应同时开展系统定级和备案，并进行安全方案设计。

5.2.1 确定系统安全保护级别

（1）网络运营者应当依照有关政策标准，在规划设计阶段确定网络的安全保护等级，组织相关部门和有关安全技术专家对定级结果的合理性和正确性进行论证和审定。

（2）当网络功能、服务范围、服务对象和处理的数据等发生重大变化时，网络运营者应依照有关政策标准变更网络的安全保护等级。

（3）将备案材料报主管部门和相应公安机关备案。

（4）根据《信息安全等级保护管理办法》，信息系统安全保护等级为第二级以上的信息系统运营使用单位或主管部门，应当在安全保护等级确定后30日内，到当地公安机关办理备案手续。新建第二级以上的信息系统，应当在投入运行后30日内，由其运营、使用单位到当地公安机关办理备案手续。办理备案手续时，应当首先到公安机关指定的网址下载并填写备案表，准备好备案文件，然后到指定的地点备案。

（5）信息系统密码应用等级应与该系统网络安全保护等级保持一致。

（6）若系统被主管部门、监督管理部门认定为关键信息基础设施，则相应安全保护措施应同步规划。

5.2.2 安全方案设计

参考等级测评项目质量评价指标。

根据待建设信息系统平台组成和业务信息内容，合理确定系统安全保护等级相应的建设目标，政务信息系统的安全方案设计应包含以下内容。

1. 信息系统基本架构

本部分应明确信息系统的组成，确定网络结构、服务器和应用情况、数据库、中间件等，对系统采用的新技术情况，如云计算、移动互联、大数据等情况，还应该进一步明确系统中业务信息的情况，如业务信息的种类、数量、敏感程度、是否包含个人信息和业务信息的处理流程等。

2. 政务信息系统数据和个人信息分类分级

在确立了信息系统基本架构的基础上，应根据相应的标准对政务数据和个人信息进行分类分级，以便后续设计相关的保护措施。政务数据的分类分级可以参考目前的地方标准，如北京和贵州的数据分类分级标准；个人信息的分类分级可以参考个人信息安全规范国家标准进行。

3. 系统安全等级对应的安全保护方案

等级保护的建设应按照"一个中心、三重防护"的要求："一个中心"即安全管理中心；"三重防护"即安全计算环境、安全通信网络和安全区域边界。其中，安全计算环境需要关注主机安全加固、身份鉴别、数据库审计、权限管理、主机防病毒、应用系统安全、主机安全审计、资源控制、剩余信息保护、数据备份与恢复和抗抵赖技术；安全通信网络需要关注通信完整性和保密性，流量管理控制等；安全区域边界需要关注边界隔离、边界访问控制、边界入侵防范、边界恶意代码过滤、边界完整性保护、边界安全审计。另外，云平台安全建设还应包含网络安全等级保护中云平台面向云上业务系统的安全扩展能力要求。如果系统构成符合移动互联场景的特征，则应包含移动互联安全扩展要求的安全防护要求，如等级保护对象的移动互联部分由移动终端、移动应用和无线网络三部分组成，移动终端通过无线通道连接无线接入设备接入，无线接入网关通过访问控制策略限制移动终端的访问行为。

4. 系统安全等级的密码应用方案

等级保护基本要求规定了密码技术相关内容，商用密码应用相关要求也明确了应根据商用密码应用基本要求制订密码应用方案，政务信息系统与等级保护方案衔接设计，将密码技术方案的物理和环境、通信和网络、设备和计算、应用和数据等八个层面的要求与"一个中心、三重防护"的技术和管理层面进行归并设计。

5. 数据生命周期安全保护方案

在政务信息系统安全方案中，应对重要数据等进行生命周期保护，可以提前进行数据安全影响分析和风险评估，根据分析和评估结果，按照相关标准数据处理安全的技术要求，对应《数据安全法》中提出的数据处理（收集、存储、使用、加工、传输、提供、公开）活动，对数据安全方案进行设计。

6. 关键信息基础设施的增强安全方案

关键信息基础设施安全保护应在网络安全等级保护制度基础上，实行重点保护，遵循以下基本原则。

（1）以关键业务为核心的整体防控。关键信息基础设施安全保护以保护关键业务为目标，对业务所涉及的一个或多个网络和信息系统进行体系化安全设计，构建整体安全防控体系。

（2）以风险管理为导向的动态防护。根据关键信息基础设施所面临的安全威胁态势进行持续监测和安全控制措施的动态调整，形成动态的安全防护机制，及时有效地防范应对安全风险。

（3）以信息共享为基础的协同联防。积极构建相关方广泛参与的信息共享、协同联动的共同防护机制，提升关键信息基础设施应对大规模网络攻击的能力。在安全方案中，对于关键信息基础设施，应该在已有方案的基础上，补充关键信息基础设施的安全保护增强内容，可参考《关键信息基础设施安全保护要求》，从安全管理和安全技术两个大的方向进行相关要求的落实。

7. 制订云计算服务系统安全计划

提供服务的政务云平台须通过云计算服务安全评估，云服务商开始规划建设时，应按照云计算服务安全评估相关标准进行安全设计建设，由于前述等级保护安全建设和商用密码应用安全性评估等合规的约束，一般情况下政务云在建设时已经具备了较为完善安全的保护安全措施，实现了相关云计算安全服务能力要求的部分条款。因此，云平台的安全方案不必完全依据云计算服务评估的标准进行重新设计，可以参考云计算服务系统安全计划中评估的重点条款，制订政务云的系统安全计划，若现有方案中不能覆盖安全计划模板中的110条相关标准要求，应及时补充相应安全措施，从而确保征信、经营状况等基本情况，人员背景及稳定性，云平台技术、产品和服务供应链安全情况，安全管理能力及云平台安全防护情况，客户迁移数据的可行性和便捷性，云服务商的业务连续性等多个维度符合要求，确保政务云安全合规。

5.2.3 安全方案评审

应组织政务信息系统有关部门和安全专家对安全整体规划及其配套文件的合理性和正确性进行论证和审定，方案被批准后才能正式实施。使用单位应对密码应用方案进行安全性评估。

5.3 建设阶段

5.3.1 产品采购和使用

应保证网络安全产品采购和使用符合国家的有关规定。我国对网络安全产品的管理，在不同发展阶段可能有不同的政策，因此应根据当前国家的相关管理要求落实此项工作。保证密码产品与服务的采购和使用符合国家密码管理主管部门的要求，若该系统使用了商用密码产品，则该产品的采购和使用须满足国家商用密码管理部门的要求。

另外，采购的网络产品、服务应当符合相关国家标准的强制性要求；网络关键设备和网络安全专用产品应由具备资格的机构安全认证合格或者安全检测符合要求后，方可采购该产品。

对于关键信息基础设施，应当优先采购安全可信的网络产品和服务；采购网络产品和服务可能影响国家安全的，应当按照国家网络安全规定通过安全审查。采购网络产品和服务，应当按照国家有关规定与网络产品和服务提供者签订安全保密协议，保证提供者的技术支持和安全保密义务与责任，并对义务与责任履行情况进行监督。

5.3.2 源代码审计

（1）自行开发：开发过程中对安全性进行测试，在软件安装前对可能存在的恶意代码进行检测。

（2）外包开发：在软件交付前检测其中可能存在的恶意代码；保证开发单位提供软件源代码，并审查软件中可能存在的后门和隐蔽信道。

（3）所有应用系统在正式迁移或部署到政务云上前应进行测试，其应用系统源代码的定制化部分应向政务云管理单位备案。

5.3.3 安全监理

应制订安全工程实施方案控制工程实施过程，通过第三方工程监理控制项目的实施过程。一般来讲，外包项目需要第三方工程监理的参与，以控制项目的实施过程，对工程进展、时间安排、控制措施、工程质量等进行把关。

5.3.4 安全验收

应制定测试验收方案，并依据测试验收方案实施测试验收，形成测试验收报告：既包括外包单位项目实施完成后的测试验收，也包括在机构内部项目由开发部门移交给运维部门时的验收，等等。

5.3.5 上线前检测

进行上线前的安全性测试，并出具安全测试报告。安全测试报告应包含密码应用安全性测试相关内容。为保证系统建设工程按照既定方案和要求实施并达到预期要求，在工程实施完成后、系统交付使用前，应指定或授权专业机构依据安全方案进行安全性测试。

5.4 运行阶段

5.4.1 安全运营（动态合规）

网络安全运营是政务信息系统网络安全动态合规的主要内容。

安全运营当前存在多种表述，其中比较典型的有两种：一种是以资产为核心，以安全事件管理为关键流程，依托安全运营平台（SOC），建立一套实时的资产风险模型，进行事件分析、风险分析、预警管理和应急响应处理的集中安全管理体系；另一种和安全建设相对应，安全建设只是开始，只有运营才能有效提升安全防御效果，一切围绕提升安全能力而开展的工作都属于安全运营。

国家标准《信息安全技术 网络安全从业人员能力基本要求》（GB/T 42446—2023）中将网络安全工作分为5大类别：网络安全管理、网络安全建设、网络安全运营、网络安全审计和评估以及网络安全科研教育。网络安全运营承担的是网络安全运维、网络安全监测和分析、网络安全应急管理、网络数据安全保护、个人信息保护和密码技术应用工作任务。

安全运营以"三化六防"为主要目标。公安部1960号文《贯彻落实网络安全等级保护制度和关键信息基础设施安全保护制度的指导意见》中要求网络安全保护"实战化、体系化、常态化"和"动态防御、主动防御、纵深防御、精准防护、整体防控、联防联控"的"三化六防"措施得到有效落实。相关要求是我国多年网络安全保卫工作的经验总结，也是对等级保护和关键信息基础设施保护的综合防护能力和水平的要求。

《中国数字政府建设技术蓝皮书》提出围绕全国一体化在线政务服务平台安全管理需求，建设政务服务平台一体化安全管理中心，构建完整的政务服务平台安全保障体系，满足网络安全等级保护"一个中心、三重防护"的基本要求和政务服务平台安全管理中心一体化要求，以综合审计技术为核心，全方位、多维度、智能化地采集国家政务服务平台安全数据，汇聚形成安全数据中心，运用大数据分析技术，实现对各种网络行为进行感知和可视化呈现，对异常行为、违规行为以及安全事件进行溯源分析并责任定位，确保政务服务平台安全稳定运行及平台数据安全。

安全运营平台基于对安全数据的汇聚分析能力，实现全方位、全天候对安全威胁、风险、隐患态势和网络攻击情况进行监测预警，有效加强对国家重要数据、企业机密数据和个人隐私数据的识别和防护，为城市数字化改革提供全方位的安全保障。通过一体化安全运营平台建设，打通区域安全壁垒，形成立体化安全运营机制，统筹实现风险评估、监测监管、态势感知、预警通报、应急处置、合规监管，为安全运营工作提供基础能力，确保安全策略在运营流程得到正确的执行，规章制度在技术层面得到有效的支撑和体现。

安全运营是网络安全建设的重中之重。数字政府运行过程是持续性的、不断运转的，在进行网络安全建设的同时需要构建网络安全运营体系和运营组织，为了有效应对政务信息系统所面临的各类新型网络安全威胁与挑战，通过网络安全运维、网络安全监测和分析、网络安全应急管理、网络数据安全保护、个人信息保护和密码技术应用，融合安全合规、动态防御、主动防御、综合防控等安全保障体系建设理念，针对政务信息系统的安全问题，不断打造并完善网络安全运营服务体系，实现动态、主动、持续、闭环的安全运营模式。

对于关键信息基础设施，运营者应当设置专门安全管理机构，并对专门安全管理机构负责人和关键岗位人员进行安全背景审查。审查时，公安机关、国家安全机关应当予以协助。

1. 网络安全运维

政务信息系统建设完成投入运行之后，对系统实施有效、完善的维护管理是保证系统运行阶段安全的基础。以下是与系统维护直接相关的安全控制要求，包括设备维护管理、漏洞和风险管理、网络和系统安全管理和恶意代码防范管理等。

1）设备维护管理

（1）应对各种设备（包括备份和冗余设备）、线路等指定专门的部门或人员定期进行维护管理。

（2）应建立配套设施、软硬件维护方面的管理制度，对其维护进行有效的管理，包括明确维护人员的责任、维修和服务的审批、维修过程的监督控制等。

（3）信息处理设备应经过审批才能带离机房或办公地点，含有存储介质的设备带出工作环境时，对其中重要数据应加密。

（4）含有存储介质的设备在报废或重用前，应进行完全清除或被安全覆盖，保证该设备上的敏感数据和授权软件无法被恢复重用。

2）漏洞和风险管理

（1）应采取必要的措施识别安全漏洞和隐患，对发现的安全漏洞和隐患及时进行修补或评估可能的影响后进行修补。

（2）应定期开展安全测评，形成安全测评报告，采取措施应对发现的安全问题。

3）网络和系统安全管理

（1）应划分不同的管理员角色进行网络和系统的运维管理，明确各个角色的责任和权限。

（2）应指定专门的部门或人员进行账户管理，对申请账户、建立账户、删除账户等进行控制。

（3）应建立网络和系统安全管理制度，对安全策略、账户管理、配置管理、日志管理、日常操作、升级与打补丁、口令更新周期等方面做出规定。

（4）应编制重要设备的配置和操作手册，依据手册对设备进行安全配置和优化配置等。

（5）应详细记录运维操作日志，包括日常巡检工作、运行维护记录、参数的设置和修改等内容。

（6）应指定专门的部门或人员对日志、监测和报警数据等进行分析、统计，及时发现可疑行为。

（7）应严格控制变更性运维，经过审批后才可改变连接、安装系统组件或调整配置参数，操作过程中应保留不可更改的审计日志，操作结束后应同步更新配置信息库。

（8）应严格控制运维工具的使用，经过审批后才可接入并进行操作，操作过程中应保留不可更改的审计日志，操作结束后应删除工具中的敏感数据。

（9）应严格控制远程运维的开通，经过审批后才可开通远程运维接口或通道，操作过程中应保留不可更改的审计日志，操作结束后立即关闭接口或通道。

（10）应保证所有与外部的连接均得到授权和批准，应定期检查违反规定无线上网及其他违反网络安全策略的行为。

4）恶意代码防范管理

（1）应提高所有用户的防恶意代码意识，对外来计算机或存储设备在接入系统前进行恶意代码检查等。

（2）应定期验证防范恶意代码攻击的技术措施的有效性。

2. 网络安全监测和分析

随着网络入侵时间的增加和黑客攻击水平的提高，政务信息系统感染病毒、遭受攻击的速度加快，新技术不断涌现，系统与外部网络的互联具有连接形式多样性、终端分布不均匀性，以及网络的开放性、互联性等特征，增大了遭受恶意入侵和攻击的可能；另外，网络遭受攻击后做出响应的时间越来越长，维护政务信息系统安全，必须增强网络安全监测和分析，建好网络安全的安全闸门。按照"一个中心，三重防御"

的纵深防御思想，构建纵深防御体系的大脑——安全管理中心，对政务信息系统进行集中管控和统一安全监测分析，从而实现高级别的系统安全防护目标。

（1）应划分出特定的管理区域，对分布在网络中的安全设备或安全组件进行管控。

（2）应建立一条安全的信息传输路径，对网络中的安全设备或安全组件进行管理。

（3）应对网络链路、安全设备、网络设备和服务器等的运行状况进行集中监测。

（4）应对分散在各个设备上的审计数据进行收集汇总和集中分析，并保证审计记录的留存时间符合法律法规要求。

（5）应对安全策略、恶意代码、补丁升级等安全相关事项进行集中管理。

（6）应能对在网络中发生的各类安全事件进行识别、报警和分析。

3. 网络安全应急管理

为了有效处理政务系统在运行过程中可能发生的重大安全事件，需要在统一的框架下制定针对不同安全事件的应急预案，根据应急预案对涉及的人员进行培训、演练，并根据系统的变化情况和安全策略进行应急预案的评估、修订与完善。以下汇总整合了等级保护和密码应用相关的应急管理要求。

1）应急预案管理

（1）应规定统一的应急预案框架，并在此框架下制定不同事件的应急预案，包括启动预案的条件、应急处理流程、系统恢复流程、事后教育和培训等内容。

（2）应制定重要事件的应急预案，包括应急处理流程、系统恢复流程等内容。

（3）应定期对系统相关的人员进行应急预案培训，并进行应急预案的演练。

（4）应定期对原有的应急预案重新评估，修订完善。

2）安全事件处置

（1）应报告所发现的安全弱点和可疑事件。

（2）应制定安全事件报告和处置管理制度，明确不同安全事件的报告、处置和响应流程，规定安全事件的现场处理、事件报告和后期恢复的管理职责等。

（3）应在安全事件报告和响应处理过程中，分析和鉴定事件产生的原因，收集证据，记录处理过程，总结经验教训。

（4）对造成系统中断和造成信息泄露的重大安全事件应采用不同的处理程序和报告程序。

3）密码应用应急处置

（1）应制定密码应用应急策略，做好应急资源准备。当密码应用安全事件发生时，应立即启动应急处置措施，结合实际情况及时处置。

（2）事件发生后，应及时向信息系统主管部门进行报告；事件处置完成后，应及时向信息系统主管部门及归属的密码管理部门报告事件发生情况及处置情况。

5.4.2 等级测评

（1）网络运营者应当每年对本单位落实网络安全等级保护制度情况和网络安全状况，至少开展一次自查，发现安全风险隐患及时整改，并向受理备案的公安机关报告。应在发生重大变更或级别发生变化时进行等级测评。

（2）网络建设整改完成后，第三级以上网络运营者（含关键信息基础设施运营者）应每年开展一次网络安全等级测评，主动发现并整改安全风险隐患，并每年将开展网络安全等级测评的工作情况及测评结果向受理备案的公安机关报告。

5.4.3 密码应用安全性评估

系统建设完成后，项目建设单位委托商用密码应用安全性评估测评机构对系统开展商用密码应用安全性评估。系统通过商用密码应用安全性评估是项目验收的必要条件。网络安全保护等级第三级及以上的政务信息系统，应按照国家密码管理部门制定的规范要求开展应用安全性评估，可与关键信息基础设施安全检测评估、网络安全等级测评等工作统筹考虑，协调开展。

政务信息系统运行期间的密码应用安全应遵循持续改进的原则，根据安全需求、系统脆弱性、风险威胁程度、系统环境变化以及对系统安全认识的深化等，及时检查、总结、调整现有的密码应用措施，确认系统各项密码技术和管理措施是否落实到位。

若系统约束条件发生重要变化，必要时，项目使用单位需修订密码应用方案，对系统进行升级改造。运行后的政务信息系统商用密码应用安全性评估未通过的，项目使用单位按要求对系统进行整改后再次开展商用密码应用安全性评估，整改期间项目使用单位应保证系统的安全性。

系统发生重大安全事件、调整或特殊情况，应当及时评估。

5.4.4 云计算服务安全评估

政府部门采购云计算服务必须进行安全评估。云计算服务安全评估是依据云服务商申请的，对面向党政机关、关键信息基础设施提供云计算服务的云平台进行的安全评估。同一云服务商运营的不同云平台，需要分别申请安全评估。主要环节包括申报、受理、专业技术机构评价、云计算服务安全评估专家组综合评价、云计算服务安全评估工作协调机制审议、国家互联网信息办公室核准、评估结果发布、持续监督等。评估结果将由国家互联网信息办公室网络安全协调局在中国网信网公布。评估结果有效期为3年。

5.4.5 风险评估

网络安全法律法规中有等级测评和密码应用安全性评估等合规性测评服务，在数据安全、个人信息保护和关键信息基础设施保护方面还引入了风险管理的思想，提出了风险评估的要求，可以自评估或选择具有服务资质的安全服务机构进行评估。政务信息系统可以采用《信息安全技术　信息安全风险评估方法》（GB/T 20984—2022），选择资产、威胁和脆弱性三个要素综合进行风险评估；个人信息方面，可以参考《信息安全技术　个人信息安全影响评估指南》（GB/T 39335—2020）进行评估。

1. 数据安全风险评估

重要数据处理者要定期开展数据安全风险评估，评估的内容包括：处理的重要数据的种类、数量，开展数据处理活动的情况，面临的数据安全风险，等等。

政务部门可引入具有相关资质的第三方测评机构，依据国内权威标准，开展数据安全保障能力和数据安全风险评估，督促组织对测评中发现的风险事项限期整改，从而进一步提高政务数据共享开放的工作质量，减少数据流动带来的安全隐患。

2. 个人信息保护影响评估

根据个人信息保护的法律法规变化和监管动态，建立健全并不断更新个人信息保护合规管理制度，阐明个人信息保护合规目的与内涵，明确处理个人信息的行为规范及违规后果，将外部有关合规要求转化为内部规章制度。

个人信息保护影响评估应当包括下列内容。

（1）个人信息的处理目的、处理方式等是否合法、正当、必要。

（2）对个人权益的影响及安全风险。

（3）所采取的保护措施是否合法、有效并与风险程度相适应。

个人信息保护影响评估报告和处理情况记录应当至少保存3年。

3. 关键信息基础设施风险评估

（1）自行或者委托网络安全服务机构对关键信息基础设施安全性和可能存在的风险每年至少进行一次检测评估，并及时整改发现的问题。

（2）检测评估内容包括但不限于网络安全制度（国家和行业相关法律法规政策文件及运营者制定的制度）落实情况、组织机构建设情况、人员和经费投入情况、教育培训情况、网络安全等级保护工作落实情况、密码应用安全性评估情况、技术防护情况、云服务安全评估情况、风险评估情况、应急演练情况、攻防演练情况等，尤其关注关键信息基础设施跨系统、跨区域间的信息流动，及其关键业务流动过程中所经资产的安全防护情况。

（3）新建关键信息基础设施，或关键信息基础设施在改建、扩建中发生重大变化时，应自行或者委托网络安全服务机构进行检测评估；评估变更部分所引起的业务信息流的变更，评估是否引入新的风险，对发现的安全问题进行有效整改后方可上线。

（4）安全风险抽查检测工作，应提供网络安全管理制度、网络拓扑图、重要资产清单、关键业务介绍、网络日志等必要的资料和技术支持，针对抽查检测工作中发现的安全问题和风险进行及时整改。

5.5 监督检查

监督检查工作贯穿政务信息系统的规划、建设和运行阶段，监督检查又分为定期自查、督导检查和监督检查三种方式。监督检查是保证政务信息系统网络安全合规工作能够全方位落实政务部门、行业主管部门和监管部门各方面安全要求的机制。

5.5.1 定期自查

政务部门应按照网络安全政策法规的相关要求，对网络安全工作情况进行定期自查，掌握网络安全责任落实情况、网络安全状况、安全管理制度及技术保护措施的落实情况等，及时发现工作中的不足和存在的突出问题。自查主要包括但不限于以下内容。

（1）党委（党组）网络安全责任落实情况。

（2）是否落实等级保护、商用密码应用安全性评估、关键信息基础设施安全保护、数据和个人信息保护等相关要求，定期开展评估，对未达到安全保护要求的，应进一步进行安全建设整改。

（3）是否建立网络安全事件应急预案并进行演练，根据情况完善预案。

（4）配合监管部门监督检查工作，如实提供有关资料和文件，按照要求报告网络安全事件。

5.5.2 督导检查

行业主管部门应组织制定本行业、本领域网络安全保护工作规划和标准规范，掌握网络和系统的基本情况和类型、定级备案情况，组织关键信息基础设施认定。对政务行业的督导检查主要包括但不限于以下内容。

（1）督促政务部门落实等级保护、商用密码应用安全性评估、关键信息基础设施安全保护、数据和个人信息保护等相关要求。

（2）监督、检查、指导政务部门依据相关安全保护要求，组织开展网络安全防范、网络安全事件应急演练、网络安全事件应急处置、重大活动网络安全保护等工作。

（3）与监管部门及时沟通，分别建立并落实监督检查机制，及时掌握本行业的网络安全形势和风险，指导行业部门妥善应对。

5.5.3 监督检查

为贯彻落实《网络安全法》《数据安全法》《个人信息保护法》等法律法规，网信部门、公安机关、国家密码管理部门等监管部门依照国家法律法规规定和相关标准要求，组织督促政务等行业落实网络安全等级保护制度，加强关键信息基础设施保护，促进商用密码应用，监督、检查、指导政务行业按照网络安全相关要求开展网络安全防范、网络安全事件应急处置、重大活动网络安全保卫等工作，重点监督关键信息基础设施、数据安全和个人信息安全。对政务行业的监督检查主要包括但不限于以下内容。

（1）落实网络安全等级保护制度情况。

（2）关键信息基础设施认定和保护情况。

（3）数据安全和个人信息保护责任落实情况。

（4）商用密码应用安全性评估开展情况。

（5）日常网络安全防范工作情况。

（6）重大网络安全风险隐患整改情况。

（7）重大网络安全事件应急处置和恢复工作。

（8）重大活动网络安全保卫工作落实情况。

（9）其他网络安全工作情况。

政务行业主管部门和政务部门应当协助、配合网络安全相关监管部门依法实施监督检查，如实提供相关数据信息。

第 6 章　数字政府网络安全合规要求整合和对照

政务信息系统安全建设需要遵循相关国家标准及主管单位的规范要求，政务信息系统由系统平台和数据两部分组成，系统的安全建设应从四个方面分别进行设计，包括保护计算环境、保护区域边界、保护通信网络、安全管理中心，在规划阶段，应采用等级保护的思路和设计方法，进行分级、分域的设计，同时应在各个层面使用商用密码进行设计保护，对于政务云应制订云计算服务系统安全计划（云计算服务系统安全计划基于修订前标准编写，新的系统安全计划尚未发布，后续发布后本书下一版本将进行更新），针对系统中的数据对政务数据和个人信息分别按照法律的要求进行保护，使安全保障体系既能够符合国家政策和标准，又能够充分满足自身安全的需求。

为了确保政务信息系统网络安全运行，满足多方监管要求，单位需要考虑多个标准规范中的条款要求。在实施过程中可能由于对条款理解出现偏差，存在效率低、重复建设等问题。基于上述考虑，本书将相关标准条款和部分法律中的技术条款整合到统一的框架体系中。新的框架提炼了 16 个安全控制域，其中：10 个常用安全控制域覆盖了等级保护和密码应用的安全层面；另外 6 个安全控制域分别是供应链安全、业务连续性、应急处置、密码管理、数据安全、个人信息安全，用来整合 10 个常用控制域覆盖不了或在政务信息系统安全保障过程中按照重要程度需要提级控制的条款。

特别需要说明的是，出于本书重点应用于政务领域的考虑，基于《国家电子政务外网安全等级保护基本要求》、《政务云安全要求》（GW 0013—2017）和《政务信息共享数据安全技术要求》三个标准，将政务外网对于广域网、城域网在结构安全和访问控制方面高于网络安全等级保护的要求在等级保护要求通用要求部分进行提示，将政务云和政务数据共享交换对于云的要求在网络安全等级保护云计算扩展要求中进行提示，也有助于读者更好地理解政务云等级保护与云计算服务安全评估两个合规要求的关系。

下文以新框架将《网络安全等级保护基本要求》、政务行业网络安全部分关键要求、《信息系统密码应用基本要求》、云计算服务安全评估（云计算服务系统安全计划）、《关键信息基础设施安全保护要求》、《数据安全法》（技术条款）和《个人信息保护法》（技术条款）等按照16个安全控制域进行分类整合（根据网络安全等级G3S3A3编写）。

整合和对照表说明如下。

（1）按照控制域、控制点和要求项三层结构进行整合，将要求项合并成控制点，将控制点合并成控制域，共16个控制域。

（2）本章二级目录为控制域名称，其中前10个内涵与等级保护的安全层面基本保持一致。

（3）前10个控制域对应的表格横向按照等级保护要求（通用要求、云计算扩展、大数据系统安全控制措施）、云计算服务安全评估（云计算服务系统安全计划）、关键信息基础设施安全保护要求和信息系统密码应用基本要求，第一列为控制点名称，后面6个控制域结构上虽略有差异，但不影响对照。

（4）云计算服务安全评估的范围是完整的《云计算服务安全能力要求》，对照表中的云计算服务系统安全计划中的评估项是重点评估项，也是申报时重点提交的内容，不在云计算服务系统安全计划中的评估项可按照《云计算服务安全能力要求》进行对照评估。

（5）表格中的灰色方格表示此处无相关条款要求。

（6）由于等级保护移动互联安全要求与通用要求结合紧密，所以将相关条款整合进等级保护通用要求，并以斜体加粗的形式表示。

（7）供应链安全、业务连续性、应急处置、密码管理、数据安全和个人信息安全6个控制域按照保护需求进行提级控制，此6个控制域中的控制点和要求项可能与前面10个控制域中的条款重合，由于控制措施的相关性，此6个控制域的控制点和要求项也会有重复。

（8）即使对同等安全能力水平的云服务商，其实现安全要求的方式也可能有差异。为此，《云计算服务安全能力要求》在描述安全要求时引入了"赋值"和"选择"这两种变量，并以[赋值：……]和[选择：……；……]的形式给出，"赋值"表示云服务商在实现安全要求时，要由其定义具体的数值或内容。"选择"表示云服务商在实现安全要求时，应选择一个给定的数值或内容。在本章直接保留赋值和选择的数值和内容，增强了对照表的可读性，云平台在向客户提供云计算服务前，应确定并实现"赋值"和"选择"的具体数值或内容。

（9）关键信息基础设施安全保护包括分析识别、安全防护、检测评估、监测预警、主动防御、事件处置6个方面，本章仅整合了后面5个方面，分析识别是基础性工作，已融合于网络安全各个环节之中，需在实际工作中加以落实。

6.1 物理和环境安全（见表6-1）

表6-1 物理和环境安全对照表

控制点	通用要求	等级保护要求		云计算服务安全评估（云计算服务系统安全计划）	《信息系统密码应用基本要求》
		云计算扩展	大数据系统安全控制措施		
物理位置选择	a）机房场地应选择在具有防震、防风和防雨等能力的建筑内； 无线接入点的物理位置：应为无线接入设备的安装选择合理位置，避免过度覆盖和电磁干扰 b）机房场地应避免设在建筑物的顶层或地下室，否则应加强防水和防潮	应保证云计算基础设施位于中国境内	应保证承载大数据存储、处理和分析的设备位于中国境内	14.2.1 一般要求 云服务商应： a）在机房选址时，满足GB 50174—2008的相关规定。 e）确保云计算服务器及运行关键业务和数据的物理设备位于中国境内 14.3.2 增强要求 云服务商应将云计算平台集中部署在隔离的物理区域，与服务于其他客户的平台和系统区分开	
物理访问控制	机房出入口应配置电子门禁系统，控制、鉴别和记录进入的人员			14.4.2 增强要求 云服务商应根据职位、角色以及访问的必要性对机房进行细粒度的物理访问授权。 14.5.2 增强要求 除对机房出入口实施访问控制，云服务商还应严格限制对云计算平台所在机房设备的物理接触。 14.9.1 一般要求 云服务商应： a）制定和维护云计算平台所在机房的访问记录，并保留至云服务商定义的时间段后	a）宜采用密码技术进行物理访问身份鉴别，保证进入重要区域人员身份的真实性； b）宜采用电子门禁系统进出记录数据的存储完整性

续表

控制点	通用要求	等级保护要求 云计算扩展	大数据系统安全控制措施	云计算服务安全评估（云计算服务系统安全计划）	《信息系统密码应用基本要求》
防盗窃和防破坏	a）应将设备或主要部件进行固定，并设置明显的、不易除去的标识 b）应将通信线缆铺设在隐蔽安全处 c）应设置机房防盗报警系统或设置有专人值守的视频监控系统			14.8.2 增强要求 云服务商应对物理入侵警报装置和监控设备进行监视	c）宜采用密码技术保证视频监控录像记录数据的存储完整性
防雷击	a）应将各类机柜、设施和设备等通过接地系统安全接地 b）应采取措施防止感应雷，例如设置防雷保安器或过压保护装置等				
防火	a）机房应设置火灾自动消防系统，能够自动检测火情、自动报警，并自动灭火 b）机房及相关的工作房间和辅助房应采用具有耐火等级的建筑材料 c）应对机房划分区域进行管理，区域和区域之间设置隔离防火措施			14.12.1 一般要求 云服务商应： a）按照 GB/T 9361—2011 及其他有关标准规范的要求，设置消防系统	
防水和防潮	a）应采取措施防止雨水通过机房窗户、屋顶和墙壁渗透				

续表

控制点	等级保护要求 通用要求	等级保护要求 云计算扩展	等级保护要求 大数据系统安全控制措施	云计算服务安全评估（云计算服务系统安全计划）	《信息系统密码应用基本要求》
防水和防潮	b）应采取措施防止机房内水蒸气结露和地下积水的转移与渗透				
	c）应安装对水敏感的检测仪表或元件，对机房进行防水检测和报警			14.14.1 一般要求 云服务商应合理规划给排水系统，确保关键人员知晓阀门位置，以免信息系统受到漏水事件破坏	
防静电	a）应采用防静电地板或地面并采用必要的接地防静电措施				
	b）应采取措施防止静电的产生，例如采用静电消除器、佩戴防静电手环等				
温湿度控制	应设置温湿度自动调节设施，使机房温湿度的变化在设备运行所允许的范围			14.13.2 增强要求 云服务商应在机房中使用自动温湿度控制措施，防止温湿度波动对信息系统造成潜在损害	
电力供应	a）应在机房供电线路上配置稳压器和过电压防护设备				
	b）应提供短期的备用电力供应，至少满足设备在断电情况下的正常运行要求			14.10.1 一般要求 云服务商应： f）提供短期不间断电源，以便在非正常停电时，正常关闭云计算平台。 14.10.2 增强要求 云服务商应提供长期备用电源，以便在非正常停电时，在云服务商定义的时间段内维持云计算平台的最低功能	

续表

控制点	等级保护要求			云计算服务安全评估（云计算服务系统安全计划）	《信息系统密码应用基本要求》
	通用要求	云计算扩展	大数据系统安全控制措施		
电力供应	c) 应设置冗余或并行的电力电缆线路为计算机系统供电			14.11.1 一般要求 云服务商应为云计算平台配备应急照明设备并进行维护，使其可在断电的情况下触发，应急照明包括机房内的紧急通道和疏散通道应急照明指示牌	
电磁防护	a) 电源线和通信线缆应隔离铺设，避免互相干扰 b) 应对关键设备实施电磁屏蔽				

6.2 通信网络安全（见表6-2）

表6-2 通信网络安全对照表

控制点	等级保护要求			云计算服务安全评估（云计算服务系统安全计划）	《关键信息基础设施安全保护要求》	《信息系统密码应用基本要求》
	通用要求	云计算扩展	大数据系统安全控制措施			
网络架构	a) 应保证网络设备的业务处理能力满足业务高峰期需要	a) 应保证云计算平台不承载高于其安全保护等级的业务应用系统	a) 应保证大数据平台不承载高于其安全保护等级的大数据应用			

续表

控制点	等级保护要求			云计算服务安全评估（云计算服务系统安全计划）	《关键信息基础设施安全保护要求》	《信息系统密码应用基本要求》
	通用要求	云计算扩展	大数据系统安全控制措施			
网络架构	b) 应保证网络各个部分的带宽满足业务高峰期需要 c) 应划分不同的网络区域，并按照方便管理和控制的原则为各网络区域分配地址 d) 应避免将重要网络区域部署在边界处，重要网络区域与其他网络区域之间应采取可靠的技术隔离手段	b) 应实现不同云服务客户虚拟网络之间的隔离 c) 应具有根据云服务客户业务需求提供通信传输、边界防护、入侵防范等安全机制的能力； d) 应具有根据云服务客户业务需求自主设置安全策略的能力，包括定义访问路径、选择安全组件、配置安全策略 e) 应提供开放接口或开放性安全服务，允许云服务客户接入第三方安全产品或在云计算平台选择第三方安全服务		6.2.2 增强要求 云服务商应： i) 采取有关措施，满足不同客户或同一客户不同业务的信息系统之间隔离的需求 6.14.1 一般要求 云服务商应： a) 为云中的虚拟网络资源 [如 VLAN（虚拟网）] 间的 VM（虚拟机）上访问实施网络逻辑隔离，并提供访问控制手段。 b) 在访问云管理网络和内部管理云的网络之间采取隔离和访问控制措施。 6.15.1 一般要求 云服务商应： c) 保障各个客户所使用的虚拟存储资源之间的逻辑隔离	互联安全 a) 应建立或完善不同网络安全等级保护系统之间、不同业务系统之间、不同区域的安全运营者之间的安全互联策略。 b) 应保持同一用户的身份和访问控制策略在不同网络安全等级保护系统、不同业务系统、不同区域中的一致性	

续表

控制点	等级保护要求 通用要求	等级保护要求 云计算扩展	等级保护要求 大数据系统安全控制措施	云计算服务安全评估（云计算服务系统安全计划）	《关键信息基础设施安全保护要求》	《信息系统密码应用基本要求》
网络架构	e）应提供通信线路、关键网络设备和关键计算设备的硬件冗余，保证系统的可用性。《国家电子政务外网安全等级保护基本要求》（GW 0103—2011）广域网结构安全 e）应采用物理链路由分离的两条骨干链路提供"1+1"的网络保护方式，两条链路在技术和性能等方面应保持一致； f）地（市）级及以上网络设备应支持MPLS VPN的业务，并保证支持国家相关业务部门到省、地（市）、县业务的连通； h）应保证国家、省、地（市）广域网的高速畅通，不允许串接相关安全防护设备			10.13.2 增强要求 云服务商应： a）建立备用电信服务，当主通信能力不可用时，确保在通信能力不可用时，确保在通信恢复有关系统的运行	应实现通信线路"主双备"的多路由电信运营商多路由保护，宜对网络关键节点和重要设施实施"双节点"冗余备份	
通信传输	a）应采用校验技术或密码技术保证通信过程中数据的完整性			6.2.2 增强要求 云服务商应： c）采取以下措施： 3）采取有关措施对所传输的信息流进行必要的保密性和完整性保护。 6.3.2 增强要求 云服务商应提供满足国家密码管理法律法规的通信加密和签名验签设施	互联安全 c）对不同局域网之间所进行的远程通信采取安全防护措施，例如：在通信前基于密码技术对通信的双方进行验证或鉴别	a）应采用密码技术对通信实体进行身份鉴别，保证通信实体身份的真实性； b）宜采用密码技术保证通信过程中数据的完整性
	b）应采用密码技术保证通信过程中数据的保密性					c）应采用密码技术保证通信过程中重要数据的机密性

续表

控制点	等级保护要求		云计算服务安全评估（云计算服务系统安全计划）	大数据系统安全控制措施	《关键信息基础设施安全保护要求》	《信息系统密码应用基本要求》
	通用要求	云计算扩展				
可信验证	可基于可信根对通信设备的系统引导程序、系统程序、重要配置参数和通信应用程序等进行可信验证，并在应用程序的关键执行环节进行动态可信验证，在检测到其可信性受到破坏后进行报警，并将验证结果形成审计记录送至安全管理中心					

6.3 区域边界安全（见表6-3）

表6-3 区域边界安全对照表

控制点	等级保护要求		云计算服务安全评估（云计算服务系统安全计划）	《关键信息基础设施安全保护要求》	《信息系统密码应用基本要求》
	通用要求	云计算扩展			
边界防护	a）应保证跨越边界的访问和数据流通过边界设备提供的受控接口进行通信		6.2.2 增强要求 云服务商应： a）为云计算服务搭建物理独立的计算平台，存储平台，内部网络环境及相关维护、安防等设施，并经由受控边界与外部网络或信息系统相连； c）采取以下措施： 1）对每一个外部的电信服务接口进行管理	a）应对不同网络安全等级保护系统之间、不同业务系统之间、不同区域的系统之间，不同运营者运营的系统之间的互操作、数据交换和信息流向进行严格控制	e）可采用密码技术对从外部连接到内部网络的设备进行接入认证，确保接入设备身份的真实性

续表

控制点	等级保护要求 通用要求	等级保护要求 云计算扩展	云计算服务安全评估（云计算服务系统安全计划）	《关键信息基础设施安全保护要求》	《信息系统密码应用基本要求》
边界防护	b）应能够对非授权设备私自联到内部网络的行为进行检查或限制		6.10.1 一般要求 云服务商应确保只有经其授权的移动设备才能直接连接云计算平台，并应：在移动设备连接云计算平台前对其进行安全检查，禁止自动执行移动设备上的代码	b）应对未授权设备进行动态发现及管控，只允许通过运营者授权的软硬件运行	
边界防护	c）应限制内部用户非授权联到外部网络的行为进行检查或限制		6.2.2 增强要求 云服务商应：e）当远程维护管理云计算平台时，防止远程管理设备同时直接连接其他网络资源		
边界防护	d）应限制无线网络的使用，保证无线网络通过受控的边界设备接入内部网络。应保证有线网络与无线网络边界之间的访问和数据流通过无线接入网关设备		7.20.1 一般要求 云服务商应限制或禁止云计算平台上的无线网络功能		
访问控制	a）应在网络边界或区域之间根据访问控制策略设置访问控制规则，默认情况下除允许通信外受控接口拒绝所有通信；b）应删除多余或无效的访问控制规则，优化访问控制列表，并保证访问控制规则数量最小化；无线接入设备应开启接入认证功能，并支持采用国家密码管理机构批准的密码模块进行认证。《国家电子政务外网 安全等级保护基本要求》（GW 0103—2011）广域网访问控制	a）应在虚拟化网络边界部署访问控制机制，并设置访问控制规则；b）应在不同等级的网络区域边界部署访问控制机制，设置访问控制规则	6.2.2 增强要求 云服务商应：c）采取以下措施：4）对每一个接口制定通信流策略。5）按照云服务商对条款进行审查。4）根据业务需要，将业务需求和通信流策略的例外情况、策略例外持续时间记录到通信流策略中。5）按照云服务商对条款进行审查，对网络通信流策略中的例外定义进行审查，在通信流策略中删除不再需要的例外条款 7.10.2 增强要求 云服务商应在确保客户隐私权和安全利益的前提下：		d）宜采用密码技术保证网络边界访问控制信息的完整性

续表

控制点	等级保护要求		云计算服务安全评估（云计算服务系统安全计划）	《关键信息基础设施安全保护要求》	《信息系统密码应用基本要求》
	通用要求	云计算扩展			
	e）根据国家有关互联网出口属地化原则，政务外网中央和省级广域网不得承载互联网的流量。城域网访问控制 4）城域网应支持 MPLS VPN 技术，按接入业务的需求和数据交换与共享的要求划分不同的网络区域； 5）城域网中的专用网络区、公用网络区和互联网接入区等其他网络区域应采用 VPN 隔离措施，不同区域不能直接访问； 6）公用网络区与互联网接入区等区域之间需要进行数据交换时，应采用防火墙、路由控制、网闸、数字证书等相关安全措施，并对交换数据进行病毒扫描和审计		a）按照云服务商定义的信息流控制策略，控制系统内或互联网间的信息流动，如限制受控接口请求、限制某些数据格式或互联网的信息流出云计算平台，限制云计算平台上的客户及其他重要信息流向境外或在境外处理。根据实际情况，信息流控制策略的实施方式宜包括： 1）将云服务商定义的数据属性（如数据内容和数据结构），作为目的地数据流控制决策基础； 2）实施动态信息流控制，如针对条件或运行环境变化，具备动态调整信息流控制策略的能力； 3）对云服务商定义的数据类型中嵌入的其他类型数据（如字处理文件中嵌入的可执行文件、压缩文件中包含多种类型的文件）实施控制，压缩文件中的限制措施； 4）基于云服务商定义的安全策略过滤器实施数据信息流控制，如数据特征的元数据格式，如数据格式、语法、语义等； 5）使用硬件方法实现信息流控制决策的基础，并为特权账号提供开启、文件的最大长度等； 6）将云服务商定义的安全策略过滤器作为对云服务商定义的信息流进行信息流控制决策的基础，并为特权账号提供开启、禁止和配置云策略过滤器的能力		
访问控制	b）应删除多余或无效的访问控制规则，优化访问控制规则列表，并保证访问控制规则数量最小化				

续表

控制点	等级保护要求			云计算服务安全评估（云计算服务系统安全计划）	《关键信息基础设施安全保护要求》	《信息系统密码应用基本要求》
	通用要求	云计算扩展				
访问控制	c）应对源地址、目的地址、源端口、目的端口和协议等进行检查，以允许/拒绝数据包进出					
	d）应能根据会话状态信息为进出数据流提供明确的允许/拒绝访问的能力					
	e）应对进出网络的数据流实现基于应用协议和应用内容的访问控制					
入侵防范	a）应在关键网络节点处检测、防止或限制从外部发起的网络攻击行为；			12.5.1 一般要求 云服务商应： a）能够针对云服务商定义的监测目标、发现改击行为。 12.5.2 增强要求 云服务商应： b）信息系统应按照云服务商定义的频率监测进出的通信，以发现异常或非授权的行为	监测 a）应在网络网络边界、网络出入口等网络关键节点部署攻击监测设备，以监测网络攻击行为和威胁； b）应对关键网络攻击所涉及的系统进行监测（例如：对不同网络安全等级保护系统、不同区域的系统之间的网络流量进行监测等），对监测信息采取保护措施，防止其受到未授权的访问、修改和删除； c）应分析系统常见通信流量或事态的模型，建立这些模型或事态的模式，并使用这些模型调整监测工具参数，以减少误报和漏报；	
	a）应能够检测到非授权无线接入设备和非授权无线接入行为；					
	a）应能够阻断非授权无线接入设备或非授权移动终端的接入行为；					

续表

控制点	等级保护要求		云计算服务安全评估（云计算服务系统安全计划）	《关键信息基础设施安全保护要求》	《信息系统密码应用基本要求》
	通用要求	云计算扩展			
入侵防范	b）应在关键网络节点处检测、防止或限制从内部发起的网络攻击行为； b）应能够检测到对无线接入设备的网络扫描、DDOS攻击、密钥破解、中间人攻击和欺骗攻击等行为； c）应能够检测到无线接入设备的SSID广播、WPS等高风险功能的开启状态； d）应禁用无线接入设备和无线接入网关存在风险的功能，如SSID广播、WEP认证等	a）应在检测到云服务客户发起的网络攻击行为，并记录攻击类型、攻击时间、攻击流量等； b）应能检测到虚拟网络节点的网络攻击行为，并记录攻击类型、攻击时间、攻击流量等； c）应能检测虚拟机与宿主机、虚拟机与虚拟机之间的异常流量		d）应全面收集网络安全日志，构建违规操作模型、攻击人侵模型、异常行为模型，强化监测预警能力； e）应采用自动化机制，对关键业务所涉及的所有监测信息进行整合分析，以便及时关联资产、脆弱性、威胁等，关键信息基础设施跨组织、跨地域建设时，构建集中统一指挥、多点全面监测、多级联动处置的动态感知能力； f）应将关键业务运行所涉及的各类信息进行关联，并分析整体安全态势。包括：分析不同存储库的审计日志并使之关联；将多个信息系统内多个组件的审计记录与关联；将信息系统访问监控信息与关联；将来自非技术源的信息（例如：供应链信息、关键岗位人员信息等）与网络安全共享信息的信息关联等； g）应通过安全策略和安全控制措施分析结果确定安全措施是否合理有效，必要时进行更新	
	c）应采取技术措施对网络行为进行分析，实现对网络攻击特别是新型网络攻击行为的分析				

续表

控制点	等级保护要求		云计算服务安全评估《云计算服务系统安全计划》	《关键信息基础设施安全保护要求》	《信息系统密码应用基本要求》
	通用要求	云计算扩展			
入侵防范	d）当检测到攻击行为时，记录攻击源IP、攻击类型、攻击目标、攻击时间，在发生严重入侵事件时应报警	d）应在检测到网络攻击行为、异常流量情况时进行告警		预警 a）应将监测工具设置为自动模式。当发现可能危害报警，能自动采取相应措施，降低关键业务被影响的可能性。例如：恶意代码防御、入侵检测设备或者防火墙等向相关人员发出声音或者弹出对话框、发出电子邮件进行报警； b）应对网络安全共享信息和报警信息等进行综合分析、研判，必要时生成内部预警信息。对于可能造成较大影响的，应按照相关部门要求进行通报。内部预警信息的内容应包括：基本情况描述、可能产生的危害及范围、可能影响的用户及范围、宜采取的应对措施等； c）应能持续获取预警信息。分析、研判安全事件或威胁对自身网络安全保护对象可能造成损害的程度，获取的关键信息启动应急预案。获取的安全预警信息应按照规定通报给相关人员和相关部门； d）采取相关措施对预警进行响应，当安全隐患得以控制或消除时，应执行预警解除流程	

续表

控制点	等级保护要求 通用要求	等级保护要求 云计算扩展	云计算服务安全评估（云计算服务系统安全计划）	《关键信息基础设施安全保护要求》	《信息系统密码应用基本要求》
恶意代码和垃圾邮件防范	a）应在关键网络节点处对恶意代码进行检测和清除，并维护恶意代码防护机制的升级和更新 b）应在关键网络节点处对垃圾邮件进行检测和防护，并维护垃圾邮件防护机制的升级和更新		6.11.1 一般要求 云服务商应： a）采用白名单、黑名单或其他方式，在网络出入口以及系统中的主机、移动计算设备上实施恶意代码防护机制		
安全审计	a）应在网络边界、重要网络节点进行安全审计，审计覆盖每个用户，对重要的用户行为和重要安全事件进行审计	a）应对云服务商和云服务客户在远程管理时执行的特权命令进行审计，至少包括虚拟机删除、重启； b）应保证云服务商对云服务客户系统和数据的操作可被云服务客户审计	7.19.2 增强要求 云服务商应： d）对远程执行特权命令进行限制（如删除虚拟机、创建系统账号、配置访问授权、审计系统事件或访问事件日志等），管理功能、审计系统事件或访问事件日志等的需求的情况下，才能通过远程访问进行审计。授权执行特权命令或措施且应通过远程访问进行审计。安全计划中应说明这种远程访问的合理性		

续表

控制点	等级保护要求		云计算服务安全评估（云计算服务系统安全计划）	《关键信息基础设施安全保护要求》	《信息系统密码应用基本要求》
	通用要求	云计算扩展			
安全审计	b) 审计记录应包括事件的日期和时间、用户、事件类型、事件是否成功及其他与审计相关的信息				
	c) 应对审计记录进行保护，定期备份，避免受到未预期的删除、修改或覆盖等			应采取网络审计措施，监测、记录系统运行状态、日常操作、故障维护、远程运维等，留存相关日志数据不少于6个月	
	d) 应能对远程访问的用户行为、访问互联网的用户行为等单独进行审计和数据分析				
可信验证	可基于可信根对边界设备的系统引导程序、系统程序、重要配置参数和边界防护应用程序等进行可信验证，并在应用程序的关键执行环节进行动态可信验证，在检测到其可信性受到破坏后进行报警，并将验证结果形成审计记录送至安全管理中心				

6.4 计算环境安全（见表 6-4）

表 6-4 计算环境安全对照表

控制点	等级保护要求 通用要求	等级保护要求 云计算扩展	大数据系统安全控制措施	云计算服务安全评估（云计算服务系统安全计划）	《关键信息基础设施安全保护要求》	《信息系统密码应用基本要求》
身份鉴别	a) 应对登录的用户进行身份标识和鉴别，身份标识具有唯一性，身份鉴别信息具有复杂度要求并定期更换；	e) 应禁止多个 AP 使用同一个认证密钥	a) 大数据平台应对数据采集终端、数据导入服务组件、数据导出服务组件的使用实施身份鉴别	7.5.1 一般要求 云服务商应： b) 对于基于口令的鉴别： 1) 设立相关机制，能够强制执行最小口令复杂度，该复杂度满足云服务商定义的口令复杂度规则。 2) 设立相关机制，用户更新旧口令时，按照云服务商定义的字符长度强制变更，确保新旧口令不同。 3) 对存储和传输的口令进行加密。 4) 强制执行限制，以满足云服务商定义的最小和最大生存时间	a) 应明确重要业务操作，重要用户操作或异常用户操作行为，并形成清单	设备和计算安全 a) 应采用密码技术对登录设备的用户进行身份鉴别，保证用户身份的真实性； 应用和数据安全 a) 应采用密码技术对登录系统的用户进行身份鉴别，保证应用系统的真实性
	b) 应具有登录失败处理功能，应配置并启用结束会话、限制非法登录次数和登录连接超时自动退出等相关措施		b) 大数据平台应对同客户端的大数据应用实施标识和鉴别			

续表

控制点	等级保护要求			云计算服务安全评估（云计算服务系统安全计划）	《关键信息基础设施安全保护要求》	《信息系统密码应用基本要求》
	通用要求	云计算扩展	大数据系统安全控制措施			
身份鉴别	c）当进行远程管理时，应采取必要措施防止鉴别信息在网络传输过程中被窃听			7.19.2 增强要求： 云服务商应： b）使用密码机制，以保证远程访问会话的保密性和完整性		b）远程管理设备时，应采用密码技术建立安全的信息传输通道
	d）应采用口令、密码技术、生物技术等两种或两种以上组合的鉴别技术对用户进行身份鉴别，且其中一种鉴别技术至少应使用密码技术来实现	当远程管理云计算平台中设备时，管理终端和云计算平台之间应建立双向身份验证机制		7.2.1 一般要求： 云服务商应： b）对特权账号的网络访问实施多因子鉴别。 7.2.2 增强要求： 云服务商应： d）在对特权账号多因子鉴别时，确保同实施多因子鉴别的设备或由子系统分离，以防止多因子由一个子系统中存储在系统中存储时受到破坏。 7.7.1 一般要求： 云服务商应确保密码模块对操作人员设置了鉴别机制，该机制应满足国家密码管理的有关规定	b）应对设备或应用、用户、服务或管控，对于重要业务操作或操作行为，常用户操作行为，建立动态的身份鉴别方式，或者采用多因子身份鉴别方式	
访问控制	a）应对登录的用户分配账户和权限；		h）大数据平台应提供数据分级分类管理功能，供大数据应用对不同类别级别数据采取不同的安全保护措施			
	a）应保证移动终端安装、注册并运行终端管理客户端软件					

续表

控制点	等级保护要求 通用要求	等级保护要求 云计算扩展	等级保护要求 大数据系统安全控制措施	云计算服务安全评估（云计算服务系统安全计划）	《关键信息基础设施安全保护要求》	《信息系统密码应用基本要求》
控制点	b）应重命名或删除默认账户，修改默认账户的默认口令		j）大数据平台应在数据采集、存储、处理、分析等各个环节，支持对数据进行分类分级处置，并保证安全保护分级策略一致			
	c）应及时删除或停用多余的、过期的账户，避免共享账户的存在		k）涉及重要数据接口、重要服务数据接口，实施访问控制，包括但不限于数据处理、使用、分析、导出、共享、交换等相关操作	7.8.1 一般要求 云服务商应： i）按照云服务商定义的频率，检查账号是否符合账号管理的要求		
访问控制	d）应授予管理用户所需的最小权限，实现管理用户的权限分离			7.9.1 一般要求 云服务商应： a）对云计算平台上信息和系统资源的逻辑访问进行授权。 b）在对访问进行授权时应符合云服务商定义的职责分离规则。 7.11.1 一般要求 云服务商为用户提供的访问权限应是其完成指定任务所必需的，符合本组织的业务需求。 7.11.2 增强要求 云服务商应： e）确保信息系统能够阻止非特权用户执行特权功能，以防禁止、绕过或替代已实施的安全措施		

续表

控制点	等级保护要求			云计算服务安全评估（云计算服务系统安全计划）	《关键信息基础设施安全保护要求》	《信息系统密码应用基本要求》
	通用要求	云计算扩展	大数据系统安全控制措施			
访问控制	e）应由授权主体配置访问控制策略，访问控制策略规定主体对客体的访问规则； b）移动终端应接受移动终端管理服务端的设备生命周期管理、设备远程控制，如远程锁定、远程擦除等	a）应保证当虚拟机迁移时，访问控制策略随其迁移； b）应允许云服务客户设置不同虚拟机之间的访问控制策略		6.13.1 一般要求： 云服务商应： c）实现虚拟化平台的资源隔离，并保证： 1）每个虚拟机都能获得相对独立的物理资源，并能屏蔽虚拟资源故障，确保某个虚拟机崩溃后不影响虚拟机监控器（hypervisor）及其他虚拟机。 2）虚拟机只能访问分配给该虚拟机的物理资源。 3）不同虚拟机之间实现隔离。 4）不同虚拟机之间实现内存隔离。 5）虚拟机的内存在再分配给其他虚拟机前得到完全释放		设备和计算安全 b）宜采用密码技术保证信息系统应用的访问控制信息的和数据安全应用的完整性； c）宜采用密码技术保证信息系统资源访问控制信息的完整性
	f）访问控制的粒度应达到主体为用户级或进程级，客体为文件、数据库表级； a）应具有选择应用软件安装、运行的功能； b）应只允许指定证书签名的应用软件安装、运行； c）应具有软件白名单功能，应能根据白名单控制应用软件安装、运行					

续表

控制点	等级保护要求			云计算服务安全评估（云计算服务系统安全计划）	《关键信息基础设施安全保护要求》	《信息系统密码应用基本要求》
	通用要求	云计算扩展	大数据系统安全控制措施			
访问控制	g）应对重要主体和客体设置安全标记，并控制主体对有安全标记信息资源的访问		i）大数据平台应提供设置数据安全标记功能，基于安全标记的授权和访问控制措施，满足细粒度授权访问控制管理能力要求		c）针对重要业务数据资源的操作，应基于安全标记等技术实现访问控制	设备和计算安全 c）宜采用密码技术保证信息系统应用资源重要标记的完整性 应用和数据安全 d）宜采用密码技术保证信息资源重要标记的完整性
安全审计	a）应启用安全审计功能，审计覆盖每个用户，对重要的用户行为和重要安全事件进行审计		m）应跟踪和记录数据采集、处理、分析和挖掘等过程，保证溯源数据能够真实反映溯源过程，满足合规审计要求	11.2.1 一般要求： 云服务商应： a）制定并维护云服务商定义的可审计事件列表，如账号登录、客体访问、策略变更、特权功能、系统事件等		
	b）审计记录应包括事件的日期和时间，用户、事件类型、事件是否成功及其他与审计相关的信息			11.4.1 一般要求： 云服务商应： a）按照云存储要求配置审计记录存储容量。 11.8.1 一般要求： a）云服务商应使用云计算平台生成云服务商定义的审计记录，并满足云服务商定义的时间粒度		
	c）应对审计记录进行保护，定期备份，避免受到未预期的删除、修改或覆盖等					e）宜采用密码技术保证日志记录的完整性

续表

控制点	等级保护要求			云计算服务安全评估（云计算服务系统安全计划）	《关键信息基础设施安全保护要求》	《信息系统密码应用基本要求》
	通用要求	云计算扩展	大数据系统安全控制措施			
安全审计	d）应对审计进程进行保护，防止未经授权的中断			11.9.1 一般要求 云服务商应： a）保护审计信息和审计工具，防止非授权访问、篡改或删除		
入侵防范	a）应遵循最小安装的原则，仅安装需要的组件和应用程序					
	b）应关闭不需要的系统服务、默认共享和高危端口					
	c）应通过设定终端接入方式或网络地址范围对通过网络进行管理的管理终端进行限制			7.3.2 增强要求 在云平台定义的设备与云计算平台连接前，云服务商应对该设备进行标识和鉴别，利用唯一性标识和访问控制的介质访问控制（MAC）地址		
	d）应提供数据有效性检验功能，保证通过人机接口输入或通过通信接口输入的内容符合系统设定要求					
	e）应能发现可能存在的已知漏洞，并在经过充分测试评估后及时修补漏洞			12.3.1 一般要求 云服务商应： a）使用脆弱性扫描工具和技术，按照云服务商定义的频率进行云计算平台及应用程序脆弱性扫描，并标识和报告可能影响该平台及应用的新漏洞	应使用自动化工具支持系统账户、配置、系统漏洞、补丁、病毒库等漏洞的管理，对于漏洞应在经过验证后及时修补	

续表

控制点	等级保护要求			云计算服务安全评估（云计算服务系统安全计划）	《关键信息基础设施安全保护要求》	《信息系统密码应用基本要求》
	通用要求	云计算扩展	大数据系统安全控制措施			
入侵防范	f）应能够检测到对重要节点进行的入侵行为，并在发生严重入侵事件时报警	a）应能检测虚拟机之间的资源隔离失效，并进行告警；b）应能检测非授权新建虚拟机或者重新启用虚拟机，并进行告警			a）应采取技术手段，提高对高级可持续威胁（APT）等网络攻击行为的入侵防范能力	
恶意代码防范	应采用免受恶意代码攻击的技术措施或主动免疫可信验证机制及时识别入侵行为和病毒行为，并将其有效阻断	c）应能够检测恶意代码感染及在虚拟机间蔓延的情况，并进行告警			b）应采取技术手段，实现系统主动防护，及时识别并阻断入侵行为和病毒	
可信验证	可基于可信根对计算设备的系统引导程序、系统程序、重要配置参数和应用程序等进行可信验证，并在应用程序的关键执行环节进行动态可信验证，在检测到其可信性受到破坏后进行报警，并将验证结果形成审计记录送至安全管理中心					f）宜采用密码技术对重要可执行程序进行完整性保护，并对其来源进行真实性验证

续表

控制点	等级保护要求			云计算服务安全评估（云计算服务系统安全计划）	《关键信息基础设施安全保护要求》	《信息系统密码应用基本要求》
	通用要求	云计算扩展	大数据系统安全控制措施			
数据完整性	a）应采用校验技术或密码技术保证重要数据在传输过程中的完整性，包括但不限于鉴别数据、重要审计数据、重要配置数据、重要视频数据和重要个人信息等	数据完整性和保密性 a）应确保云服务客户数据、用户个人信息等存储于中国境内，如需出境应遵循国家相关规定；b）应确保只有在云服务客户授权下，云服务商或第三方才具有云服务客户数据的管理权限；c）应使用密码或校验技术确保虚拟机迁移过程中重要数据的完整性，并在检测到完整性受到破坏时采取必要的恢复措施	g）对外提供服务的大数据平台，平台或第三方只有在大数据应用的数据授权下才可以对大数据应用的数据资源进行访问、使用和管理；l）应在数据清洗和转换过程中对重要数据进行保护，以保证重要数据清洗和转换后的一致性，避免数据失真，并在产生问题时能使数据有效还原和恢复			f）宜采用密码技术保证信息系统应用的重要数据在传输过程中的完整性
	b）应采用校验技术或密码技术保证重要数据在存储过程中的完整性，包括但不限于鉴别数据、重要审计数据、重要配置数据、重要视频数据和重要个人信息等	镜像和快照保护 a）应针对重要业务系统提供加固的操作系统镜像或操作系统安全加固服务；b）应提供虚拟机镜像、快照完整性校验功能，防止虚拟机镜像被恶意篡改				g）宜采用密码技术保证信息系统应用的重要数据在存储过程中的完整性

续表

控制点	等级保护要求			《关键信息基础设施安全保护要求》	《信息系统密码应用基本要求》
	通用要求	云计算扩展	大数据系统安全控制措施	云计算服务安全评估（云计算服务系统安全计划）	
数据保密性	a) 应采用密码技术保证重要数据在传输过程中的保密性，包括但不限于鉴别数据和重要业务数据和重要个人信息等	c) 应采取密码技术保证虚拟机镜像和快照保护措施或其他技术手段，防止虚拟机镜像、快照中可能存在的敏感资源被非法访问		6.13.2 增强要求： 云服务商应： a) 确保虚拟化平台的管理命令采用加密协议进行传输	d) 应采用密码技术保证应用系统传输过程中数据的机密性
	b) 应采用密码技术保证重要数据在存储过程中的保密性，包括但不限于鉴别数据和重要业务数据和重要个人信息等	d) 应支持云密钥管理解决方案，保证云服务客户自行实现数据的加解密过程。《政务云安全要求》(GW0013—2017) 总体要求 e) 云服务方应提供对各信息系统核心或敏感数据加密存储的功能，应按照国家密码管理有关规定使用和管理密钥，并按规定设施、使用和管理密钥生成，使用和管理密钥	f) 大数据平台应提供静态脱敏和去标识化的工具或服务组件技术；	6.15.2 增强要求： 云服务商应： b) 允许客户部署满足国家密码管理规定的数据加密方案，确保客户的数据能够在云计算平台以密文形式存储。 6.15.2 增强要求： 云服务商应： c) 支持第三方加密及密钥管理方案，确保云服务商或任何第三方无法对客户的数据进行了解。 7.24.2 增强要求： 云服务商应使用数据挖掘防范和检测技术，检测和防范对数据存储介质进行的数据挖掘	e) 应采用密码技术保证应用系统存储过程中的重要数据的机密性； h) 在可能涉及法律责任认定的应用中，宜采用密码技术提供数据原发证据和数据接收证据，实现数据原发行为的不可否认性和数据接收行为的不可否认性

续表

控制点	通用要求	等级保护要求 云计算扩展	等级保护要求 大数据系统安全控制措施	云计算服务安全评估（云计算服务系统安全计划）	《关键信息基础设施安全保护要求》	《信息系统密码应用基本要求》
数据备份恢复	a) 应提供重要数据的本地数据备份与恢复功能	a) 云服务客户应在本地保存其业务数据的备份； b) 应提供查询云服务客户数据及备份存储位置的能力； d) 应为云服务客户将业务迁移到其他云计算平台和本地系统提供技术手段，并协助完成迁移过程		7.26.1 一般要求 云服务商应： c) 为客户将信息迁移到其他云计算平台提供技术手段，并协助完成数据迁移。 10.11.1 一般要求 云服务商应： a) 具备系统级备份能力，按照云服务商定义的频率，对信息系统中的系统级信息进行备份，如系统状态、操作系统及应用软件		
	b) 应提供异地实时备份功能，利用通信网络将重要数据实时备份至备份场地					
	c) 应提供重要数据处理系统的热冗余，保证系统的高可用性	c) 云服务商的云存储服务应保证云服务客户数据存在若干个可用的副本，各副本之间的内容应保持一致	e) 大数据平台应应屏蔽计算、内存、存储资源故障，保障业务正常运行			

续表

控制点	等级保护要求			云计算服务安全评估（云计算服务安全计划）	《关键信息基础设施安全保护要求》	《信息系统密码应用基本要求》
	通用要求	云计算扩展	大数据系统安全控制措施			
剩余信息保护	a）应保证鉴别信息所在的存储空间被释放或重新分配前得到完全清除	a）应保证虚拟机所使用的内存和存储空间回收时得到完全清除		7.26.1 一般要求 云服务商应： a）在客户与其服务合约到期时，能够安全地返还云计算平台上的客户信息。 7.26.1 一般要求 云服务商应： b）在客户定义的时间内，删除云计算平台上存储的客户信息，并确保不能以商业市场可得的技术手段恢复		
	b）应保证存有敏感数据的存储空间被释放或重新分配前得到完全清除	b）云服务客户删除业务应用数据时，云计算平台应将云存储中所有副本删除		6.15.1 一般要求 云服务商应： d）在租户解除存储资源的使用后，为确保在物理存储设备的所有数据在被清除之前不被属于该租户级别以外的其他用户访问，云服务商应提供有效清除、云服务商数据清除手段，确保云服务商能够在云服务商定义的需要清除云数据用户存储设备上被有效清除。例如镜像文件，快照文件在证移或删除虚拟机后能被完全清除		
个人信息保护	a）应仅采集和保存业务必需的用户个人信息					
	b）应禁止未授权访问和非法使用用户个人信息					

6.5 安全管理中心（见表6-5）

表6-5 安全管理中心对照表

控制点	通用要求	等级保护要求		云计算服务安全评估（云计算服务系统安全计划）	《信息系统密码应用基本要求》
		云计算扩展	大数据系统安全控制措施		
系统管理	a）应对系统管理员进行身份鉴别，只允许其通过特定的命令或操作界面进行系统管理操作，并对这些操作进行审计				
	b）应通过系统管理员对系统的资源和运行进行配置、控制和管理，包括用户身份、系统资源配置、系统加载和启动、系统运行的异常处理、数据和设备的备份与恢复等				
审计管理	a）应对审计管理员进行身份鉴别，只允许其通过特定的命令或操作界面进行安全审计操作，并对这些操作进行审计				
	b）应通过审计管理员对审计记录进行分析，并根据分析结果进行处理，包括根据安全审计策略对审计记录进行存储、管理和查询等				
安全管理	a）应对安全管理员进行身份鉴别，只允许其通过特定的命令或操作界面进行安全管理操作，并对这些操作进行审计				

续表

控制点	等级保护要求			云计算服务安全评估（云计算服务系统安全计划）	《信息系统密码应用基本要求》
	通用要求	云计算扩展	大数据系统安全控制措施		
安全管理	b）应通过安全管理员对系统中的安全策略进行配置，包括安全参数的设置，主体、客体进行统一安全标记，对主体进行授权，配置可信验证策略等				
集中管控	a）应划分出特定的管理区域，对分布在网络中的安全设备或安全组件进行管控	a）应能对物理资源和虚拟资源按照策略做统一管理调度与分配	c）大数据平台应为大数据应用提供集中管控其计算和存储资源使用状况的能力；d）大数据平台应对其提供的辅助工具或服务组件实施有效管理	6.2.2 增强要求 云服务商应： g）构建物理上独立的管理网络，连接管理工具和被管理设备或资源，以对云计算平台进行管理	
	b）应能够建立一条安全的信息传输路径，对网络中的安全设备或安全组件进行管理	b）应保证云计算平台管理流量与云服务客户业务流量分离	b）应保证大数据平台的管理流量与业务系统流量分离		
	c）应对网络链路、安全设备、网络设备和服务器等的运行状况进行集中监测	d）应根据云服务客户和云服务商的职责划分，实现各自控制部分，包括虚拟化网络、虚拟机、虚拟化安全设备等的运行状况的集中监测		6.13.1 一般要求 云服务商应： a）提供实时的虚拟机监控机制，通过带内或带外的技术手段对虚拟机的运行状态、资源占用、迁移等信息进行监控	

续表

控制点	等级保护要求			云计算服务安全评估 （云计算服务系统安全计划）	《信息系统密码应用基本要求》
	通用要求	云计算扩展	大数据系统安全控制措施		
集中管控	d) 应对分散在各个设备上的审计数据进行收集汇总和集中分析，并保证审计记录的留存时间符合法律法规要求	c) 应根据云服务商和云服务客户的职责划分，收集各自控制部分的审计数据并实现各自的集中审计	n) 大数据平台应保证不同客户大数据应用的审计数据隔离存放，并提供对不同客户审计数据汇总和集中分析的能力	11.6.1 一般要求 云服务商应： a) 按照云服务商定义的频率对审计记录进行审查和分析，以发现云服务商定义的不当或异常活动，并向云服务商定义的人员或角色报告。 11.11.1 一般要求 云服务商应按照云服务策略留存策略的时间段来在线保存审计记录，以支持安全事件的事后调查，并应符合法律法规及客户的信息留存要求	
	e) 应对安全策略、恶意代码、补丁升级等安全相关事项进行集中管理			6.11.2 增强要求 云服务商应： c) 集中管理恶意代码防护机制	
	f) 应能对网络中发生的各类安全事件进行识别、报警和分析				

6.6 网络安全制度（见表6-6）

表6-6 网络安全制度对照表

控制点	等级保护要求		云计算服务安全评估（云计算服务系统安全计划）	《关键信息基础设施安全保护要求》	《信息系统密码应用基本要求》
	通用要求	云计算扩展			
安全策略	应制定网络安全工作的总体方针和安全策略，阐明机构安全工作的总体目标、范围、原则和安全框架等			a）应制订适合本组织的网络安全保护计划，明确关键信息基础设施安全保护工作的目标，从管理体系、技术体系、运营体系、保障体系等方面进行规划，加强资源保障。装备基础设施安全保护工作。网络安全保护计划应形成文档并经审批后发布应每年至少修订一次，或发生重大变化时进行修订； b）应建立管理制度和安全策略，重点考虑基于关键业务安全需求，并根据关键信息基础设施面临的安全风险和威胁的变化进行相应调整	
管理制度	a）应对安全管理活动中的各类管理内容建立安全管理制度		5.1.1 一般要求 云服务商应： a）制定如下策略与规程，并分发至云服务商定义的人员或角色： 1）系统开发与供应链安全策略（包括采购策略等），涉及以下内容：目的、范围、角色、责任、管理层承诺、内部协调，合规性。 2）相关规程，以推动系统开发与供应链应安全策略及有	检测评估 应建立健全关键信息基础设施安全检测评估制度，包括但不限于检测评估流程、方式方法、周期、人员组织、资金保障等。 a）应建立并落实常态化监测预警快速响应机制，制定自身安全的监测预	a）应具备密码管理制度，包括密码管人员管理、密钥管理、建设运行、应急处置、密码软硬件及介质管理等制度

续表

控制点	等级保护要求		云计算服务安全评估（云计算服务系统安全计划）	《关键信息基础设施安全保护要求》	《信息系统密码应用基本要求》
	通用要求	云计算扩展			
管理制度	b）应对管理人员或操作人员执行的日常管理操作建立操作规程		关安全措施的实施。 6.1.1 一般要求 云服务商应： a）制定如下策略与规程，并分发至云服务商定义的人员或角色： 1）系统与通信保护策略（包括边界保护策略、移动代码策略、虚拟化策略等），涉及以下内容：目的、范围、角色、责任、管理层承诺、内部协调、合规性。 2）相关规程，以推动系统与通信保护策略及有关安全措施的实施。 7.1.1 一般要求 云服务商应： a）制定如下策略与规程，并分发至云服务商定义的人员或角色： 1）标识与鉴别策略、访问控制策略（包括信息流控制策略、远程访问策略等），涉及以下内容：目的、范围、角色、责任、管理层承诺、内部协调、合规性。 2）相关规程，以推动标识与鉴别策略、访问控制策略及有关安全措施的实施。 8.1.1 一般要求 云服务商应： a）制定如下策略与规程，并分发至云服务商定义的人员或角色： 1）配置管理策略（包括基线配置策略、软件使用限制策略等），涉及以下内容：目的、范围、角色、责任、管理层承诺、内部协调、合规性。 2）相关规程，以推动配置管理策略及有关安全措施的实施	警和信息通报制度，确定网络安全预警分级准则，明确监测预警内容和预警流程，对关键信息基础设施的安全风险进行监测预警； b）应关注国内外及行业关键信息基础设施安全事件、安全漏洞，解决方法和发展趋势，并对涉及的关键信息基础设施安全性进行研判分析，必要时发出预警； c）应建立关键信息基础设施的预警信息报告和响应处置程序，明确不同级别预警的报告、响应和处置流程； d）应建立通报预警及协作处置机制，建立和维护对外联络单位联系列表，包括外联单位名称、合作内容、联系人和联系方式等信息； e）应建立与外部组织之间，与其他运营者之间，以及运营者内部机构与管理人员，内部部门之间的沟通与合作机制，定期召开协调会议，共同解决网络安全问题； f）应建立网络安全信息共享机制，例如：建立与网络安全工作部门、同一关键信息基础设施的其他运营者、关键信息基础设施网络安全服务机构、网络安全保护相关的其他合作机构、网安研究机构、网络安全服务机构、网业界专家之间的沟通与合作机制，网	b）应根据密码应用方案建立相应密钥管理规则

续表

控制点	等级保护要求		云计算服务安全评估（云计算服务系统安全计划）	《关键信息基础设施安全保护要求》	《信息系统密码应用基本要求》
	通用要求	云计算扩展			
管理制度	c）应形成由安全策略、管理制度、操作规程、记录表单等构成的全面的安全管理制度体系		9.1.1 一般要求 云服务商应： a）制定如下策略与规程（包括远程维护策略），并分发至云服务商定义的人员或角色： 1）系统维护策略，涉及以下内容：目的、范围、角色、责任、管理层承诺、内部协调、合规性。 2）相关规程，以推动系统维护策略及有关安全措施的实施。 10.1.1 一般要求 云服务商应： a）制定如下策略与规程，并分发至云服务商定义的人员或角色： 1）事件处理策略，涉及以下内容：目的、范围、角色、责任、管理层承诺、内部协调、合规性。 2）相关规程，以推动事件处理策略及有关安全措施的实施。 11.1.1 一般要求 云服务商应： a）制定如下策略与规程，并分发至云服务商定义的人员或角色： 1）审计策略，涉及以下内容：目的、范围、角色、责任、管理层承诺、内部协调、合规性。 2）相关规程，以推动审计策略及有关安全措施的实施。 12.1.1 一般要求 云服务商应： a）制定如下策略与规程，并分发至云服务商定义的人员或角色：	网络安全共享信息可以是漏洞信息、威胁信息、最佳实践、前沿技术等。当网络安全共享信息为漏洞信息时，应符合国家关于漏洞管理制度的要求	c）应对管理人员或操作人员执行的日常管理操作建立操作规程； e）应明确相关密码应用安全管理制度的发布流程并进行版本控制； f）应具有密码应用操作规程的相关执行记录并妥善保存

续表

控制点	等级保护要求		云计算服务安全评估 （云计算服务系统安全计划）	《关键信息基础设施安全保护要求》	《信息系统密码应用基本要求》
	通用要求	云计算扩展			
管理制度			1）风险管理策略、风险评估策略、持续监控策略，涉及以下内容：目的、范围、角色、责任、管理层承诺、内部协调、合规性。 2）相关规程，以推动风险管理策略、风险评估策略、持续监控策略及有关安全措施的实施。 13.1.1 一般要求 云服务商应： a）制定如下策略与规程，并分发至云服务商定义的人员或角色： 1）安全组织策略，人员安全策略和安全意识及培训策略，涉及以下内容：目的、范围、角色、责任、管理层承诺、内部协调、合规性。 2）相关规程，以推动安全组织策略、人员安全策略和安全意识及培训策略以及有关安全措施的实施。 13.4.1 一般要求 云服务商应： c）建立云服务商定义的机制，以监督检查信息安全规章制度的落实情况。 14.1.1 一般要求 云服务商应： a）制定如下策略与规程，并分发至云服务商定义的人员或角色： 1）物理与环境安全防护策略，涉及以下内容：目的、范围、角色、责任、管理层承诺、内部协调、合规性。 2）相关规程，以推动物理与环境安全策略及有关安全措施的实施		

续表

控制点	等级保护要求		云计算服务安全评估	《关键信息基础设施安全保护要求》	《信息系统密码应用基本要求》
	通用要求	云计算扩展	(云计算服务系统安全计划)		
制定和发布	a) 应指定或授权专门的部门或人员负责安全管理制度的制定				
	b) 安全管理制度应通过正式、有效的方式发布，并进行版本控制				
评审和修订	应定期对安全管理制度的合理性和适用性进行论证和审定，对存在不足或需要改进的安全管理制度进行修订				d) 应定期对密码应用安全管理制度和操作规程的合理性和适用性进行论证和审定，对存在不足或需要改进之处进行修订

6.7 网络安全组织（见表 6-7）

表 6-7 网络安全组织对照表

控制点	等级保护要求 通用要求	等级保护要求 云计算扩展	云计算服务安全评估（云计算服务系统安全计划）	《关键信息基础设施安全保护要求》	《信息系统密码应用基本要求》
岗位设置	a）应成立指导和管理网络安全工作的委员会或领导小组，其最高领导由单位主管领导担任或授权 b）应设立网络安全管理工作的职能部门，设立安全主管、安全管理各个方面负责人岗位，并定义各负责人的职责 c）应设立系统管理员、审计管理员和安全管理员等岗位，并定义部门及各个工作岗位的职责		13.5.1 一般要求 云服务商应： d）根据岗位风险，明确所有岗位的信息安全职责，并与客户共同确定涉及云计算服务的安全职责	a）应成立网络安全工作小组，由组织委员会或领导负责人担任组长，明确一名领导班子成员为首席网络安全官，专职管理或分管网络安全关键基础设施保护工作 b）应设置专门的网络安全管理机构（以下简称"安全管理机构"），明确负责人及岗位，建立并实施网络安全考核及监督问责机制	
人员配备	a）应配备一定数量的系统管理员、审计管理员和安全管理员等			c）应为每个关键信息基础设施明确一名安全管理责任人	b）应建立密码应用岗位责任制度，明确各岗位在安全系统中的职责和权限： 1）根据密码应用的实际情况，设置密钥管理员、密码安全审计员、密码操作员等关键安全岗位； 2）对关键岗位建立多人共管机制

续表

控制点	等级保护要求 通用要求	云计算服务安全评估（云计算服务系统安全计划） 云计算扩展	《关键信息基础设施安全保护要求》	《信息系统密码应用基本要求》
人员配备	b) 应配备专职安全管理员，不可兼任			3) 密钥管理、密码操作人员职责互相制约，密码操作监督人员与密钥管理员、密码操作审计员岗位不可兼任； 4) 相关设备与系统的管理和使用账号不得多人共用
授权和审批	a) 应根据各个部门和岗位的职责明确授权审批事项；审批部门和批准人等		d) 应将安全管理机构纳入本组织信息化决策体系	
	b) 应针对系统变更、重要操作、物理访问和系统接入等事项建立审批程序，按照审批程序执行审批过程，对重要活动建立逐级审批制度			
	c) 应定期审查审批事项，及时更新需授权和审批的项目，审批部门和审批人等信息			
沟通和合作	a) 应加强各类管理人员、组织内部机构和网络安全职能部门的合作与沟通，定期召开协调会议，共同协作处理网络安全问题			
	b) 应加强与应商、业界专家及安全组织的合作与沟通			
	c) 应建立外联单位联系列表，包括外联单位名称、合作内容、联系人和联系方式等信息			
审核和检查	a) 应定期进行常规安全检查，检查内容包括系统日常运行、系统漏洞和数据备份等情况			

续表

控制点	等级保护要求		云计算服务安全评估（云计算服务系统安全计划）	《关键信息基础设施安全保护要求》	《信息系统密码应用基本要求》
	通用要求	云计扩展			
审核和检查	b) 应定期进行全面安全检查，检查内容包括现有安全技术措施的有效性、安全配置与安全策略的一致性、安全管理制度的执行情况等 c) 应制定安全检查表格实施安全检查，汇总安全检查数据，形成安全检查报告，并对安全检查结果进行通报				

6.8 安全管理人员（见表6-8）

表6-8 安全管理人员对照表

控制点	等级保护通用要求		云计算服务安全评估（云计算服务系统安全计划）	《关键信息基础设施安全保护要求》	《信息系统密码应用基本要求》
	通用要求	云计算扩展			
人员录用	a) 应指定或授权专门的部门或人员负责人员录用 b) 应对被录用人员的身份、安全背景、专业资格或资质等进行审查，对其所具有的技术技能进行考核		13.6.1 一般要求 云服务商应： a) 确保授权访问信息系统的人员已经过筛选，人员背景信息和筛选结果应可供客户查阅	a) 应对安全管理机构的负责人和关键岗位的人员进行考核，符合安全背景审查要求的人员方能上岗。安全管理机构应明确关键管理与关键管理业务系统直接相关的系统管理、网络管理、安全管理等关键岗位。关键岗位应配备专人，并配备2人以上共同管理	a) 相关人员应了解并且遵守密码相关法律法规、密码应用安全管理制度

续表

控制点	等级保护通用要求		云计算服务安全评估（云计算服务系统安全计划）	《关键信息基础设施安全保护要求》	《信息系统应用密码基本要求》
	通用要求	云计算扩展			
人员录用	c）应与被录用人员签署保密协议，与关键岗位人员签署岗位责任协议		13.6.1 一般要求 云服务商应： c）与授权访问信息系统的人员签订保密协议。 13.5.1 一般要求 云服务商应： d）根据岗位风险，明确所有岗位的信息安全职责，并与客户共同确定涉及云计算服务的安全职责。 13.11.1 一般要求 云服务商应： b）在启动处罚程序时，在云服务商定义的期限内，通知云服务商定义的人员或角色，指明受处罚人员及处罚原因	e）应明确从业人员安全保密职责和义务，包括安全职责、奖惩机制、离岗后的脱密期限等，并签订安全保密协议	
人员离岗	a）应及时终止离岗人员的所有访问权限，取回各种身份证件、钥匙、徽章等以及机构提供的软硬件设备		13.7.1 一般要求 云服务商一旦决定终止与某人员的雇用关系，应： a）在云服务商定义的期限内，终止该人员对信息系统的访问。 b）终止或撤销与该人员相关的任何身份鉴别物或凭证。 13.8.1 一般要求 云服务商应： c）修改访问授权	d）当安全管理机构的负责人和关键岗位人员发生变化（例如：安全背景等发生变化）或有必要时，应取得非中国国籍相关要求并进行安全背景重新审查。应在人员发生内部岗位调动时，重新评估相关设施和物理访问信息基础设施的逻辑和物理访问权限，修改或终止离岗人员对关键人员或角色。应在人员离岗时，及时终止离岗人员身份鉴别相关的软硬件设备，收回身份鉴别相关的软硬件设备，进行面谈并通知相关人员或角色	

续表

控制点	等级保护通用要求		云计算服务安全评估（云计算服务系统安全计划）	《关键信息基础设施安全保护要求》	《信息系统密码应用基本要求》
	通用要求	云计算扩展			
人员离岗	b）应办理严格的调离手续，承诺调离后的保密义务后方可离开				e）应建立关键人员保密制度和调离制度，签订保密合同，承担保密义务
安全意识教育和培训	a）应对各类人员进行安全意识教育和岗位技能培训，并告知相关的安全责任和惩戒措施		13.12.1 一般要求 云服务商应： c）记录信息系统安全意识培训和特定的信息系统安全基础培训	b）应定期安排安全管理机构人员参加国家、行业或业界网络安全相关活动，及时获取网络安全动态	c）应建立上岗人员培训制度，对于涉及密码的操作和管理的人员进行专门培训，确保其具备岗位所需专业技能
	b）应针对不同岗位制订不同的培训计划，对安全基础知识、岗位操作规程等进行培训		13.12.2 增强要求 云服务商应在安全意识培训中加入有关发现和报告内部威胁的培训	c）应建立网络安全教育培训制度，定期开展网络安全教育和技能考核，关键信息基础设施从业人员每人每年教育培训时长不得少于30个学时。教育培训内容应包括网络安全相关法律法规、政策标准、网络安全保护技术、网络安全管理等	
	c）应定期对不同岗位的人员进行技能考核				d）应定期对安全岗位密码应用人员进行考核
外部人员访问管理	a）应在受控区域前提出书面申请，批准后由专人全程陪同，并登记备案				

续表

控制点	等级保护通用要求		等级保护扩展	云计算服务安全评估（云计算服务系统安全计划）	《关键信息基础设施安全保护要求》	《信息系统密码应用基本要求》
	通用要求		云计算扩展			
外部人员访问管理	b）应在外部人员接入受控网络访问系统前由书面申请，批准后由专人开设账户，分配权限，并登记备案 c）外部人员离场后应及时清除其所有的访问权限 d）获得系统访问授权的外部人员应签署保密协议，不得进行非授权操作，不得复制和泄露任何敏感信息					

6.9 安全建设管理（见表 6-9）

表 6-9 安全建设管理对照表

控制点	等级保护要求		大数据系统安全控制措施	云计算服务安全评估（云计算服务系统安全计划）	《关键信息基础设施安全保护要求》	《信息系统密码应用基本要求》
	通用要求	云计算扩展				
定级和备案	a）应以书面的形式说明保护对象的安全保护等级及确定等级的方法和理由	《政务云安全要求》GW 0013—2017 总体要求 b）政务云计算基础设施应按网络安全等级保护国家标准中的第三级等级保护要求建设和保护			应落实国家网络安全等级保护相关制度和信息系统的安全要求，开展网络备案、定级、安全建设整改和等级测评等工作	

续表

控制点	通用要求	等级保护扩展		云计算服务安全评估（云计算服务系统安全计划）	《关键信息基础设施安全保护要求》	《信息系统密码应用基本要求》
		云计算扩展	大数据系统安全控制措施			
定级和备案	b）应组织相关部门和有关安全技术专家对定级结果的合理性进行论证和审定					
	c）应保证定级结果经过相关部门的批准					
	d）应将备案材料报主管部门和相应公安机关备案					
安全方案设计	a）应根据安全保护等级选择基本安全措施，依据风险分析的结果补充和调整安全措施					a）应依据密码相关应用标准和密码应用需求，制订密码应用方案
	b）应根据保护对象的安全保护等级及与其他等级保护对象的关系进行安全方案设计，设计内容应包含密码技术相关内容，并形成配套文件					b）应根据密码应用方案，确定系统涉及的密钥种类、体系及其生存周期各环节，各环节密钥管理要求参照附录B
	c）应组织相关部门和有关安全专家对安全整体规划及其配套文件的合理性和正确性进行论证和审定，经过批准后才能正式实施					c）应按照应用方案实施建设

第 6 章 数字政府网络安全合规要求整合和对照

续表

控制点	通用要求	等级保护要求			云计算服务安全评估（云计算服务系统安全计划）	《关键信息基础设施安全保护要求》	《信息系统密码应用基本要求》
		云计算扩展	大数据系统安全控制措施				
		云服务商选择					
产品采购和使用	a）应确保网络安全产品采购和使用符合国家的有关规定	云服务商选择 a）应选择安全合规的云服务商，其所提供的云计算平台应为其所承载的业务应用系统提供相应等级的安全保护能力； b）应在服务水平协议中规定云服务的各项服务内容和具体技术指标； c）应在服务水平协议中规定云服务商的权限与责任，包括管理范围、职责划分、访问授权、隐私保护、行为准则、违约责任等； d）应在服务水平协议中规定服务合约到期时，完整提供云服务客户数据，并承诺相关数据在云计算平台上清除； e）应与选定的云服务商签署保密协议，要求其不得泄露云服务客户数据。	a）应选择安全合规的大数据平台，其所提供的大数据应用承载的大数据应用提供相应等级的安全保护能力； b）应以书面方式约定大数据平台与大数据的权限与责任、各项服务内容和具体指标等，尤其是安全服务内容； c）应明确约束数据交换、共享的接收方对数据的保护责任，并确保接收方有足够或相当的安全防护能力	5.17.1 一般要求 云服务商应： a）注明有哪些外包的服务或采购的产品对云计算服务的安全性存在重要影响 b）确保云服务商设备通过政府有关部门已设立的信息安全测评或审查制度的安全检测	a）应建立供应链安全管理策略，包括风险管理策略，供应方选择和管理策略，产品维护和采购策略，安全维护策略等。建立供应链安全管理制度，提供用于供应链安全管理的资源，权限等可用资源； b）采购网络关键设备和网络安全专用产品时，应采购通过国家检测认证的设备和产品； c）应形成年度采购的网络产品和服务清单。采购、使用的网络产品和服务应符合相关国家标准的要求。可能影响国家安全的，应通过国家网络安全审查； d）应建立目录，应选择符合保障的供应方。应选出现因政治、外交、贸易等非技术因素导致供应中断的风险； e）应强化采购渠道管理。	
	b）应确保密码产品与服务的采购和使用符合国家密码管理主管部门的要求			《政务云安全要求》GW 0013—2017） 总体要求 a）各类政务业务应部署			

控制点	等级保护要求			大数据系统安全控制措施	云计算服务安全评估（云计算服务系统安全计划）	《关键信息基础设施安全保护要求》	《信息系统密码应用基本要求》
	通用要求	云计算扩展					
产品采购和使用	c) 应预先对产品进行选型测试，确定产品的候选范围，并定期审定和更新候选产品名单。 移动应用软件采购 本项要求包括： a) 应保证移动终端安装、运行的应用软件来自可靠分发渠道或使用指定的开发者签名； b) 应保证移动终端安装、运行的应用软件由指定的开发者开发。 移动应用软件开发 本项要求包括： a) 应对移动业务应用软件开发者进行资格审查； b) 应保证应用软件的开发签名证书的合法性	在物理设施独立的政务云上，不得部署在公有云上； 《政务信息共享数据安全技术要求》（GB/T 39477—2020） a) 应满足 GB/T 31168—2014 中的增强级安全要求；			c) 对重要的信息系统、组件或服务实施云服务商定义的供应链保护措施，根据实际情况，开发以及对开发环境、开发设备的外部连接实施安全控制。 1) 对产品的开发环境、开发设备以及对开发环境的外部连接实施安全控制。 2) 对开发商进行审核。人员筛选，对开发人员进行审核。人员筛选准则包括：无过失，可靠性的声明，公民身份和国籍，开发商的官方认证还包括对公司所有制其他实体的审查和分析。 3) 在运输或仓储时使用防篡改包装	保持采购的网络产品和服务来源的稳定性或多样性； f) 采购网络产品和服务时，应明确供应者的安全责任和义务，要求提供者对网络产品和服务的设计、研发、生产、交付等关键环节提供安全管理。要求获取用户数据，控制和操纵用户系统和设备，或利用用户对产品的依赖性谋取不正当利益或者迫使用户更新换代； g) 应与网络服务签订安全保密协议，协议内容应包括安全职责、保密内容、奖惩机制、有效期等； h) 应要求网络产品和服务提供者对网络产品和服务研发、制造过程和服务的实体拥有或控制中涉及技术专利或知识的已知等十年以上授权，获得在有效使用期内获得持续	

续表

控制点	等级保护要求			云计算服务安全评估（云计算服务系统安全计划）	《关键信息基础设施安全保护要求》	《信息系统密码应用基本要求》
	通用要求	云计算扩展	大数据系统安全控制措施			
产品采购和使用					授权； i）应要求网络产品和服务的提供者提供中文版的运行维护、二次开发等技术资料； j）应自行委托第三方网络安全检测，或由网络安全服务机构出具网络安全检测报告； k）使用的网络产品和服务存在安全缺陷、漏洞等风险时，应及时采取措施消除风险隐患，涉及重大风险的应按规定向相关部门报告	
自行软件开发	a）应将开发环境与实际运行环境物理分开，测试数据和测试结果受到控制 b）应制定软件开发管理制度，明确说明开发过程的控制方法和人员行为准则 c）应制定代码编写安全规范，要求开发人员参照规范编写代码					

续表

控制点	等级保护要求		大数据系统安全控制措施	云计算服务安全评估（云计算服务系统安全计划）	《关键信息基础设施安全保护要求》	《信息系统密码应用基本要求》
	通用要求	云计算扩展				
自行软件开发	d）应具备软件设计的相关文档和使用指南，并对文档使用进行控制					
	e）应保证在软件开发过程中对安全性进行测试，在软件安装前对可能存在的恶意代码进行检测					
	f）应对程序资源库的修改、更新、发布进行授权和批准，并严格进行版本控制					
	g）应保证开发人员为专职人员，开发人员的开发活动受到控制、监视和审查					
外包软件开发	a）应在软件交付前检测其中可能存在的恶意代码					
	b）应保证开发单位提供软件设计文档和使用指南					
	c）应保证开发单位提供软件源代码，并审查软件中可能存在的后门和隐蔽信道					

续表

控制点	通用要求	等级保护要求 云计算扩展	大数据系统安全控制措施	云计算服务安全评估（云计算服务系统安全计划）	《关键信息基础设施安全保护要求》	《信息系统密码应用基本要求》
工程实施	a）应指定或授权专门的部门或人员负责工程实施过程的管理					
	b）应制订安全工程实施方案，控制工程实施过程					
	c）应通过第三方工程监理控制项目的实施过程					
测试验收	a）应制订测试验收方案，并依据测试验收方案实施测试验收，形成测试验收报告				应在关键信息基础设施建设、改造、升级等环节，实现网络安全同步规划、同步建设、同步使用，施主体工程同步评审、评估，并采取测试、验证、演练等多种形式试验证。必要时，可建设关键业务的仿真验证环境，予以验证	
	b）应进行上线前的安全性测试，并出具安全性测试报告，安全测试报告应包含密码应用安全性测试相关内容	《政务云安全要求》GW 0013—2017 总体要求 m）所有应用系统正式迁移部署到政务云上前应进行测试，其应用系统源代码的定制化部分应向政务云管理单位备案				d）投入运行前应进行密码应用安全性评估，评估通过后系统方可正式运行
系统交付	a）应制定交付清单，并根据交付清单对所交接的设备、软件和文档等进行清点					
	b）应对负责运行维护的技术人员进行相应的技能培训					

续表

控制点	等级保护要求		大数据系统安全控制措施	云计算服务安全评估（云计算服务系统安全计划）	《关键信息基础设施安全保护要求》	《信息系统密码应用基本要求》
	通用要求	云计算扩展				
系统交付	c) 应提供建设过程文档和运行维护文档					
等级测评	a) 应定期进行等级测评，发现不符合标准要求的及时整改					e) 在运行过程中，应严格执行既定的密码应用安全管理制度，定期开展密码应用安全性评估及攻防对抗演习，并根据评估结果进行整改
等级测评	b) 应在发生重大变化或级别变更时进行等级测评					
等级测评	c) 应确保测评机构的选择符合国家有关规定					
服务供应商选择	a) 应确保服务供应商的选择符合国家有关规定			13.10.1 一般要求 云服务商应： a) 为第三方供应商（如服务组织、合同商、信息系统开发商、外部应用提供商）建立人员安全要求，包括安全角色和责任	见本表"产品采购和使用"部分	
服务供应商选择	b) 应与选定的服务供应商签订相关协议，明确整个服务供应链各方需履行的网络安全相关义务	b) 应将供应链安全事件信息或安全威胁信息及时传达给云服务客户				

续表

控制点	等级保护要求			云计算服务安全评估（云计算服务系统安全计划）	《关键信息基础设施安全保护要求》	《信息系统密码应用基本要求》
	通用要求	云计算扩展	大数据系统安全控制措施			
服务供应商选择	c）应定期监督、评审和审核服务供应商提供的服务，并对其变更服务内容加以控制	c）应将供应商变更及时传达给云服务客户，并评估变更带来的安全风险，采取措施对风险进行控制		5.8.2 增强要求 云服务商应： e）使云服务商定义安全的防护措施，以确保云服务提供商不损害义的外部服务提供商不损害本组织的利益。根据实际情况，安全防护措施可以是： 1）对外部服务提供商进行人员背景审查，或要求提供商提供可信的人员背景审查结果； 2）检查外部服务提供商资本变更记录； 3）选择可信赖的外部服务提供商，如有过良好合作的提供商； 4）定期或不定期检查外部服务提供商的设施。 13.10.1 一般要求 云服务商应： d）监视第三方供应商的合规情况		

6.10 安全运维管理（见表 6-10）

表 6-10 安全运维管理对照表

控制点	等级保护要求		大数据系统安全控制措施	云计算服务安全评估（云计算服务系统安全计划）	《关键信息基础设施安全保护要求》	《信息系统密码应用基本要求》
	通用要求	云计算扩展				
环境管理	a) 应指定专门的部门或人员负责机房安全，对机房出入进行管理，定期对机房供配电、空调、温湿度控制、消防等设施进行维护管理	云计算平台的运维地点应位于中国境内，境外对境内云计算平台实施运维操作应遵循国家相关规定			a) 应保证关键信息基础设施的运维地点位于中国境内，如确需境外运维，应符合我国相关规定	
	b) 应建立机房安全管理制度，对有关物理访问、物品进出和环境安全等方面的管理做出规定					
	c) 应不在重要区域接待未访人员，不随意放置含有敏感信息的纸档文件和移动介质等					

续表

控制点	等级保护要求			云计算服务安全评估（云计算服务系统安全计划）	《关键信息基础设施安全保护要求》	《信息系统密码应用基本要求》
	通用要求	云计算扩展	大数据系统安全控制措施			
资产管理	a）应编制并保存与保护对象相关的资产清单，包括资产责任部门、重要程度和所处位置等内容		a）应建立数字资产安全管理策略，对数据全生命周期的操作规范、保护措施、管理人员职责等进行规定，包括但不限于数据采集、应用、处理、存储、流动、销毁等过程		收敛暴露面 a）应识别和减少互联网协议地址、端口、应用服务等暴露面，压缩互联网出口数量	
	b）应根据资产的重要程度对资产进行标识管理，根据资产的价值选择相应的管理措施		b）应制定并执行数据分级分类保护策略，针对不同类别的级别的数据制定不同的安全保护措施		b）应减少对外暴露组织架构、邮箱账号、组织通信录等内部信息，防范社会工程学攻击	
	c）应对信息分类与标识方法做出规定，并对信息的使用、传输和存储等进行规范化管理		c）应在数据分类分级的基础上，划分重要数字资产范围，明确重要数据或敏感数据的使用场景和业务处理流程； d）应定期评审数据的类别和级别，如需要变更数据的类别或级别，应依据变更审批流程执行变更		c）不应在公共存储空间（如代码托管平台、文库、网盘等）存储可能被改攻击者利用的技术文档，如网络拓扑图、源代码、互联网协议地址规划等	

续表

控制点	等级保护要求			云计算服务安全评估（云计算服务系统安全计划）	《关键信息基础设施安全保护要求》	《信息系统密码应用基本要求》
	通用要求	云计算扩展	大数据系统安全控制措施			
介质管理	a) 应将介质存放在安全的环境中，对各类介质进行控制和保护，实行存储环境专人管理，并根据存档介质的目录清单定期盘点			7.25.2 增强要求 云服务商应： b) 对各类介质进行标记，以标明其中所含信息的分发限制和处理注意事项以及其他有关安全标记（如敏感级）		
	b) 应对介质在物理传输过程中的人员选择、打包、交付等情况进行控制，并对介质的归档和查询等进行登记记录					
设备维护管理	a) 应对各种设备（包括备份和冗余设备）、线路等指定专门的部门或人员定期进行维护管理					
	b) 应建立配套设施、软硬件维护方面的管理制度，对其维护进行有效的管理，包括明确维护人员的责任、维修和服务的审批、维修过程的监督控制等					
	c) 信息处理设备应经过审批才能带离机房或办公地点，含有存储介质的设备带出工作环境时其中重要数据应加密					
	d) 含有存储介质的设备在报废或重用前，应进行完全清除或被安全覆盖，保证该设备上的敏感数据和授权软件无法被恢复重用					

续表

控制点	等级保护要求			云计算服务安全评估（云计算服务安全计划）	《关键信息基础设施安全保护要求》	《信息系统密码应用基本要求》
	通用要求	云计算扩展	大数据系统安全控制措施			
漏洞和风险管理	a）应采取必要的措施识别安全漏洞和隐患，对发现的安全漏洞和隐患及时进行修补或评估可能的影响后进行修补 b）应定期开展安全评估，形成安全评估报告，采取措施应对发现的安全问题			12.2.1 一般要求 云服务商应： b）按照频率定期开展风险评估，在运行环境发生重大变更（包括发现新的威胁和漏洞）时，或者在出现其他可能影响系统安全状态的条件时，重新进行风险评估	威胁情报 a）应建立本部门、本单位网络威胁情报共享机制，组织联动上下级单位，开展威胁情报搜集、加工、共享、处置； b）应建立对外协同网络威胁情报共享机制，与权威网络威胁情报机构开展协同联动，实现跨行业领域网络安全联防联控 a）应自行或者委托网络安全服务机构对关键信息基础设施安全性和可能存在的风险，每年至少进行一次检测评估，并及时整改发现的问题； b）在涉及多个运营者时，应定期组织参加跨运营者的关键信息基础设施安全检测评估，并及时整改发现的问题； c）在检测评估时，内容应包括但不限于网络安全制度（国家和行业相关法律法规政策文件及运营者制定的制度）落实情况，组织机构建设情况，人员和经费投入情况，教育培训落实情况，技术防护情况，商用密码应用情况，网络安全等级保护情况，供应链安全评估（适用时），云计算评估情况，应急演练情况，数据安全防护情况，跨区域间的信息流动，改建信息基础设施等，尤其关注关键信息基础设施发生改建、扩建、风险评估等，及其资产系统的安全防护情况； d）在关键信息基础设施发生改建、扩建、	

续表

控制点	等级保护要求			云计算服务安全评估（云计算服务系统安全计划）	《关键信息基础设施安全保护要求》	《信息系统密码应用基本要求》
	通用要求	云计算扩展	大数据系统安全控制措施			
漏洞和风险管理					所有人变更等较大变化时，应自行或者委托网络安全服务机构进行检测评估，分析关键业务链以及关键资产等方面的变更，评估上述变更给信息基础设施带来的风险，依据关键信息基础设施变化情况以及发现的安全问题进行有效整改后方可上线； e) 应针对特定部门批准或授权，经有关部门批准或授权，采取模拟网络攻击方式，检测关键信息基础设施在面对实际网络攻击时的防护和响应能力； f) 在安全风险抽查检测工作中，应配合提供必要的资料，关键业务支持、关键技术支持，针对抽查检测工作中发现的安全隐患和风险建立清单，并及时整改	
网络和系统安全管理	a) 应划分不同的管理员角色进行网络和系统的运维管理，明确各个角色的责任和权限			9.5.1 一般要求 云服务商应： a) 建立对维护人员的授权流程，对已授权的人员建立列表	b) 应在运维前与维护人员签订安全保密协议	

控制点	等级保护要求			云计算服务安全评估（云计算服务系统安全计划）	《关键信息基础设施安全保护要求》	《信息系统密码应用基本要求》
	通用要求	云计算扩展	大数据系统安全控制措施			
网络和系统安全管理	b) 应指定专门的部门或人员进行账户管理，对申请账户、建立账户、删除账户等进行控制			9.2.1 一般要求 b) 审批和监视所有维护行为，包括现场维护、远程维护，以及对设备的异地维护。9.4.1 一般要求 云服务商应： f) 对所有远程活动和诊断活动进行审计，按照商定的频率对所有云服务远程维护和诊断会话的记录进行审查		
	c) 应建立网络和系统安全管理制度，对安全策略、账户管理、配置管理、日志管理、日常操作、升级与打补丁、口令更新周期等方面做出规定					
	d) 应制定重要设备的配置和操作手册，依据手册对设备进行安全配置和优化配置等					
	e) 应详细记录运维操作日志，包括日常巡检工作、运行维护记录、参数的设置和修改等内容					

续表

控制点	等级保护要求		大数据系统安全控制措施	云计算服务安全评估（云计算服务系统安全计划）	《关键信息基础设施安全保护要求》	《信息系统应用密码基本要求》
	通用要求	云计算扩展				
网络和系统安全管理	f) 应指定专门的部门或人员对日志、监测和报警数据等进行分析、统计，及时发现可疑行为				攻击发现和阻断 a) 应分析网络攻击的方法、手段，针对拒绝服务攻击等各类攻击，采取有针对性的防护策略和技术措施，制订总体技术应对方案； b) 应针对监测发现的攻击活动，分析攻击路线、攻击目标、干扰、阻断、封堵、采取捕获等手段，切断攻击路径，快速处置网络攻击； c) 应及时对监测网络攻击活动开展溯源，对攻击者进行画像，为案件侦查、事件调查、完善防护策略和措施提供支持； d) 应系统全面地分析网络攻击意图，技术手段与关联分析攻击还原，并以此改进安全保护策略，并加以落实	
	g) 应严格控制变更性运维，经过审批后才可改变连接，安装系统组件或调整配置参数，操作过程中应保留不可更改的审计日志，操作结束后应同步更新配置信息库					
	h) 应严格控制运维工具的使用，经过审批后才可接入进行操作，操作过程中应保留不可更改的审计日志，操作结束后应删除工具中的敏感数据			9.3.1 一般要求 云服务商应视审批、控制并监视维护工具的使用	c) 应确保优先使用已在本组织登记备案的运维工具，如确需使用未登记备案的运维工具，应在使用前通过恶意代码检测等测试	

续表

控制点	等级保护要求			云计算服务安全评估（云计算服务安全计划）	《关键信息基础设施安全保护要求》	《信息系统密码应用基本要求》
	通用要求	云计算扩展	大数据系统安全控制措施			
网络和系统安全管理	i）应严格控制远程运维的开通，经过审批后才可开通，远程运维接口或开通通道，操作过程中应保留不可更改的审计日志，操作结束后立即关闭接口或通道			9.4.1 一般要求 云服务商应：a）针对远程维护及诊断连接的建立，明确规定有关策略和规程，对远程维护和诊断连接进行审批和监视		
	j）应保证所有与外部的连接均得到授权和批准，定期检查违反规定无线上网及其他违反网络安全策略的行为			7.19.1 一般要求 云服务商应：c）在允许远程连接前，对远程访问方式进行授权		
恶意代码防范管理	a）应提高所有用户的防恶意代码意识，对外来计算机或存储设备在接入系统前进行恶意代码检查等					
	b）应定期验证防范恶意代码攻击的技术措施的有效性					
配置管理	a）应记录和保存基本配置信息，包括网络拓扑结构，各个设备安装的软件组件、软件组件的版本和补丁信息，各个设备或软件组件的配置参数等；					
	应建立合法无线接入设备和合法移动终端配置库，用于对非法无线接入设备和非法移动终端的识别					

续表

控制点	等级保护要求			云计算服务安全评估（云计算服务系统安全计划）	《关键信息基础设施安全保护要求》	《信息系统密码应用基本要求》
	通用要求	云计算扩展	大数据系统安全控制措施			
配置管理	b) 应将基本配置信息改变纳入变更范畴，实施对配置信息改变的控制，并及时更新基本配置信息库					
密码管理	a) 应遵循密码相关国家标准和行业标准			6.6.1 一般要求 云服务商应按照国家密码管理有关规定使用和管理云计算平台中使用的密码设施，并按规定生成、使用和管理密钥		
	b) 应使用国家密码管理主管部门认证核准的密码技术和产品					
变更管理	a) 应明确变更需求，变更前根据变更需求制订变更方案，变更方案经过评审、审批后方可实施					
	b) 应建立变更的申报和审批控制程序，依据程序控制所有的变更，记录变更实施过程					
	c) 应建立中止变更并从失败变更中恢复的程序，明确变更过程控制方法和人员职责，必要时对恢复过程进行演练					

续表

控制点	等级保护要求		大数据系统安全控制措施	云计算服务安全评估（云计算服务系统安全计划）	《关键信息基础设施安全保护要求》	《信息系统密码应用基本要求》
	通用要求	云计算扩展				
备份与恢复管理	a）应识别需要定期备份的重要业务信息、系统数据及软件系统等					
	b）应规定备份信息的备份方式、备份频度、存储介质、保存期等					
	c）应根据数据的重要性和数据对系统运行的影响，制定数据的备份策略和恢复策略、备份程序和恢复程序等					
安全事件处置	a）应及时向安全管理部门报告所发现的安全弱点和可疑事件				事件报告 a）当发生有可能危害关键业务的安全事件时，应及时向安全管理机构报告，并组织研判，形成事件报告； b）应及时将可能危害关键业务的安全事件通报到可能受影响的内部部门和人员，与事件相关的其他组织应通报涉及的、并按照规定向应急组的关安全事件	
	b）应制定安全事件报告和处置管理制度，明确不同安全事件的报告、处置和响应流程，规定安全事件的现场处理、事件报告、后期恢复的管理职责等				事件处理和恢复 a）应按照事件处置流程事件处理，恢复关键业务和信息系统到已知的状态； b）应按照应急先处置、后调查评估的原则，在事件发生后尽快收集证据，按要	b）事件发生后，应及时向信息系统主管部门报告 c）事件处置完成后，应及时向信息系统主管部门及归属的密码管理部门报告事件发生情况及处置情况

控制点	等级保护要求			云计算服务安全评估（云计算服务系统安全计划）	《关键信息基础设施安全保护要求》	《信息系统密码应用基本要求》
	通用要求	云计算扩展	大数据系统安全控制措施			
安全事件处置	c）应在安全事件报告和响应处理过程中，分析、鉴定事件产生的原因，收集证据，记录处理过程，总结经验教训				求进行信息安全取证分析，并确保所有涉及的响应活动和被取证分析的部分。在进行取证分析时，应与业务连续性计划相协调； c）在事件处理完成后，应采用手工或者自动化机制形成完整的事件处理报告，包括事件的状态和被取证的细节、必要信息，评估事件的趋势和处理记录，事件处理报告应记录所有处理事件的其他相关内容； d）在恢复关键业务和信息系统后，应对关键业务和信息系统恢复情况进行评估，查找事件原因，并采取措施防止关键业务和信息系统遭受再次破坏、危害或故障； e）在进行事件处理活动时，应协调组织内部多个部门和外部相关人员，以便好地对事件进行处理，并将事件处理活动的经验教训纳入其他组织相关应急规程、培训以及测试，并进行相应变更	
	d）对造成系统中断和造成信息泄露的重大安全事件，应采用不同的处理程序和报告程序				事件通报 应及时将安全事件及其处置情况通报到可能受影响的其他组织和相关人员，与事件相关的其他组织提供安全事件信息，并按照法律法规规定报告相关部门	

控制点	等级保护要求			云计算服务安全评估（云计算服务系统安全计划）	《关键信息基础设施安全保护要求》	《信息系统应用密码基本要求》
	通用要求	云计算扩展	大数据系统安全控制措施			
	a）应规定统一的应急预案框架，包括启动预案的条件，应急组织构成，事后教育和培训等内容				制度 a）应建立网络安全事件管理制度，不同类别网络安全事件的分类分级，制定应急预案等网络安全事件管理文档，预案级别应符合国家相关要求，组织将信息共享给相关方； b）应为网络安全专门的网络安全事件处置提供相应支撑资源、专家队伍，保障网络安全事件得到及时有效处置； c）应按规定参与和配合相关部门开展的网络安全应急演练、应急处置、案件侦办等工作	a）应制定密码应用应急策略，做好应急资源准备，当密码应用安全事件发生时，应立即启动应急处置措施，结合实际情况及时处置
应急预案管理	b）应制定重要事件的应急预案，包括应急处理流程、系统恢复流程等内容			10.8.1 一般要求 云服务商应： 制定信息系统的应急响应计划，该计划应： 1）标识出信息系统的基本业务功能及其应急响应需求； 2）进行业务影响分析，标识关键信息系统和组件及其安全风险，确定优先次序； 3）提供应急响应的目标、恢复优	应急预案 a）应在国家网络安全事件应急预案的框架下，根据行业和地方的特殊要求，制定网络安全事件应急预案； b）应在应急预案中明确，一旦信息系统中断、受到损害或者发生故障，需要维护的关键业务功能，并明确恢复受破坏时的关键业务功能和恢复业务的时间。应急预案不仅应包括本组织应急响应的处理，也应包括多个运营者间的应急事件的处理； c）在制定应急预案时，应同所涉及的运营者内部相关计划（如业务持续性计划、灾难备份相关计划等）以及外部服务	

续表

控制点	等级保护要求				《关键信息基础设施安全保护要求》	《信息系统密码应用基本要求》
	通用要求	云计算扩展	大数据系统安全控制措施	云计算服务安全评估（云计算服务系统安全计划）		
应急预案管理	c）应定期对系统相关的人员进行应急预案培训，并进行应急预案的演练			提供者的应急计划进行协调，以确保连续性要求得以满足； d）应在应急预案中包括非常规时期、遭受大规模攻击时等处置流程 5）由云服务商定义的人员或角色审查和批准	急演练。关键信息基础设施跨组织、跨地域运行的，应定期组织参加跨组织、跨地域的应急演练。 演练 f）应每年至少组织开展1次本组织的应急演练 攻防演练 a）应围绕关键业务的可持续运行设定演练场景，定期组织开展攻防演练，关键信息基础设施跨组织、跨地域运行的，组织或参加实网攻防演练。在不适合开展实网攻防演练场景下，采取沙盘推演的方式进行攻防演练； b）应将关键信息基础设施核心供应链，紧密上下游产业链等相关单位同纳入演练范畴； c）应针对攻防演练中发现的安全问题及风险进行及时整改，消除结构性、全局性风险	

续表

控制点	等级保护要求			云计算服务安全评估（云计算服务系统安全计划）	《关键信息基础设施安全保护要求》	《信息系统密码应用基本要求》
	通用要求	云计算扩展	大数据系统安全控制措施			
应急预案管理	d）应定期对原有的应急预案重新评估，修订完善			10.12.1 一般要求 云服务商应： a）对云计算服务为客户业务连续性带来的风险进行评估，包括云计算服务失败、云服务商和客户之间网络连接中断、云计算服务终止等，并将相关的风险信息告知客户； b）将应急响应计划、灾难恢复计划及支撑计划实施的有关措施告知客户，并根据客户的业务连续性计划的需要，对应急响应计划、灾难恢复计划进行调整	e）应对网络安全应急预案定期进行评估、修订，并持续改进	
外包运维管理	a）应确保外包运维服务商的选择符合国家的有关规定 b）应与选定的外包运维服务商签订相关的协议，明确约定外包运维的范围、工作内容					

续表

控制点	等级保护要求		云计算服务安全评估（云计算服务系统安全计划）	《关键信息基础设施安全保护要求》	《信息系统密码应用基本要求》
	通用要求	云计算扩展 大数据系统安全控制措施			
外包运维管理	c) 应保证选择的外包运维服务商在技术和管理方面均具有按照等级保护要求开展安全运维工作的能力，并将安全运维工作要求在签订的协议中明确				
	d) 应在与外包运维服务商签订的协议中明确关于所有相关的安全要求，如可能涉及对敏感信息的访问、处理、存储要求，对IT基础设施中断服务的应急保障要求等				

6.11 供应链安全（见表 6-11）

表 6-11 供应链安全对照表

控制点	等级保护要求		云计算服务安全评估（云计算服务系统安全计划）	《关键信息基础设施安全保护要求》	备注
	通用要求	云计算扩展			
采购过程			5.4.2 增强要求 云服务商应： f) 要求信息系统、组件或服务的早期阶段说明系统中的功能、协议和服务，端口，协议或高风险必要或高风险的功能、端口，协议或禁用服务		供应链过程安全

续表

控制点	等级保护要求		云计算服务安全评估（云计算服务系统安全计划）	《关键信息基础设施安全保护要求》	备注
	通用要求	云计算扩展			
开发过程、标准和工具			5.10.2 增强要求 云服务商应： i）要求信息系统、组件或服务的开发商即使在交付信息系统、组件或服务后，也应跟踪漏洞情况，在发布漏洞补丁交付云服务商，且应将漏洞补丁交由云服务商自行安装通知云服务商，验证并允许云服务商审查，验证并允许云服务商自行安装		供应链过程安全
开发商安全测试和评估			5.12.2 增强要求 云服务商应： e）要求信息系统、组件或服务的开发商按照云服务商定义的约束条件，以云服务商定义的广度和深度执行渗透性测试		供应链过程安全
防篡改			5.14.2 增强要求 云服务商应： b）在系统生命周期中的设计、开发、集成、运行和维护等多个阶段使用防篡改技术		供应链过程安全
组件真实性			5.15.2 增强要求 云服务商应： a）制定和实施防赝品的策略和规程，检测并防止赝品组件进入信息系统		供应链过程安全

续表

控制点	等级保护要求 通用要求	等级保护要求 云计算扩展	云计算服务安全评估（云计算服务系统安全计划）	《关键信息基础设施安全保护要求》	备注
不被支持的系统组件			5.16.2 增强要求 云服务商应在开发商、供应商或厂商不再对系统组件提供支持时： a) 替换该系统组件		核心软硬件产品和服务持续供应
供应链保护	a) 应确保服务供应商的选择符合国家的有关规定	a) 应确保供应商的选择符合国家有关规定	5.17.1 一般要求 云服务商： a) 注明有哪些外包的服务或采购的产品对云计算服务的安全性存在重要影响	a) 应建立供应链安全管理策略，包括风险管理策略、供应方采购和管理策略、产品开发采购策略、安全维护策略等。建立供应链安全管理制度，提供用于供应链安全管理的资金、人员和权限等可用资源； b) 采购网络关键设备和网络安全专用产品目录中的设备和产品，应采购通过国家检测认证的设备和产品； c) 应成年度采购使用的网络产品和服务清单。采购、使用网络产品和服务应通过国家安全标准的要求。可能影响国家安全的，应通过国家网络安全审查； d) 应建立和维护合格的供应方，应选择有保障的供应方，防范出现因政治、外交、贸易等非技术因素导致产品和服务中断的风险； e) 应强化采购渠道管理，保证采购的网络产品和服务来源的稳定或多样性； f) 采购网络产品和服务时，应明确提	核心软硬件产品和服务持续供应
	b) 应与选定的服务供应商签订相关协议，明确整个服务供应链各方需履行的网络安全相关义务	b) 应将供应链安全威胁信息或事件信息及时传达给云服务客户	b) 确保云服务商定义的重要设备通过政府有关部门已设立的信息安全测评或审查制度的安全检测		核心软硬件产品和服务安全

控制点	等级保护要求		云计算服务安全评估（云计算服务系统安全计划）	《关键信息基础设施安全保护要求》	备注
	通用要求	云计算扩展			
供应链保护	c) 应定期监督、评审和审核供应商提供的服务，并对其变更服务内容加以控制	c) 应将供应商的重要变更及时传达给云服务客户，并评估变更带来的安全风险，采取措施对风险进行控制	c) 对重要的信息系统，组件或服务实施云服务商定义的供应链接保护措施，根据实际情况，供应链保护措施可以是： 1) 对产品的开发环境、开发设备的外部连接实施安全控制； 2) 对开发商进行筛选，对开发人员进行审查。人员筛选的准则包括：无过失、良好的背景审查、靠或声称职份的官方证明、公民身份和国籍。开发商的可信任度还包括对公司所有制的审查和分析，对其与其他实体间关系的审查和分析。 3) 在运输或储存仓库使用防篡改包装	供者的安全责任和义务，要求提供者对网络产品和服务的设计、研发、交付等关键环节加强安全管理。生产、提供者声明不非法获取用户数据，控制和操纵用户系统和设备，或利用用户对产品的依赖性谋取不正当利益或者迫使用户更新换代； g) 应与网络产品和服务的提供者签订安全保密协议，协议内容应包括安全职责、保密内容、奖惩机制、有效期等； h) 应要求网络产品和服务的提供者对网络产品和服务研发、制造过程中涉及的实体拥有或控制的已知技术专利等知识产权获得10年以上授权，或在网络产品和服务使用期内获得持续授权； i) 应要求网络产品和服务的提供者提供中文版运行维护、二次开发等技术资料； j) 应自行或委托第三方开发的软件对方提供第三方网络安全服务机构对定制开发的软件进行安全检测，或由供应方提供源代码安全检测报告； k) 使用的网络产品和服务存在安全缺陷、漏洞等风险时，应及时采取措施消除风险，涉及重大风险应按规定向相关部门报告	核心软硬件产品和服务应持续供应

续表

控制点	等级保护要求		云计算服务安全评估（云计算服务系统安全计划）	《关键信息基础设施安全保护要求》	备注
	通用要求	云计算扩展			
供应链保护			5.17.2 增强要求 云服务商应： a) 实施云服务商定义的采购策略，合同工具和采购方法。在此过程中，可参考以下几方面因素： 1) 优先选择满足下列条件的供应商： i) 保护措施符合法律、法规、政策、标准以及云服务商的安全要求。 ii) 企业运转过程和安全措施相对透明。 iii) 对下级供应商、关键组件和服务的安全提供了进一步的核查。 iv) 在合同中声明不使用有恶意代码的产品或假冒产品。 2) 缩短采购决定和交付的时间间隔。 3) 使用可信或可控的分发、交付和仓储手段。 4) 限制从特定供应商采购国家采购产品或服务。		核心软硬件产品和服务持续供应
			b) 在签署合同前对供应商进行审查，根据实际情况，包括但不限于： 1) 分析供应商对信息系统、组件和服务的设计、开发、实施、验证、交付、支持过程。 2) 评价供应商在开发信息系统、组件和或服务时接受的安全培训和积累的经验，以判断其安全能力		供应链过程安全

续表

控制点	等级保护要求		云计算服务安全评估《云计算服务安全指南》	《关键信息基础设施安全保护要求》	备注
	通用要求	云计算扩展			
供应链保护			5.17.2 增强要求 云服务商应： c) 采用云服务商定义的保护措施，以降低攻击者利用供应链造成的危害。根据实际情况，保护措施包括但不限于： 1）优先购买现货产品，避免购买定制设备。 2）在能提供相同产品的多个不同供应商中做选择，以防范供应锁定风险。 3）选择有声誉的企业，建立合格供应商列表		核心软硬件产品和服务持续供应
			d) 在选择、接受或更新信息系统、组件或服务前对其进行评估，如检测、评估、审查和分析，以发现恶意代码等隐患。评估还可包括静态分析、动态分析、仿真、白盒、灰盒和黑盒测试、模糊测试、渗透性测试等		核心软硬件产品安全
			g) 采用云服务商定义的保护措施确保组件收到的信息系统或组件真实且未被改动，如光学标签等。对于硬件，应要求供应商提供详细和完整的组件清单和产地清单		核心软硬件产品安全
			5.17.2 增强要求 云服务商应： k) 使用云服务商定义的关键组件的充分供给。根据实际情况，保护措施包括但不限于： （1）使用多个供应商提供的关键组件； （2）储备足够的备用组件		核心软硬件产品和服务持续供应

6.12 业务连续性（见表 6-12）

表 6-12 业务连续性对照表

控制点	等级保护要求		云计算服务安全评估（云计算服务系统安全计划）	《信息系统密码应用基本要求》
	通用要求	云计算扩展		
应急响应计划	a) 应规定统一的应急预案框架，包括启动预案的条件、应急组织构成、应急资源保障、事后教育和培训等内容		10.8.1 一般要求 云服务商应： a) 制订信息系统的应急响应计划，该计划应： 1) 标识出信息系统的基本业务功能及其应急响应需求。 2) 进行业务影响分析，标识关键信息系统和组件及其安全风险，确定优先次序。 3) 提供应急响应的恢复目标、恢复优先级和度量指标。 4) 描述应急响应的结构和组织形式，明确应急响应责任人的角色、职责及其联系信息。 5) 由云服务商定义的人员或角色审查和批准	a) 应制定密码应用应急策略，做好应急资源准备，当密码应用安全事件发生时，应立即启动应急处置措施，结合实际情况及时处置
	b) 应制定重要事件的应急预案，包括应急处理流程、系统恢复流程等内容			b) 事件发生后，应及时向信息系统主管部门进行报告； c) 事件处置完成后，应及时向信息系统主管部门及归属部门报告事件发生情况及处置情况
	c) 应定期对系统相关的人员进行应急预案培训，并进行应急预案的演练			
	d) 应定期对原有的应急预案重新评估，修订完善			

续表

控制点	等级保护要求		云计算服务安全评估（云计算服务系统安全计划）	《信息系统密码应用基本要求》
	通用要求	云计算扩展		
信息系统备份	a）应提供重要数据的本地数据备份与恢复功能		10.11.1 一般要求 云服务商应： a）具备系统级备份能力，按照云服务商定义的频率，对信息系统中的系统级备份信息进行备份，如系统状态、操作系统及应用软件	
	b）应提供异地实时备份功能，利用通信网络将重要数据实时备份至备份场地			
	c）应提供重要数据处理系统的热冗余，保证系统的高可用性			
支撑客户的业务连续性计划			10.12.1 一般要求 云服务商应： a）对云计算服务为客户业务连续性带来的风险进行评估，包括云计算服务失败、云服务商和客户之间网络连接中断、云计算服务终止等，并将相关的风险告知客户	
			10.12.1 一般要求 云服务商应： b）将应急响应计划、灾难恢复计划及支撑客户实施业务连续性计划的有关措施告知客户，并根据客户的业务连续性的需要，对应急响应计划、灾难恢复计划进行调整	
冗余	e）应提供通信线路、关键网络设备和关键计算设备的硬件冗余，保证系统的可用性		10.13.2 增强要求 云服务商应： a）建立备用电信服务，当主通信能力不可用时，确保在满足客户业务需求的时间段内恢复有关系统的运行	

6.13 应急处置（见表6-13）

表6-13 应急处置对照表

<table>
<tr><th colspan="3">控制点</th><th colspan="2">等级保护要求</th><th>云计算服务安全评估
（云计算服务安全计划）</th><th>《关键信息基础设施安全保护要求》</th><th>《信息系统密码应用基本要求》</th></tr>
<tr><th></th><th colspan="2"></th><th>通用要求</th><th>云计算扩展</th><th></th><th></th><th></th></tr>
<tr><td rowspan="2">应急预案管理</td><td colspan="2"></td><td>a) 应规定统一的应急预案框架，包括启动预案的条件、应急资源保障、事后教育和培训等内容</td><td></td><td rowspan="2">10.8.1 一般要求
云服务商应：
a) 制订信息系统的应急响应计划，该计划应：
1) 标识出信息系统应响应功能及其应急响应需求。
2) 进行业务影响分析，标识关键信息系统和组件及其安全风险，确定优先次序。
3) 提供应急响应的恢复目标、恢复优先级和度量指标。
4) 描述应急响应的结构和组织形式，明确应急响应责任人的角色、职责及其联系信息。
5) 由云服务商定义的人员或角色审查和批准</td><td>制度
a) 应建立网络安全事件管理制度，明确不同网络安全事件的分类分级，制定应急处置的流程等，及时将事件的管理文档。事件处置应符合国家网络安全相关文件管理要求，及时将信息共享给相关方；
b) 应为网络安全事件处置提供相应资源、专家队伍，保障安全专门网络安全事件得到及时有效处置；
c) 应按规定参与和配合相关部门开展的网络安全应急演练、应急处置、案件侦办等工作
应急预案
a) 应在国家网络安全事件应急预案的框架下，根据行业和地方的特殊要求，制定网络安全事件应急预案；
b) 在应急预案中明确，一旦信息系统中断，受到损害或者发生故障时，需要维护的关键业务功能，并明确遭受破坏时恢复关键业务和恢复业务的时间。应急预案不仅应包括本组织应急预案中涉及的处理，也应包括多个运营者间的网络安全事件的处理；
c) 在制定应急预案时，应同所涉及的运营者内部相关计划（如业务持续性计划、灾难备份计划等）以及外部服务提供者的应急计划进行协调，以确保连续性要求得到满足；
d) 应在应急预案中包括非常规时期、遭受大规模攻击时等处置流程</td><td>a) 应制定密码应用应急策略，做好应急资源准备，当密码应用安全事件发生时，应立即启动应急处置措施，结合实际情况及时处置</td></tr>
<tr><td colspan="2"></td><td>b) 应制定重要事件的应急预案，包括应急处理流程、系统恢复流程等内容</td><td></td></tr>
</table>

续表

控制点	等级保护要求 通用要求	等级保护要求 云计算扩展	云计算服务安全评估（云计算服务系统安全计划）	《关键信息基础设施安全保护要求》	《信息系统密码应用基本要求》
应急预案管理	c) 应定期对系统相关的人员进行应急预案培训，并进行应急预案的演练			演练 f) 应每年至少组织开展1次本组织的应急演练。关键信息基础设施跨组织、跨地域运行的，应定期组织或参加跨组织、跨地域的应急演练	
	d) 应定期对原有的应急预案重新评估，修订完善			e) 应对网络安全应急预案定期进行评估修订，并持续改进	
安全事件处置	a) 应及时向安全管理部门报告所发现的安全弱点和可疑事件			事件报告 a) 当发生有可能危害关键业务的安全事件时，应及时向安全管理机构报告，并组织研判，形成事件报告； b) 应及时将可能危害关键业务的安全事件通报到可能受影响的内部部门和人员，并按照规定向供应链相关的、与事件相关的其他组织通报安全事件	c) 事件处置完成后，应及时向信息系统主管部门及归属的密码管理部门报告事件发生情况及处置情况
	b) 应制定安全事件报告和处置管理制度，明确不同安全事件的报告、处置和响应流程，规定安全事件的现场处理、事件报告和后期恢复的管理职责等			事件处理和恢复 a) 应按照事件处置流程，恢复关键业务和信息系统已知的状态，应急预案进行事件处理、恢复业务和信息系统； b) 应按照应急处置、后调查处理的原则，在事件发生后尽快收集证据，按要求进行信息安全取证分析，并确保所有涉及信息安全活动的被适当记录，便于日后分析，在进行取证分析时，应与业务连续性计划相协调	b) 事件发生后，应及时向信息系统主管部门进行报告

6.14 密码管理（见表6-14）

控制点	等级保护要求 通用要求	等级保护要求 云计算扩展	云计算服务安全评估（云计算服务系统安全计划）	《关键信息基础设施安全保护要求》	《信息系统密码应用基本要求》
安全事件处置	c）应在安全事件报告和响应处理过程中，分析和鉴定事件产生的原因，收集证据，记录处理过程，总结经验教训 d）对造成系统中断和造成信息泄露的重大安全事件应采用不同的处理程序和报告程序			c）在事件处理完成后，应采用手工或者自动化机制形成完整的事件处理报告。事件处理报告包括不同部门对事件的处理记录，评估事件的状态和取证相关的必要信息，事件的细节、趋势和处理。 d）在恢复关键业务和信息系统后，应对关键业务和信息系统恢复情况进行评估，查找事件原因，并采取措施防止关键业务和信息系统遭受再次破坏，危害或故障。 e）在进行事件处理活动时，应协调组织内部多个部门和外部相关组织，以更好地对事件进行处理，并将事件处理活动的经验教训纳入人事件响应规程，培训以及测试，并进行相应变更	
事件通报				应及时将安全事件及其处置情况通报到可能受影响的部门和相关人员，向供应链相关涉及的、与事件相关的其他组织提供安全事件信息，并按照法律规定报告相关部门	

第一级到第五级的信息系统应符合以下通用要求。

（1）信息系统中使用的密码算法应符合法律、法规的规定和密码相关国家标准、行业标准的有关要求；

（2）信息系统中使用的密码技术应遵循密码相关国家标准和行业标准；

（3）信息系统中使用的密码产品、密码服务应符合法律法规的相关要求。

表 6-14 密码管理对照表

控制点	等级保护要求		云计算服务安全评估
	通用要求	云计算扩展	（云计算服务系统安全计划）
通信传输	a）应采用校验技术或密码技术保证通信过程中数据的完整性		6.6.1 一般要求 云服务商应按照国家密码管理有关规定使用和管理云计算平台中使用的密码设施，并按规定生成、使用和管理密钥
	b）应采用密码技术保证通信过程中数据的保密性		7.19.2 增强要求 云服务商应： b）使用密码机制，以保证远程访问会话的保密性和完整性
身份鉴别	d）应采用口令、密码技术、生物技术等两种或两种以上组合的鉴别技术对用户进行身份鉴别，且其中一种鉴别技术至少应使用密码技术来实现		7.7.1 一般要求 云服务商应确保系统中的密码模块对操作人员设置了鉴别机制，该机制应满足国家密码管理的有关规定
数据完整性	a）应采用校验技术或密码技术保证重要数据在传输过程中的完整性，包括但不限于鉴别数据、重要业务数据、重要审计数据、重要配置数据、重要视频数据和重要个人信息等	c）应使用校验码或密码技术确保虚拟机迁移过程中重要数据的完整性，并在检测到完整性受到破坏时采取必要的恢复措施	11.8.1 一般要求 云服务商应使用云计算平台内部系统时钟生成审计记录的时间戳，并满足云服务商定义的时间颗粒度
	b）应采用校验技术或密码技术保证重要数据在存储过程中的完整性，包括但不限于鉴别数据、重要业务数据、重要审计数据、重要配置数据、重要视频数据和重要个人信息等		

续表

控制点	等级保护要求		云计算服务安全评估
	通用要求	云计算扩展	（云计算服务系统安全计划）
数据保密性	a）应采用密码技术保证重要数据在传输过程中的保密性，包括但不限于鉴别数据、重要业务数据和重要个人信息等	c）应采取密码技术或其他技术手段防止虚拟机镜像、快照中可能存在的敏感资源被非法访问	6.3.2 增强要求 云服务商应提供满足国家密码管理法律法规的通信加密和签名验签设施。 6.13.2 增强要求 云服务商应： a）确保虚拟化平台的管理命令采用加密协议进行传输
	b）应采用密码技术保证重要数据在存储过程中的保密性，包括但不限于鉴别数据、重要业务数据和重要个人信息等	d）应支持云服务客户部署密钥管理解决方案，保证云服务客户自行实现数据的加解密过程	6.15.2 增强要求 云服务商应： b）允许客户部署满足国家密码管理规定的数据加密方案，确保客户的数据能够在云计算平台以密文形式存储。 c）支持第三方加密及密钥管理方案，确保云服务商或任何第三方无法对客户的数据进行解密
密码管理	a）应遵循密码相关国家标准和行业标准		6.6.1 一般要求 云服务商应按照国家密码管理有关规定使用和管理云计算平台中使用的密码设施，并按规定生成、使用和管理密钥
	b）应使用国家密码管理主管部门认证核准的密码技术和产品		

6.15 数据安全（见表 6-15）

表 6-15 数据安全对照表

控制点	《数据安全法》	等级保护要求	云计算服务安全评估（云计算服务系统安全计划）	《关键信息基础设施安全保护要求》
符合性	第二十七条 开展数据处理活动应当依照法律、法规的规定，建立健全全流程数据安全管理制度，组织开展数据安全教育培训，采取相应的技术措施和其他必要措施，保障数据安全。利用互联网等信息网络开展数据处理活动，应当在网络安全等级保护制度的基础上，履行上述数据安全保护义务。重要数据的处理者应当明确数据安全负责人和管理机构，落实数据安全保护责任	大数据 h）大数据平台应提供数据分类分级安全管理功能，供大数据应用针对不同类别级别的数据采取不同的安全保护措施； j）大数据平台应保证不同客户大数据应用的数据采集、存储、处理、分析等各个环节，支持对数据进行分类分级处置，并保证安全保护策略一致		a）应建立数据安全管理责任评价考核制度，编制数据安全保护计划，实施数据安全风险评估，防护，开展数据安全事件应急预案，制定数据安全事件，组织数据安全教育、培训； b）应建立基于数据分类分级的数据安全保护策略，明确各要数据和个人信息保护的相应措施； h）应建立数据处理全流程的安全能力，并符合相关国家标准关于数据安全保护的要求
	第二十八条 开展数据处理活动以及研究开发数据新技术，应当有利于促进经济社会发展，增进人民福祉，符合社会公德和伦理			
	第二十九条 开展数据处理活动应当加强风险监测，发现数据安全缺陷、漏洞等风险时，应当立即采取补救措施；发生数据安全事件时，应当立即采取处置措施，按照规定及时告知用户并向有关主管部门报告			

续表

控制点	《数据安全法》	等级保护要求	云计算服务安全评估（云计算服务系统安全计划）	《关键信息基础设施安全保护要求》
符合性	第三十条 重要数据的处理者应当按照规定对其数据处理活动定期开展风险评估，并向有关主管部门报送风险评估报告。风险评估报告应当包括处理的重要数据的种类、数量，开展数据处理活动的情况，面临的数据安全风险及其应对措施等			
	第三十一条 关键信息基础设施的运营者在中华人民共和国境内运营中收集和产生的重要数据的出境安全管理，适用《中华人民共和国网络安全法》的规定；其他数据处理者在中华人民共和国境内运营中收集和产生的重要数据的出境安全管理办法，由国家网信部门会同国务院有关部门制定			c）将在我国境内运营中收集和产生的个人信息和重要数据存储在境内，因业务需要，确需向境外提供数据的，应当按照国家相关规定和标准进行安全评估，法律、行政法规另有规定的，依照其规定
	第三十二条 任何组织、个人收集数据，应当采取合法、正当的方式，不得窃取或以其他非法方式获取数据。法律、行政法规对收集、使用数据的目的、范围有规定的，应当在法律、行政法规规定的目的和范围内收集、使用数据			

续表

控制点	《数据安全法》	等级保护要求	云计算服务安全评估（云计算服务系统安全计划）	《关键信息基础设施安全保护要求》
数据完整性		通用要求 a) 应采用校验技术或密码技术保证重要数据在传输过程中的完整性，包括但不限于鉴别数据、重要业务数据、重要审计数据、重要配置数据、重要视频数据和重要个人信息等； 云计算扩展 a) 应确保云服务客户数据、用户个人信息等存储于中国境内，如需出境应遵循国家相关规定； b) 应确保只有在云服务客户授权下，云服务商或第三方才具有云服务客户数据的管理权限； c) 应使用校验码或密码技术确保虚拟机迁移过程中重要数据的完整性，并在检测到完整性受到破坏时采取必要的恢复措施； 大数据 1) 应在数据清洗和转换过程中对重要数据进行保护，以保证重要数据清洗和转换后的一致性，避免数据失真，并在产生问题时能有效还原和恢复数据		
		通用要求 b) 应采用校验技术或密码技术保证重要数据在存储过程中的完整性，包括但不限于鉴别数据、重要业务数据、重要审计数据、重要配置数据、重要视频数据和重要个人信息等。 云计算扩展 a) 应针对重要业务系统提供加固的操作系统镜像或操作系统安全加固服务； b) 应提供虚拟机镜像、快照完整性校验功能，防止虚拟机镜像被恶意篡改		

续表

控制点	《数据安全法》	等级保护要求	云计算服务安全评估（云计算服务系统安全计划）	《关键信息基础设施安全保护要求》
数据保密性		通用要求 a）应采用密码技术保证重要数据在传输过程中的保密性，包括但不限于鉴别数据、重要业务数据和重要个人信息等； 云计算扩展 b）应采取密码技术或其他技术手段防止虚拟机镜像、快照中可能存在的敏感资源被非法访问	6.3.2 增强要求 云服务商应提供满足国家密码管理法律法规的通信加密和签名验签设施。 6.13.2 增强要求 云服务商应： a）确保虚拟化平台的管理命令采用加密协议进行传输	d）应严格控制重要数据的使用、加工、传输，提供和公开等关键环节，并采取加密、脱敏、去标识化等技术手段保护敏感数据安全
		通用要求 b）应采用密码技术保证重要数据在存储过程中的保密性，包括但不限于鉴别数据、重要业务数据和重要个人信息等。 云计算扩展 d）应支持云服务客户部署密钥管理解决方案，保证云服务客户自行实现数据的加解密过程。 大数据 f）大数据平台应提供静态脱敏和去标识化的工具或服务组件技术	6.15.2 增强要求 云服务商应： b）允许客户部署满足国家密码管理规定的数据加密方案，确保客户的数据能够在云计算平台以密文形式存储。 6.15.2 增强要求 云服务商应： c）支持第三方加密及密钥管理方案，确保云服务商或任何第三方无法对客户的数据进行解密。 7.24.2 增强要求 云服务商应使用云服务商定义的数据挖掘防范和检测技术，检测和防范对云服务商定义的数据存储介质进行的数据挖掘	

续表

控制点	《数据安全法》	等级保护要求	云计算服务安全评估（云计算服务系统安全计划）	《关键信息基础设施安全保护要求》
数据备份恢复		通用要求 a) 应提供重要数据的本地数据备份与恢复功能； 云计算扩展 a) 云服务客户应在本地保存其业务数据的备份； b) 应提供查询云服务客户数据及备份存储位置的能力； d) 应为云服务客户将业务系统及数据迁移到其他云计算平台和本地系统提供技术手段，并协助完成迁移过程	10.11.1 一般要求： 云服务商应： a) 具备系统级备份能力，按照云服务商定义的频率，对信息系统中的系统级信息进行备份，如系统状态、操作系统及应用软件	e) 应建立业务连续性管理及容灾备份机制，重要系统和数据库实现异地备份
		通用要求 b) 应提供异地实时备份功能，利用通信网络将重要数据实时备份至备份场地		f) 数据库可用性要求高的，应采取数据库异地实时备份措施。业务连续性要求高的，应采取备份措施，确保关键信息基础设施一旦被破坏，可及时进行恢复和补救
		通用要求 c) 应提供重要数据处理系统的热冗余，保证系统的高可用性； 云计算扩展 c) 云服务商的云存储服务应保证云服务客户数据存在若干个可用的副本，各副本之间的内容应保持一致	7.26.1 一般要求 云服务商： c) 为客户将信息迁移到其他云计算服务平台提供技术手段，并协助完成数据迁移	

续表

控制点	《数据安全法》	等级保护要求	云计算服务安全评估（云计算服务系统安全计划）	《关键信息基础设施安全保护要求》
剩余信息保护		通用要求 a）应保证鉴别信息所在的存储空间被释放或重新分配前得到完全清除。 云计算扩展 a）应保证虚拟机所使用的内存和存储空间回收时得到完全清除	7.26.1 一般要求 云服务商应： a）在客户与其服务合约到期时，能够安全地返还云计算平台上的客户信息。 7.26.1 一般要求 云服务商应： b）在客户定义的时间内，删除云计算平台上存储的客户信息，并确保不能以商业市场的技术手段恢复	g）应在关键信息基础设施退役废弃时，按照存储数据安全保护策略对存储的数据进行处理
		通用要求 b）应保证存有敏感数据的存储空间被释放或重新分配前得到完全清除。 云计算扩展 b）云服务客户删除业务应用数据时，云计算平台应将云存储中所存副本删除	6.15.1 一般要求 云服务商应： d）在租户了解存储资源的使用后，为确保在物理存储设备级别上被有效清除，云服务商应提供存储数据清除手段，确保云服务商定义的用户数据清除在云服务商定义的操作后在物理存储设备级别上被有效清除。例如镜像文件，快照文件在迁移或删除虚拟机后能被完全清除	

6.16 个人信息安全（见表6-16）

表6-16 个人信息安全对照表

控 制 点	《网络安全法》	《个人信息保护法》	等级保护通用要求
规则	第四十一条 网络运营者收集、使用个人信息，应当遵循合法、正当、必要的原则，公开收集、使用规则，明示收集、使用信息的目的、方式和范围，并经被收集者同意	第五条 处理个人信息应当遵循合法、正当、必要和诚信原则，不得通过误导、欺诈、胁迫等方式处理个人信息。 第六条 处理个人信息应当具有明确、合理的目的，并应当与处理目的直接相关，采取对个人权益影响最小的方式。 收集个人信息，应当限于实现处理目的的最小范围，不得过度收集个人信息。 第七条 处理个人信息应当遵循公开、透明原则，公开个人信息处理规则，明示处理的目的、方式和范围	a）应仅采集和保存业务必需的用户个人信息； b）应禁止未授权访问和非法使用用户个人信息
个人信息影响评估		第五十六条 个人信息保护影响评估应当包括下列内容： （一）个人信息的处理目的、处理方式等是否合法、正当、必要； （二）对个人权益的影响及安全风险； （三）所采取的保护措施是否合法、有效并与风险程度相适应。 个人信息保护影响评估报告和处理情况记录应当至少保存三年	
通报	第四十二条 网络运营者不得泄露、篡改、毁损其收集的个人信息；未经被收集者同意，不得向他人提供个人信息。但是，经过处理无法识别特定个人且不能复原的除外。 网络运营者应当采取技术措施和其他必要措施，确保其收集的个人信息安全，防止信息泄露、毁损、丢失。在发生或者可能发生个人信息泄露、毁损、丢失的情况时，应当立即采取补救措施，按照规定及时告知用户并向有关主管部门报告	第五十七条 发生或者可能发生个人信息泄露、篡改、丢失的，个人信息处理者应当立即采取补救措施，并通知履行个人信息保护职责的部门和个人。通知应当包括下列事项： （一）发生或者可能发生个人信息泄露、篡改、丢失的信息种类、原因和可能造成的危害； （二）个人信息处理者采取的补救措施和个人可以采取的减轻危害的措施； （三）个人信息处理者的联系方式。 个人信息处理者采取措施能够有效避免信息泄露、篡改、丢失造成危害的，个人信息处理者可以不通知个人；履行个人信息保护职责的部门认为可能造成危害的，有权要求个人信息处理者通知个人	

参考文献

[1] 徐震. 数据安全法有哪些重点 [J]. 保密工作, 2021（9）: 11-13.

[2] 国家密码管理局政策法规室.《中华人民共和国密码法》解读 [J]. 秘书工作, 2019（11）: 46-49.

[3] 维护国家密码安全 促进密码事业发展: 国家密码管理局负责人就《中华人民共和国密码法》答记者问 [EB/OL].（2019-10-27）[2022-07-21]. http://www.gov.cn/zhengce/2019-10/27/content_5445525.htm.

[4] 司法部 网信办 工业和信息化部 公安部负责人就《关键信息基础设施安全保护条例》答记者问 [EB/OL].（2021-8-17）[2022-07-26]. https://www.gov.cn/zhengce/2021-08/18/content_5631789.htm.

[5] 郭启全.《网络安全等级保护条例（征求意见稿）》解读 [EB/OL].（2018-09-14）[2022-07-27]. https://www.sxycpc.com/info/2706/68683.htm.

[6] 郭启全. 网络安全法与网络安全等级保护制度培训教程（2018版）[M]. 北京: 电子工业出版社, 2018.

[7] 霍炜, 郭启全, 马原. 商用密码应用与安全性评估 [M]. 北京: 电子工业出版社, 2020.

[8] 禄凯, 任金强, 章恒, 等. 政务云网络安全合规性指引 [EB/OL]. https://wenku.baidu.com/view/4e8d83f6e73a580216fc700abb68a98270feac59.html?_wkts_=1671606300551&bdQuery=%E6%94%BF%E5%8A%A1%E4%BA%91%E7%BD%91%E7%BB%9C%E5%AE%89%E5%85%A8%E5%90%88%E8%A7%84%E6%80%A7%E6%8C%87%E5%BC%95.

[9] 胡俊, 严寒冰, 吕志泉, 等. 从《国家网络安全事件应急预案》看我国网络安全事件应急体系 [J]. 中国信息安全, 2021（3）: 68-72.

[10] 杨绍亮, 禄凯, 赵睿斌. 中国数字政府建设技术蓝皮书 [M]. 北京: 清华大学出版社, 2022.

[11] CCIA数据安全工作委员会.《信息安全技术 网络数据处理安全要求》解读及应用建议 [EB/OL].（2022-06-13）[2022-08-09]. http://www.djbh.net/webdev/web/PolicyStandardsAction.do?p=getJcbz&id=8a81825680dbc18f0181b40702940079.

附录 A 名词解释

数字政府：根据过去几年的实践、有关政策文件、"十四五"规划，数字政府的定义如下：数字政府是指以新一代信息技术为支撑，以政务数据治理为驱动，以政府治理体系数字化建设、社会服务体系智能化建设为主要内容，通过重塑政务信息化管理架构、业务架构、技术架构，为实现政府决策科学化、社会治理精准化、公共服务高效化、权力运行透明化等目标而建立的一种新型政府形态。

网络：由计算机或者其他信息终端及相关设备组成的按照一定的规则和程序对信息进行收集、存储、传输、交换、处理的系统。

网络安全：通过采取必要措施，防范对网络的攻击、侵入、干扰、破坏和非法使用以及意外事故，使网络处于稳定可靠运行的状态，以及保障网络数据的完整性、保密性、可用性的能力。

网络数据：通过网络收集、存储、传输、处理和产生的各种电子数据。

个人信息：以电子或者其他方式记录的能够单独或者与其他信息结合识别自然人个人身份的各种信息，包括但不限于自然人的姓名、出生日期、身份证件号码、个人生物识别信息、住址、电话号码等。

政务部门：中共中央、全国人大、国务院、全国政协、国家监察委员会、最高人民法院、最高人民检察院及中央和国家机关各部门；各级地方党委、人大、政府、政协、监察委、法院、检察院及其直属各部门，以及法律法规授权具有行政职能的事业单位和社会组织。

政务信息系统：由政务部门建设、运行或使用的，用于直接支持政务部门工作或履行其职能的各类信息系统。

政务信息资源：政务部门或为政务部门采集、加工、使用、处理的信息资源，包括：政务部门依法采集的信息资源；政务部门在履行职能时生成的信息资源；政务部门投资建设和外购服务获取的信息资源；政务部门依法授权管理的信息资源。

个人信息处理者：在个人信息处理活动中自主决定处理目的、处理方式的组织、个人。

数据处理者：在数据处理活动中自主决定处理目的和处理方式的个人和组织。

网络运营者：网络的所有者、管理者和网络服务提供者。

关键信息基础设施运营者：关键信息基础设施安全保护坚持综合协调、分工负责、依法保护，强化和落实关键信息基础设施运营者主体责任，充分发挥政府及社会各方面的作用，共同保护关键信息基础设施安全。

关键信息基础设施安全保护工作的部门：涉及的重要行业和领域的主管部门、监督管理部门是负责关键信息基础设施安全保护工作的部门。

履行个人信息保护职责的部门：国务院有关部门依照本法和有关法律、行政法规的规定，在各自职责范围内负责个人信息保护和监督管理工作；县级以上地方人民政府有关部门的个人信息保护和监督管理职责，按照国家有关规定确定。前两款规定的有关部门统称为履行个人信息保护职责的部门。

各级政务外网单位：各级政务外网建设、运维和管理单位。

云服务商：云平台管理运营者，云计算服务的供应方。

附录 B 法律法规

《中华人民共和国网络安全法》
《中华人民共和国数据安全法》
《中华人民共和国个人信息保护法》
《中华人民共和国密码法》
《上海市公共数据开放分级分类指南（试行）》
《国家政务信息化项目建设管理办法》
《关键信息基础设施安全保护条例》
《网络安全等级保护条例（征求意见稿）》
《商用密码管理条例》
《网络数据安全管理条例（征求意见稿）》
《网络安全审查办法》
《数据出境安全评估办法》
《关于加强党政部门云计算服务网络安全管理的意见》
《云计算服务安全评估办法》
《关于加强数字政府建设的指导意见》
《国家电子政务外网网络与信息安全管理暂行办法》
《全国一体化政务大数据体系建设指南》
《中华人民共和国国民经济和社会发展第十四个五年规划和2035年远景目标纲要》
《江苏省省级政务信息化项目建设管理办法》
《江西省政务信息化项目建设管理办法》
《陕西省省级政务信息化项目建设管理办法（暂行）》
《四川省省级政务信息化项目管理办法》

《安徽省省级政务云管理办法（试行）》（修订版）

《关于开展信息安全等级保护安全建设整改工作的指导意见》

《政务信息系统密码应用与安全性评估工作指南》

《国家网络安全事件应急预案》

《贯彻落实网络安全等级保护制度和关键信息基础设施安全保护制度的指导意见》

《关于落实网络安全保护重点措施 深入实施网络安全等级保护制度的指导意见》

附录 C 标准

GB/T 22240—2020《信息安全技术 网络安全等级保护定级指南》
GB/T 22239—2019《信息安全技术 网络安全等级保护基本要求》
GB/T 25070—2019《信息安全技术 网络安全等级保护安全设计技术要求》
GB/T 28448—2019《信息安全技术 网络安全等级保护测评要求》
GB/T 28449—2018《信息安全技术 网络安全等级保护测评过程指南》
GB/T 39786—2021《信息安全技术 信息系统密码应用基本要求》
GB/T 40692—2021《政务信息系统定义和范围》
GB/T 39204—2022《信息安全技术 关键信息基础设施安全保护要求》
GB/T 31167—2023《信息安全技术 云计算服务安全指南》
GB/T 31168—2023《信息安全技术 云计算服务安全能力要求》
GB/T 41479—2022《信息安全技术 网络数据处理安全要求》
GB/T 41391—2022《信息安全技术 移动互联网应用程序（App）收集个人信息基本要求》
GB/T 35273—2020《信息安全技术 个人信息安全规范》
GB/T 39477—2020《信息安全技术 政务信息共享数据安全技术要求》
GB/T 36635—2018《信息安全技术 网络安全监测基本要求与实施指南》
GB/T 30278—2013《信息安全技术 政务计算机终端核心配置规范》
GB/T 35282—2023《信息安全技术 电子政务移动办公系统安全技术规范》
GB/T 20984—2022《信息安全技术 信息安全风险评估方法》
GB/T 39335—2020《信息安全技术 个人信息安全影响评估指南》
GB/T 38645—2020《信息安全技术 网络安全事件应急演练指南》
GM/T 0115—2021《信息系统密码应用测评要求》

GW 0104—2014《国家电子政务外网安全等级保护实施指南》

GW 0103—2011《国家电子政务外网安全等级保护基本要求》

GW 0205—2014《国家电子政务外网跨网数据安全交换技术要求与实施指南》

GW 0013—2017《政务云安全要求》

GW 0206—2014《接入政务外网的局域网安全技术规范》

DB11/T 1918—2021 北京市地方标准《政务数据分级与安全保护规范》

DB52/T 1123—2016 贵州省地方标准《政府数据 数据分类分级指南》

ISO/IEC 27002：2013《信息技术 安全技术 信息安全控制实用规则》

ISO/IEC 27002：2022《信息安全 网络安全和隐私保护 信息安全控制》

GB/T 42446—2023《信息安全技术 网络安全从业人员能力基本要求》